U0870594

移动学习情境下学习者对平台正面口碑传播意愿的影响因素研究

罗霄 著

中国商业出版社

图书在版编目（CIP）数据

移动学习情境下学习者对平台正面口碑传播意愿的影响因素研究 / 罗霄著 . —北京 : 中国商业出版社，2023.2

ISBN 978-7-5208-2421-7

Ⅰ . ①移… Ⅱ . ①罗… Ⅲ . ①网络教育—影响因素—研究 Ⅳ . ① G434

中国版本图书馆 CIP 数据核字（2022）第 244843 号

责任编辑：杜　辉

中国商业出版社出版发行
（www.zgsycb.com　100053　北京广安门内报国寺 1 号）
总编室：010-63180647　编辑室：010-83118925
发行部：010-83120835/8286
新华书店经销
天津和萱印刷有限公司印刷
*
710 毫米 ×1000 毫米　16 开　21.5 印张　245 千字
2023 年 2 月第 1 版　2023 年 2 月第 1 次印刷
定价：98.00 元
* * * *
（如有印装质量问题可更换）

前言
Preface

近年来，移动学习平台作为“互联网+教育”的典型应用成为教育市场最炙手可热的产品之一。在移动学习平台产品的营销中，口碑在很大程度上能够影响学习者的选择意愿和使用态度。然而，学术界针对移动学习领域的口碑研究尚处于起步阶段，对于影响移动学习者正面口碑生成因素的研究尤显薄弱。首先，影响移动学习者口碑传播意愿的关键因素尚未得到全面挖掘，也未进行理论抽象和概括；其次，影响因素之间的相互关系尚未得到有效检验，作用机制还不明确；最后，各项影响因素的组合效应尚未得到深入分析，综合作用还有待探讨。对上述问题进行深入探讨和解答，不仅有利于丰富口碑传播意愿的研究情境，更有助于改进移动学习平台产品的质量和服务，对于制定移动学习产品的标准和规范，推动移动学习的发展，具有十分重要的理论与现实意义。

基于此，本研究在分析当前口碑传播意愿相关文献的基础上，运用质性分析、实证研究和模糊集定性比较分析等方法，对学习者使用移动学习平台后产生正面口碑传播意愿的关键影响因素进行深入的调查、分析和研究。

第一，梳理了当前口碑传播意愿的研究状况，特别是移动学习领域口碑研究的现状。通过CiteSpace软件对Web of Science和CNKI数据库中相关文献进行可视化分析，并采用了引文共现、关键词聚类等方法进行统计。结果表明：口碑传播意愿的相关研究正日益受到关注和重视，研究成果不断涌现。但是，关于移动学习的口碑研究却进展不大，成果寥寥，在研究范围、研究内容和研究方法等方面均存在一定局限性。

第二，采用基于扎根理论的质性分析方法，选择8个移动学习平台讨论区中的5568条真实评论数据进行深入挖掘分析，发现移动学习情境下的口碑行为可以用"驱动因素—心理反应—行为表现"模型来解释。其中，驱动因素由客观因素（感知移动学习情境价值、感知移动学习平台/资源价值）和主观因素（感知风险）共同构成；心理反应由学习者的学业情绪、满意度和心流体验构成；行为表现即学习者的口碑行为，学习者的移动学习适应性会起到调节作用。上述关键因素的发现和识别，弥补了过往研究较少涉及移动学习平台应用情境和学习者心理变量的不足，有助于全面识别影响移动学习者口碑传播意愿的主客观因素，进而建立移动学习口碑行为影响因素的理论框架。

第三，基于S-O-R模型，分别从"学业情绪—满意度"和"心流体验"视角建立实证研究模型。通过2262条和1661条数据对2个模型进行实证分析，发现：学习者感知移动学习情境价值和功能价值会正向促进其学业情绪、满意度和心流体验，并由此诱发口碑传播意愿；感知风险对学业情绪的负向影响得到了验证，但对心流体验和满意度的负向影响却不显著，体现了移动学习者口碑传播意愿的形成是一个复杂的过程；学习者的移动学习适应性会在心流体验和口碑传播意愿的影响关系中起调节作用。本研究将学业情绪和心流体验作为前因变量，为移动学习者口碑传播意愿的相关研究提供新的理论视角。

第四，运用模糊集定性比较分析（fsQCA）的方法探索了决定移动学习者口碑传播意愿的条件组合，挖掘出导致高/低传播意愿的决定性因素。通过对1709条数据进行比较分析，发现移动学习者形成口碑传播意愿的因果关系具有复杂性、等效性和非对称性。学习者感知平台资源价值和获得心流体验是导致高口碑传播意愿的核心影响因素，而价值元素的缺失和风险因素的存在则是导致产生低口碑传播意愿的主要原因。定性比较分析的结论有助于从根本上理解口碑传播意愿形成的现实问题，是对现有定量研究方法的有益补充。

本研究扩展了口碑传播意愿的研究情境，为已有口碑传播意愿的研究模型提供了更全面的解释，也为后续口碑传播意愿影响因素的研究提供了可供借鉴的视角。同时，研究结论为教育技术企业改进移动学习平台产品和服务提供了指导，对移动学习市场的健康发展具有一定的促进作用。

目录
Contents

第一章 绪论

本章将从论文的选题依据、研究内容与研究意义、研究方法与技术路线，以及论文框架4个方面做出概括性和框架性的描述。

第一节　选题依据

本节主要阐述研究背景和研究问题，将从移动学习成为新时代教育的新业态、网络口碑营销方式在移动学习平台推广中的作用、学习者对移动学习平台产生口碑传播意愿的影响因素等方面论述选题的依据，并提出研究拟解决的重点问题。

1　研究背景

（1）移动学习正在成为新时代教育的一种新业态和新方式

移动学习是指学习者在智能手机、Pad等移动数字设备支持下开展学习的一种方式，是“互联网+教育”的典型应用。与传统授课方式相比，移动学习让所有学生都坐到了“第一排”，师生之间互动更便捷，不受时空限制并可重复观看学习，深受广大学习者的好评。

党和政府对于在教育领域推动数字化和信息化一直持积极鼓励的态度。2010年，国家发布《中长期教育改革和发展规划纲要（2010—

2020年）》提出：要“鼓励学生利用信息手段主动学习、自主学习，增强运用信息技术分析解决问题能力”；2016年6月发布的《教育信息化“十三五”规划》提出了“创新‘网络学习空间人人通’建设与应用模式，从服务课堂学习拓展为支撑网络化的泛在学习”的任务；2019年2月，中共中央、国务院印发的《中国教育现代化2035》更进一步明确：要“统筹建设一体化智能化教学、管理与服务平台”。近年来，移动通信技术迅猛发展，移动学习方兴未艾。2020年9月，中国互联网络信息中心发布的第46次《中国互联网络发展状况统计报告》透露：截至2020年6月，我国网民中使用手机上网的比例为99.20%，使用手机在线教育课程的用户规模则达到了42023万人，较2019年增长22077万人，占手机网民的46.90%。自2015年12月《中国互联网络发展状况统计报告》开始对手机在线教育课程进行数据统计以来，不到5年时间，用户数已经增长了6.92倍，详细情况见图1-1所示。

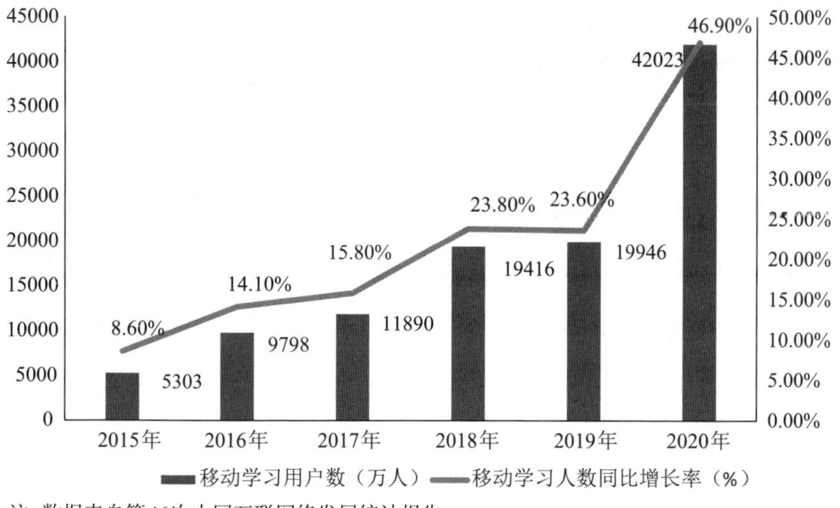

注：数据来自第46次中国互联网络发展统计报告。

图1-1　2015年以来我国移动学习用户增长统计

从图1-1中可以看出，移动学习的用户数一直保持着高速增长，说明移动学习已经成为广受欢迎的互联网应用。特别是进入2020年，受新冠肺炎疫情影响，全国大中小学积极推行线上教育，教育部推出2.4万门数字化课程资源，并引导2.65亿名学生转向线上课程，许多高校和中小学推出了自己的移动学习平台。中国大学慕课、网易云课堂、腾讯课堂、得到、超星学习通、青书等商用移动学习App也得到了广泛应用，进一步推动了移动学习的用户规模快速增长。从更深的层面看，移动学习的出现有利于改善教育资源分布不平衡，变革学习者的学习方式，促进国家乃至国际教育公平。例如，早在2013年联合国教科文组织就指出："移动学习为无法享受高质量教育的学习者提供了广泛的学习机会，将助力全民教育目标的实现。"

综上所述，移动学习作为一种新的教学形式，已经被政府、行业、高校和学习者个人广泛接受，逐渐成为一种主流的教育形态。

（2）网络口碑营销方式在移动学习平台推广中发挥着越来越重要的作用

口碑的影响作用，即口碑效应，是指消费者针对口碑所传递的信息内容的反应及产生的相应影响结果。在国外，经济学家们对口碑的作用有着充分的认识。Philip Kotler（2000）引用的一则对7000名来自欧洲各国的消费者的研究表明，有60%以上的消费者在购买新品牌时曾受到过家人和朋友的影响；而Dye（2000）则更是认为"2/3以上的美国经济是全部或部分由口碑驱动的"。除可以提高产品销售和拓展新消费者外，口碑的作用还包括降低消费者感知风险（Sandra et al.，2003；董大海等，2005）、提高消费者满意度（Kotler，2000）、加强消费者忠诚（Villanueva et al.，2008；Kumar et al.，2010）、引导消费者心理变化（Soderlund et al.，2007；廖以臣等，2019）等。

信息技术和互联网的发展，为人们提供了通过虚拟社区进行交互的途径（Goldsmith，2006）。Walther（1992）通过基于社会信息过程模型（Social Information Processing Model）的研究发现，在线虚拟社区中的用户存在着丰富、积极的行为，并由此建立友好伙伴的关系，而用户之间的伙伴关系又可以让彼此之间形成情感支持和归属感（Haythornthwaite，1999；Tidwell & Walther，2002；Kraut et al.，1998）。网络口碑正是在这样的背景下应运而生，并迅速成为口碑传播的一种新渠道。相比传统口碑，网络口碑具有匿名、不受时空限制、多对多传播、可长期留存等特性，因而传播速度更快，覆盖范围更广，对消费者的影响更大（Henning-Thurau et al.，2004）。

从营销的角度，可以将互联网视为超大规模的虚拟社区（Hoffman & Novak，1996）。网络口碑使消费者具备了全球范围内感知服务质量的能力，从而能够为企业带来比传统口碑更多的商业机会（Stauss，2000）。例如，Trusov等（2009）发现，正面的网络口碑比传统营销行为具有更高的反应弹性，分别是营销行为和媒体广告的20倍和30倍，并且具有更长的延展性。从管理的角度，又可将网络口碑视为在线反馈系统，能够让消费者在网络上发布针对企业产品和服务的经验和意见，为企业持续改进产品和服务提供支持（Dellarocas，2003）。

我国是世界上网络用户规模最大的国家。根据中国互联网络信息中心发布的数据，截至2020年6月，我国互联网用户规模已达9.40亿，互联网普及率为67.00%。在众多互联网应用中，即时通信排名第一，用户规模达9.31亿人；微信朋友圈、QQ空间、微博等社交应用平台的使用率分别为85.10%、47.60%和40.50%。互联网已成为广阔的虚拟社区，为各类用户提供了无边界的交流空间。淘宝、京东、当当等网络购物平台均建立了在线评论系统，鼓励消费者发表评论和评级，以促进商品的销售。此外，众多针对特定领域的第三方评论网站应运而生，如大众点评、小红书、豆瓣网等，为消费者提供了发表评论的平台。许多消费者在进行网络购物前会参考其他消费者的评论信息。现有统计发现，网络口碑和商家信誉是网购消费者最关心的因素，关注度分别为77.50%和68.70%。不仅如此，很多消费者在线下购买商品或服务时，也会在网络上寻找相应的评论以提高消费质量，降低消费风险。相应地，网络口碑也为企业带来了新的发展契机，网络口碑营销已成为一种有效的模式。例如，王霞等（2013）针对企业品牌的研究发现：当品牌曝光度较低时，网络口碑的效果与品牌曝光度呈显著正向关系。赖胜强等（2011）针对景区接待量的研究表明：网络评论数、旅游博客的数量以及图片数量等与景区接待量具有显著的正向关系。可见，网络口碑已深入人们的生活，对于消费者行为和企业发展均具有重要而深远的意义。

网络口碑对于移动学习平台产品的良性可持续发展具有重要推动作用，可以交流互动，是移动学习平台的基本特性。几乎所有移动学习平台都会提供课程讨论区、学习讨论区或学习园地等学习论坛功能。在使用移动学习平台的过程中，学习者会在学习论坛中发表评论信息，内容涉及使用时遇到的问题、获得的感受以及提出的意见和建议等，反映了移动学习平台及其配套支持服务的某些特征。例如，在中国大学慕课移动学习平台中，南京大学开设的《心理学与生活》课程获得了10042条评论信息，北京科技大学开设的《形势与政策》课程获得了13873条评论信息等。从本质上看，这些在学习论坛中的评论信息应属于网络口碑（EWOM）的一种展现形式。

口碑在移动学习平台发展过程中的重要作用是由两方面原因决定的。一是口碑在商业活动中的普遍性作用。消费者之间针对某种商品或商业行为口口相传的信息，会对他们的消费行为产生重要的影响。作为一种广义的商业行为，口碑对移动学习平台用户产生的影响作用不可忽视。二是移动学习的特殊性。在移动学习情境下，教育技术企业与学习者之间的沟通和联系在很大程度上通过网络来维系。学习者对于移动学习平台的了解、期望和选择更加依赖于先前使用者具有独立性的评价。而这些关于移动学习平台、课程资源和管理服务的评价，成为移动学习口碑的主要来源，在很大程度上影响学习者对移动学习平台的选择意愿、学习态度和学习感受。

从市场角度看，口碑是学习者下载移动学习App的主要影响因素之一。参照第三产业经济学原理，移动学习属于教育服务消费品，其产品是教师授课或根据授课内容封装而成的数字化教学资源，而消费则指用户经历课程学习的过程，结果则为用户在学习课程后在体验、智力、情绪等方面发生的变化。已有调查发现，口碑对于学习者选择移动学习平台产品具有重要的影响。据《中国移动互联网学习用户研究报告》的分析，“朋友推荐”是用户下载移动学习App的重要因素，占比为24.10%，而“能交流互动”和“有活动”的影响占比分别为9.80%和7.30%。相比之下，“媒体报道”因素仅占比为0.90%。可见，用户之间的交流互动，以及在此过程中产生的口碑信息对于移动学习平台的推广具有重要的影响。站在企业的角度，口碑对于降低消费者感知风险，提高其满意度和品牌忠诚度，进而促进产品销售方面发挥着相当重要的作用。同理，用户针对移动学习发布评论信息，对于改进移动学习平台功能和教学管理措施，提升移动学习服务供应商的品牌形象，扩大移动学习的应用范围，确保移动学习健康和可持续发展也都具有重要的作用。

从管理角度看，移动学习仍属较新的领域，无论在理论上还是实践上均面临许多困境与挑战，迫切需要教育管理部门加以引导、监督和规范。在移动学习情境下，学习者在虚拟社区中发表的网络口碑是其与移动学习服务提供者以及其他学习者互动的主要渠道，同时也是教育管理部门获得服务对象信息的重要来源和制定相应政策措施的重要依据。

综上所述，在移动学习快速发展的新形势下，高度重视学习者在学习过程中的口碑现象，深入研究移动学习过程中各类口碑的发生原因、传播规律和作用机制，让学习者获得高效且良好的学习体验，并促使其发布有利于宣传移动学习的正面口碑，减少不利于移动学习发展的负面口碑，以保障和促进移动学习持续健康发展，是移动学习组织者和教育者面临的现实课题和重要使命。

（3）影响学习者对移动学习平台产生口碑传播意愿相关因素的研究亟待加强

鉴于信息时代背景下网络口碑的特点，学术界和实业界对网络口碑的管理，尤其是导致网络口碑产生的因素均体现出极高的关注。例如，学者们的研究已发现，增加消费者的产品知识（Argan，2012；Bansal & Voyer，2000）、改善消费者体验感知（徐茵等，2013；温飞等，2011）、提高虚拟社区的可信度（Smith & Nicole，2002；Reimer，2018）、加强对意见领袖的管理等均会对消费者发布口碑的意愿有显著影响。

从市场营销的角度看，移动学习产品具有无形性、连带产品和高放弃成本3个特征。无形性特征是指尽管有教师、教材、课件、软件平台、App等外在表现形式，但从传递知识的内涵的角度看，移动学习平台产品具有无形性的特征。学习者（消费者）选择移动学习平台的最终目的是要掌握知识和技能。而这种对知识和技能的掌握程度是无形的，不可见的。连带产品特征是指消费者选择某个企业的产品时，不仅受产品本身特性的影响，而且还受其他消费者特质的影响。移动学习平台的连带产品特征是指学习者在选择学校或课程时，不仅会考虑学校的环境、师资、软件平台、课程质量等属性，而且还会考虑选择同一移动学习平台或同一课程的群体特质。高放弃成本特征是指消费者在选择教育产品，特别是学历教育或中长期教育产品时，往往会格外慎重，因为人的成长和时间的流逝是不可逆转的。这意味着对于选择教育产品后放弃的成本代价非常高昂。移动教育产品的这种特性非常符合学者们（Hackett et al.,1994；Frutos et al.,1998）对于高放弃成本的定义，即消费者会意识到离开组织的代价太大而留在组织中。

综上所述，学习者在选择移动学习平台产品前会注重对口碑信息的搜寻，以降低自身对风险的感知。因而，对影响移动学习者产生口碑传播意愿的因素进行研究并加以管理，具有积极的理论意义和现实意义。

目前，学术界针对学习者使用移动学习平台后产生口碑传播意愿影响因素的研究尚未深入，有不少领域尚未涉及。研究的缺失使学术界和实业界难以清晰地认知引发移动学习者口碑传播的核心要素，针对其产生口碑传播意愿内在机制的研究更是无从谈起。探明存在的问题，填补研究空白，对于了解学习者发布口碑的动机和作用机制，进而思考如何因势利导推动口碑内容向积极健康的方向发展至关重要。

2 研究问题

通过系统回顾移动学习者口碑传播意愿的相关文献可以发现，现有研究的局限主要体现在3个方面：一是在使用移动学习平台的过程中，何种因素会促使学习者进行口碑传播尚未得到充分挖掘；二是各项影响因素具有怎样的因果关系，彼此之间的作用机制如何尚未得到有效证实；三是各项影响因素具有怎样的独立效应和组合效应尚未得到深入探讨。本研究将针对上述存在局限，拟依次探讨以下3个方面的问题。

（1）挖掘影响移动学习者口碑传播意愿的关键因素

移动学习口碑传播的诱因大体可以划分为两类。一是基于移动学习平台角度总结的客观影响因素，包括移动学习平台的品牌形象、技术支持、学习氛围以及学习内容的趣味性、有用性、学习资源的显示效果和可获得性等。二是基于用户感知角度的主观影响因素，包括移动学习用户进行口碑分享的心理动机。例如，Pei-Wen等从基于社会激励的角度，Tennie等从基于自身利益的角度等分别对移动学习者口碑传播意愿的主观诱因进行了探讨。还有学者指出用户的个体特征、个人能力、风险感知水平等也会影响其对移动学习平台的口碑传播意愿。但综观实际情况，导致学习者产生口碑传播意愿的影响因素错综复杂，上述研究结论不能涵盖现有移动学习情境下影响学习者口碑传播意愿的全部因素。继续探寻影响移动学习者口碑传播意愿的因素仍有很大空间，仍然非常必要。因此，本研究需要探寻的第一个问题是：挖掘并识别出影响学习者产生口碑传播意愿的关键因素。

（2）验证各项影响因素之间的相互联系和作用机制

通过基于文本的质性分析虽然可以提炼出移动学习者产生口碑传播意愿的影响因素，但不能考察出各项影响因素之间的关系和强度，以及对最终行为结果的影响是否显著。现有研究较多使用S-O-R模型来确定用户对在线系统的认知反应和行为反应（Liu，2016；Gao，2014），而Khan等（2017）认为该模式在教育领域也同样适用。本研究拟以质性分析阶段挖掘出的影响因素为基础，借鉴S-O-R模型构建移动学习者口碑传播意愿影响因素实证分析模型，探明内外部刺激因素、心理反应因素，以及调节因素对口碑传播意愿的作用机制。因此，本研究需要考察的第二个问题是：探明各项影响因素之间的相互联系和作用机制，分析其中的中介效应和调节效应。

（3）分析各项影响因素的组合效应

口碑传播意愿的形成是多个影响因素之间相互作用的结果，采用实证方法虽然能够检验各项影响因素之间的路径系数，但仅能呈现少量因素对结果变量的影响，各项前因变量组合后对移动学习者口碑传播意愿的影响关系却仍不明晰。因此，有必要从前因变量的组合效应出发，研究学习者在使用移动学习平台的背景下，各项前因条件能够组合成为哪些构型，进而对移动学习者的口碑传播意愿产生影响。因此，本研究需要分析的第三个问题是：探寻和揭示各项因素之间组合共同影响学习者口碑传播意愿的规律，以及导致移动学习者产生高口碑传播意愿和低口碑传播意愿时各自具有的前因变量构型。

第二节　研究内容与研究意义

1　研究内容

在对口碑传播意愿及移动学习领域口碑相关研究文献进行回顾和梳理的基础上，采用质性分析、实证分析和定性比较分析等方法，运用S-O-R模型和学业情绪、心流体验等理论，探索影响移动学习者口碑传播意愿的影响因素及其作用机制。研究拟从以下3个方面展开。

一是挖掘促进移动学习者口碑行为的影响因素。基于多个移动学习平台讨论区中的已有评论信息，提炼出促进移动学习者产生口碑行为的影响因素。探讨各项影响因素之间的逻辑关系，构建理论模型，为开展实证研究和定性比较分析研究奠定基础。

二是实证分析各项影响因素之间的作用机制。基于S-O-R模型，分别以“学业情绪—满意度”视角和心流体验视角构建两个实证研究模型。通过实证分析，检验各项影响因素之间的作用机制，探讨学业情绪—满意度和心流体验等心理反应变量在刺激因素和口碑传播意愿之间的中介作用，检验学习者个体特征的调节作用。

三是探索移动学习平台口碑传播意愿的前因构型。运用模糊集定性比较分析（fsQCA）的方法，探索决定移动学习平台用户口碑传播意愿高低的条件组合，挖掘出导致高/低传播意愿的决定性因素。

2　研究意义

（1）理论意义

第一，针对移动学习者口碑传播意愿影响因素尚未明确的现状，基于扎根理论的质性分析和S-O-R模型，以中国大学慕课、得到、青书等8个移动学习平台中的真实评论信息为研究对象，挖掘并识别了影响学习者对移动学习平台产生口碑传播意愿的因素，提出了各项影响因素之间相互作用的关系框架。因此，本研究的理论意义之一是：通过识别影响移动学习者口碑传播意愿的因素，丰富了口碑传播意愿的研究情境，补充了已有研究的局限和缺失。

第二，基于识别出的各项影响因素，借鉴S-O-R模型“刺激因素—机体因素—行为反应”的逻辑顺序建立分析框架，分别基于“学业情绪—满意度”视角和心流体验视角提出假设路径和概念模型，建立了分析框架，以此探讨移动学习情境下各项主/客观刺激因素诱发的心理反应如何促进学习者的口碑传播意愿。因此，本研究的理论意义之二是：

通过实证数据进行检验，从理论层面上探明了移动学习情境下前因变量和心理变量对口碑传播意愿的作用机制，为后续教育领域的口碑研究提供了思路和方法的借鉴。

第三，针对当前口碑传播意愿研究大多采用线性分析的局限，采用fsQCA方法探讨了各项影响因素对移动学习者口碑传播意愿的组合效应，分析了高口碑传播意愿和低口碑传播意愿的前因结构。因此，本研究的理论意义之三是：通过定性比较分析方法解释了促进移动学习者产生高/低口碑传播意愿的组合条件，为移动学习情境下学习者产生口碑传播意愿的作用机制提供了新的依据，研究方法和研究结论在一定程度上扩展了口碑传播意愿研究领域的广度和深度。

（2）实践意义

第一，有助于教育技术企业对移动学习者的口碑进行分析。在现阶段，国内教育管理部门和教育技术企业对于学习者的口碑管理尚未有清晰的思路，对于口碑在教育行业的市场营销、顾客管理、形象塑造等方面的作用也未充分重视。特别是在移动学习领域，哪些因素导致学习者产生了发布口碑的意愿，其影响程度如何，对于口碑的极性有何影响等，尚未进行深入探讨。本研究的结论为教育实业界分析移动学习者口碑形成的因素提供了实践思路。

第二，有助于教育管理部门和教育技术企业更好地制定和实施网络口碑营销策略。在移动互联网时代，口碑对于教育技术企业和教育管理机构的重要性越发显著，赢得学习者的口碑对于扩大产品占有率，促进产品良性循环具有积极作用。因此，各大移动学习服务企业均应制定有效的网络口碑营销策略。本研究的结论有助于教育技术企业和教育管理部门了解学习者在移动学习情境下形成口碑传播意愿的影响机制，从而更加有效地对网络口碑进行管理。

第三，有助于学习者做出对移动学习产品的理性选择。当前，市场上移动学习产品众多，如何选择一款适合自身的移动学习产品，是学习者所关注的问题。当学习者要放弃当前的移动学习产品而重新选择时，所付出的不仅仅是经济代价，更多的将是时间、机会等不可计量的成本。而网络口碑则是学习者做出选择决策前了解相关产品最为便捷有效的渠道。本研究对使用移动学习平台时的情绪、体验等与口碑之间的相互关系等问题进行了研究探索，结论将有助于学习者客观地应对口碑，做出理性选择。

第三节 研究方法与技术路线

1 研究方法

（1）文献计量分析法

文献计量分析法（Bibliometric Analysis）运用数学和统计学方法，能够对相应学科领域进行定量分析。文献计量分析法具有以下优势：

一是文献分析数量大。文献计量分析法使用现代搜索引擎、电子科学数据库和复杂的文本挖掘等方法，可以对海量的文献进行分析。传统文献综述分析的参考文献数量可能是数十到数百篇，而文献计量分析的数量可能高达20000篇，能够较好地弥补传统文献综述受数量限制的不足。二是文献分析内容广。为全面且客观地了解某一学科领域的知识基础、发展脉络、研究热点，通常要探寻该领域的文献量、高产作者、高频关键词、主题聚类、关键词突现等典型问题。文献计量分析方法借助CtieSpace等相关工具，能够扩大研究范围并对上述问题进行清晰的梳理。三是可视化图形展示。采用文献计量分析法并借助相应软件，可以通过图形的形式展示文献的相关数据，从而更加清晰地识别相关学科领域的知识网络和发展模式。本研究根据研究主题，将分别以“口碑”（Word-of-Mouth）“网络口碑”（EWOM）“移动学习”（M-Learning）“口碑传播意愿”（Word-of-Mouth Intention）等为主题关键词进行全面的文献搜索。文献数据库包括Web of Science、中国知网、百度学术及西南交通大学图书馆提供的各大数据库等。随后，通过CiteSpace软件对所获取的文献数据进行系统分析，了解了当前口碑、口碑传播意愿，以及移动学习领域口碑研究的现状，分析出当前研究存在的不足，为下一步研究提供了借鉴和思路。

（2）质性分析研究法

质性分析研究法（Qualitative analysis）是对研究现象进行深入整体性探究的一种方法，主要通过访谈、观察或实物分析等方法，对原始资料的比较分析，最终形成结论和理论，并用以解释其行为和意义建构。质性分析研究法具有5方面的特点：一是自然主义的探究传统；二是对意义的解释性理解；三是研究是逐渐演化的过程；四是自下而上的归纳分析资料；五是重视研究关系。质性研究是一种“情境中”的研究，其特点非常适合教育领域的相关研究。本研究采用基于扎根理论的质性分析研究法，以现有移动学习平台讨论区中的真实评论数据为研究对象，通过开放编码、主轴编码和选择性编码等过程，提炼了学习者使用移动学习平台后影响其产生口碑传播行为的因素，分析各因素之间的相互关系，为构建理论模型奠定基础。

（3）实证分析研究法

实证分析研究法（Empirical Analysis）是揭示客观现象内在构成因素及其相互联系的研究方法，旨在发掘、归纳并概括现象的本质及其运行规律。实证分析研究法的特点是试图超越或排斥价值判断，力求揭示客观现象的内在构成因素及因素的普遍联系。本研究拟在质性研究的基础上，参考刺激—机体—反应模型（S-O-R）、技术采纳与利用整合理论（UTAUT）、心流理论（Mental Flow）、情绪认知理论（Cognitive Theory of Emotion）等经典理论和模型，基于“学业情绪—满意度”视角和心流体验视角分别构建了两个移动学习情境下学习者WOM影响因素的实证研究模型，提出假设并开发问卷和量表，借助SPSS、AMOS等统计软件进行探索性因子分析、验证性因子分析和路径分析，检验了各项因素的影响程度及作用机制，以及所提出的假设是否成立。

（4）定性比较分析法

定性比较分析（Qualitative Comparative Analysis，QCA）是一种介于定性方法和定量方法之间的研究方法。定性比较分析法能够对3个以上变量的组合效应进行检验（FISS，2007），通过某项前因变量或前因变量组合的方式，揭示导致结果变量出现可观测的变化的原因，以考察哪些自变量是因变量的必要条件、充分条件或充要条件。本研究将采用模糊集定性比较分析法（fuzzy-sets Qualitative Comparative Analysis, fsQCA），探索移动学习情境下各项影响因素是以怎样的组合形式共同对学习者的口碑传播意愿产生影响，以及高口碑传播意愿和低口碑传播意愿分别具有怎样的前因构型。

2 技术路线

本研究将采用“文献研究”→“质性分析”→“实证分析”→“定性比较分析” →“结论推导”的思路。其中研究的主体工作采用了3种方法进行：一是基于扎根理论的质性研究方法，对移动学习论坛中的真实留言数据进行系统的定性分析，构建学习者对移动学习口碑传播行为的影响因素模型；二是借鉴相关理论，在质性研究结论的基础上，对移动学习口碑传播意愿影响因素的作用机制进行实证分析。三是通过模糊集定性比较分析方法（fsQCA），厘清各项影响因素的组合效应，以及高/低口碑传播意愿的前因变量构型。研究流程分3个步骤递进和深入进行：一是质性分析挖掘出以往研究未曾关注的因素，为后续研究奠定基础；二是实证分析探讨了影响因素之间的因果作用关系，分析了单个变量的影响效应；三是定性比较分析将多个变量作为整体，从更为全面的角度验证了多变量的组合效应。因此，研究过程是由“点”到“线”再到“面”的过程。本研究的总体技术路线见图1–2所示。

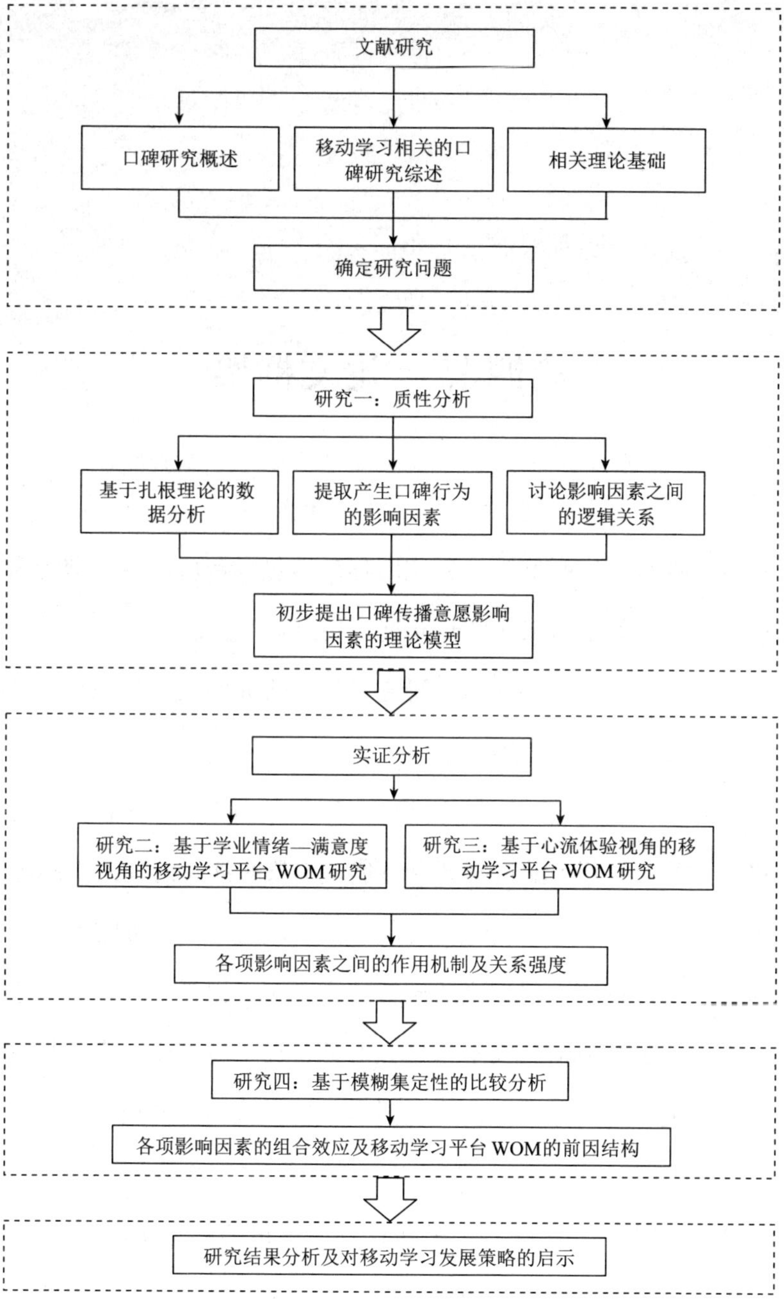

图1-2 本研究的总体技术路线

第四节　论文框架

本研究紧密围绕影响学习者使用移动学习平台后产生口碑传播意愿的因素及其相互关系而依次展开分析，共由7章组成。

第一章：绪论。主要内容：研究背景、研究问题、研究意义、研究的目标、方法和技术路线等。

第二章：研究综述。主要内容：口碑及口碑传播意愿相关研究综述、移动学习平台相关的口碑研究综述、本研究涉及的理论基础等。

第三章：基于扎根理论视角的移动学习平台WOM影响因素挖掘。主要内容：通过基于扎根理论的质性研究方法，以学习者在移动学习虚拟社区中的真实反馈信息文本为研究对象，深入挖掘学习者使用移动学习平台后产生口碑传播意愿的影响因素，初步提出主要研究变量及变量之间的逻辑关系。

第四章：基于“学业情绪—满意度”视角的移动学习平台WOM研究。主要内容：在质性分析构建模型的基础上，以学业情绪和满意度为中介变量，探索各项影响因素与口碑传播意愿之间的关系，验证学业情绪和满意度对各项内外部刺激因素的中介作用。

第五章：基于心流体验视角的移动学习平台WOM研究。主要内容：在质性分析构建模型的基础上，以心流体验为中介变量，以学习者的移动学习适应性为调节变量，探索各项影响因素与口碑传播意愿之间的关系，验证心流体验对各项内外部刺激因素的中介作用，以及移动学习适应性的调节作用。

第六章：基于fsQCA方法的移动学习平台WOM前因构型研究。主要内容：基于模糊集定性比较分析方法（fsQCA），揭示决定移动学习平台用户口碑传播意愿高低的条件组合，探讨移动学习平台服务价值、功能价值等组成的不同前因构型如何导致不同的口碑传播意愿。

第七章：研究总结与展望。主要内容：对研究工作进行总结，提炼出研究的创新点、实践价值和局限性，以及对未来研究的展望。

第五节　本章小结

本章主要分为4节：一是从选题背景和研究问题的角度论述了研究的选题依据；二是阐述了本研究的内容和意义；三是以研究方法和技术路线为切入点，详细介绍了论文的研究方案；四是阐述了本研究的主要框架。本章为研究的铺开和实施勾画了思路，奠定了基础。

第二章 研究综述

本章将系统回顾口碑研究的现状、移动学习平台相关的口碑研究，以及本研究涉及的理论基础，为后续各章开展研究分析奠定基础。

第一节　口碑研究概述

1　口碑的概念及研究进展

《辞海》中对口碑有3种释义：一是指人们口头上的颂扬，带有肯定和褒义的色彩；二是泛指群众口头的传说和议论，词汇本身不带有感情色彩；三是特指社会上流传的口头熟语。

现代市场营销学中对于口碑的研究始于20世纪50年代，Brooks（1957）最先从营销的角度论述了在新产品发售过程中口碑所发挥的重要作用。经过数十年的发展，学者们对于口碑的定义形成了4个方面的认识：一是口碑的内涵及传播形式。学术界的共同认识是："人与人之间的非正式传播"是口碑传播最基本和最本质的特征。二是口碑传播的参与者。学者们普遍认为，口碑的发送者和接收者均不是营销人员，而是普通的消费者。三是口碑传播的方向性。已有的研究认为口碑是带有方向性的，即传播者传递的口碑信息会带有感情色彩，既可以是正面的（Positive）也可以是负面的（Negative）。四是口碑传播的群体性和持续性。综上所述，已有研究认为口碑可以是包括独立专家、产品提供者、家人、朋友、实际或者潜在消费者等群体之间所进行的口头沟通，这种沟通既可以是正面的，也可以是负面的，但参与沟通的双方都不是营销人员。学者们还认为，应当从整体角度认识口碑信息的交流，不是单次的行为，而是持续的过程。国内学者对于口碑的研究起步相对较晚，2000年以后才出现较多相关的研究文献。国内学者在已有研究的基础上，针对中国的现状提出了许多建设性的观点（黄英等，2003；蒋玉石，2007；陈蓓蕾，2008）。

信息技术的发展和互联网的发展，为人们提供了通过虚拟社区进行交互的途径（Goldsmith，2006）。Walther（1992）通过基于社会信息过程模型（Social Information Processing Model）的研究发现，在线虚拟社区中的用户存在着丰富、积极的行为，并由此建立友好伙伴的关系，这种用户之间的伙伴关系又可以让彼此之间形成情感支持和归属感（Haythornthwaite，1999；Tidwell & Walther，2002；Kraut et al.，1998）。网络口碑正是在这样的背景下应运而生的，并迅速成为口碑传播的一种新渠道。消费者可以通过Blog、E-mail、在线论坛等网络虚拟社区，以及使用QQ、微信等即时通信工具，发布和接收各类评论信息，从而实现口碑的传播。

网络口碑属于口碑的一个类型，同样保留有口碑的基本特征。一是传播过程均包含发送者、接收者和信息3个基本要素；二是发送者和接收者均是与企业无利益关系的第三方，是自发的行为；三是信息内容主要针对企业、产品和服务的评论或经验；四是口碑信息带有情感方向，可分为正面、负面和中性口碑。但互联网具有的特性仍使网络口碑与传统口碑之间存在很大的差异，二者的特点差异见表2-1。

表2-1　网络口碑与线下口碑的差异

比较内容	网络口碑	线下口碑
传播环境	Blog、E-mail、在线论坛、即时通信工具、朋友圈等虚拟社区形式的互联网空间	人际沟通的社会环境中
传播形式	文本、图片、音频、视频等数字化的多媒体信息	声音、表情和肢体语言等
传播范围	超越时空限制，可覆盖世界上任何一名消费者（Chen，2004）	传播者所在的社会网络（Brown & Reingen，1987）
身份特征	以匿名为主	身份公开
传播双方的关系	口碑的传播者与口碑信息的接收者之间以陌生人（Ratchfoul，2001）为主，属于弱联结的关系	基于熟人社会网络的，一对一的强关系传播（Brown & Reingen，1987；Bansal & Voyer，2000），以强联结关系为主
传播特点	一对多或多对多的网络非线性传播；同步或异步；信息可持久存储；能够查阅和测量 (Gode & Mayzlin，2004)，可复制性强	一对一或一对多的线性传播，同步、实时；沟通结束后随即消失，仅靠记忆来保存、不易被测量，可复制性弱
传播速度	病毒式传播，发散速度快	人际沟通的网络，传播速度较慢

综合国内外学者对网络口碑的描述，本研究将网络口碑定义为：潜在或实际消费者通过各种网络渠道，以电子媒体（文本及音视频）形式发布的，关于特定企业、商品或服务的，无商业目的的交流。

市场营销学中的口碑研究自20世纪50年代以来，已经过数十年发展。但在2010年以前，学术界对口碑研究的关注度并不高。2010年以后，随着网络技术的互联网的发展，口碑传播的速度和覆盖面呈几何级数扩张，迅速走向全球化，以虚拟社区、在线评论、在线评价为代表的网络口碑能够在更广的范围，以更快的速度，面向更多的用户群体传递信息。在信息技术发展和市场营销全球化背景下，口碑研究逐渐成为市场营销研究领域的热点。

（1）口碑相关研究的文献增长快、质量高

在Web of Science文献数据库的核心合集中，1986—2010年近25年的时间里，口碑研究相关的学术论文总计为1036篇；而2010—2020年，口碑研究相关的学术论文则达到9130篇，约为2010年以前25年期间发文总和的9倍。仅2020年，口碑相关的学术论文数量就已达1449篇，超过了2010年的6倍。口碑研究的发展还体现为涌现出了一批高水平的学术论文。自2010年以来，市场营销和服务类的重要期刊均发表了多篇口碑研究相关的学术论文。通过CiteSpace绘制的期刊共被引次数分析结果显示（如图2-1所示），*Journal of Marketing*、*Journal of Marketing Research*、*Journal of Consumer Research*、*Journal of Business research*等期刊所对应的节点面积较大，表明其刊载的口碑研究相关学术论文被引用的频次高；在图案的外圈有紫色的圆环，表明对应期刊学术论文的中介中心性强，是图谱中的关键节点，在口碑研究领域中处于重要的位置。以市场营销学术研究领域的顶级期刊*Journal of Marketing*为例，自2010年以来，该期刊发表了口碑研究相关的学术文献50篇，被引用次数

高达3761次，而且中介中心性为0.66，说明该杂志所刊载文献在口碑研究领域具有重要的影响力。

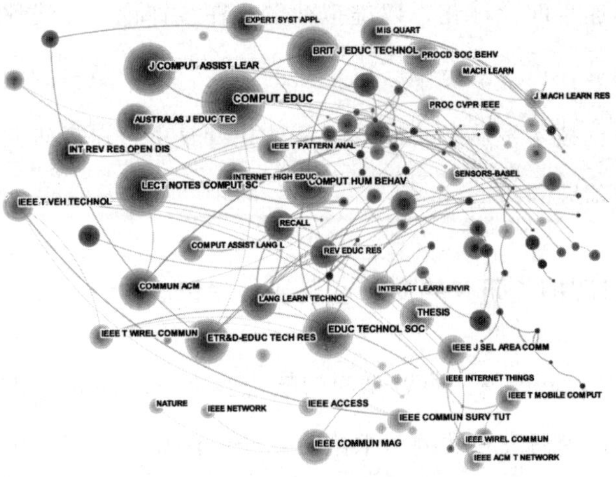

图2-1　Web of Science数据库中口碑研究的期刊共被引图谱

（2）口碑研究涉及的学科领域不断拓展延伸

通过Web of Science获取的口碑研究相关文献涉及207个学科分类。利用CiteSpace软件提供的学科分布统计功能绘制知识图谱，得到结果见图2-2所示。

由图2-2可知，商学与经济学（Business & Economics）是口碑研究文献最多的领域，而且具有较大的影响力（中心性为0.12）。其他文献数量较多的学术领域还有管理学（Management）、计算机科学（Computer Science）、社会科学（Social Sciences）、服务业（Hospitality）等。上述图谱表明：在Web 2.0和移动互联网发展的背景下，口碑的主要形态发生了很大变化。从过去口口相传的“小圈子”人际交往，发展为互联网虚拟社区内非直接、非实时、大范围的信息传递，消费者口碑对产品和服务的影响比以往更加快速，更加直接，更加深远，影响的领域也更加宽泛。例如，Castillo（2019）对消费者感知在线平台质量进行了研究，建立了由效率、可靠性、私密性和沟通性4个维度组成的模型，从网络媒体的角度探讨了感知质量对满意度和忠诚度的影响。该文献不仅涉及经济管理领域，还涉及社会学、网络技术、心理学等相关学科。

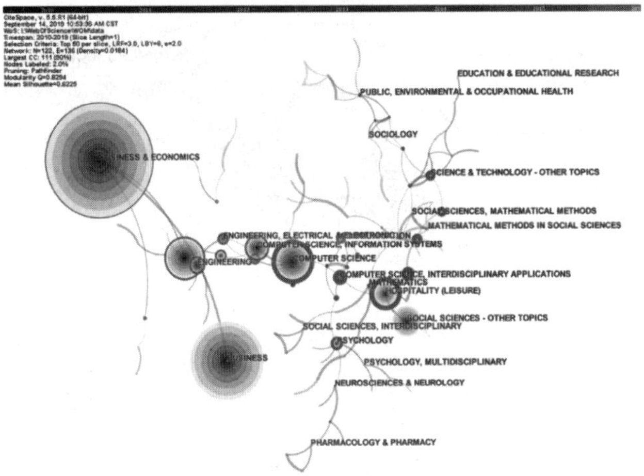

图2-2　Web of Science数据库中口碑研究的学科分布

图谱中还呈现出一些高中介中心性的领域，如环境科学、绿色可持续发展等，这些领域的文献数量虽然不多，但具有较强的影响力。这说明口碑在政策和技术推广等非商业领域也会产生影响，并且引起了相应研究领域学者的兴趣。值得注意的是，在检索到的口碑研究文献中有97篇涉及教育领域，内容包括学校品牌建设、课程推荐、学生交流等方面。

（3）参与口碑研究的国家（地区）和机构数量多

口碑研究学术论文的作者来源于109个国家（地区），说明口碑的影响效应在世界范围内受到关注。利用CiteSpace软件提供的国家（地区）合作统计功能绘制知识图谱，得到的结果见图2-3所示。

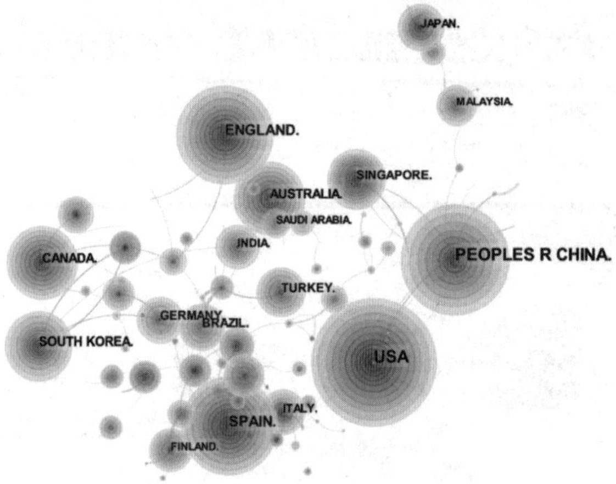

图2-3 Web of Science中口碑研究的国家（地区）合作图谱

由图2-3可发现，在口碑研究领域，美国学者发表的学术论文数量较多，共计1915篇，占比达16.66%；中介中心性为0.17，体现出较高的学术价值。其他产出文献数量较多的国家和地区有中国、英国、中国台湾、韩国和西班牙等。具有较高学术价值文献的国家和地区有德国、英国、荷兰、西班牙和法国等。中国学者的发文数量不少，但影响力相对较弱（中介中心性较低），说明文献的学术价值还有待进一步提升。由图谱还发现，欧美国家之间的连线较多，反映出相应国家研究机构和学者之间建立了较为密切的学术联系；而代表中国的节点与其他国家之间的连线几乎不可见，表明中国学者在本研究领域的国际交流还比较少。

机构合作图谱可展现不同学术机构在口碑领域的研究成果及彼此间的合作情况。通过CiteSpace绘制学术机构合作图谱后得到网络节点365个，网络连线349条，网络密度为0.0053，具体见图2-4所示。

图2-4　Web of Science中口碑研究的机构合作图谱

由图2-4中的图谱可知，在口碑研究领域，各学术机构之间的连线已经有较多的联系，说明各机构之间已经形成了一定的合作，并由此产生了学术共同体。此外，在图谱中还出现了一些圆形图案面积较大且有深色外圈的节点，说明这些学术机构在口碑传播研究中取得较多成果，在该研究领域的不同主题中处于中心位置。

（4）口碑研究的主题相对聚焦

关键词能够高度浓缩文献的研究内容，是文献主题和中心思想的反映，也是对特定领域进行分析的有效索引。通过CiteSpace进行关键词共现分析，得到高频和高中介中心性的关键词包括impact、customer、satisfaction、behavior、information、practical implication、internet、loyalty、online review、sale等。关键词共现频次和中介中心性排序前10位的结果见表2-2。

表2-2 关键词共现频次及中介中心性排序结果

按频次排序				按中介中心性排序			
排序	频次	中心性	关键词	排序	频次	中心性	关键词
1	3342	1.08	word of mouth	1	3342	1.08	word of mouth
2	1147	0.04	social media	2	482	1.07	Internet
3	1100	0.14	impact	3	561	0.99	customer satisfaction
4	923	0.04	model	4	10	0.89	consumer behavior
5	828	0.22	satisfaction	5	600	0.86	practical implication
6	779	0.20	behavior	6	461	0.78	Sale
7	769	0.32	information	7	467	0.60	Loyalty
8	637	0.11	consumer	8	397	0.45	service quality
9	607	0.10	trust	9	218	0.38	Dynamics
10	600	0.86	practical implication	10	769	0.32	Information

通过CiteSpace对口碑研究学术文献的高频关键词进行聚类运算，得到9个聚类。聚类图谱的网络模块数Modularity Q值为0.7982（>0.3），聚类的相似程度Mean Silhouette值为0.7761（>0.5），表明关键词的聚类高效且可信。高频关键词的聚类图谱如图2-5所示。

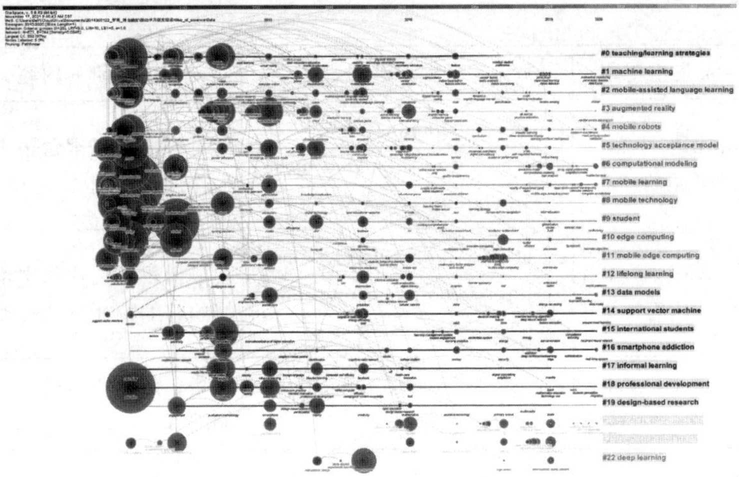

图2-5 口碑研究关键词聚类时间线图谱

通过提取各聚类的高频关键词，可以分析相应聚类的研究主题，从而对口碑领域的研究重点进行分类。口碑研究高频关键词聚类及研究主题见表2-3。

表2-3 口碑研究聚类的高频关键词及主要研究内容

编号	聚类主题词	高频关键词	主要研究内容
0	Source Credibility 来源可信性	online review，moderating role，sale，diffusion	网络口碑传播中有关信息特征的研究
1	viral commercial 虚拟社区	Internet，eWOM，virtual community，social networking site	虚拟社区成员之间交互的行为特点及其管理
2	Service Quality 服务质量	customer satisfaction，service failure，trust，service recovery	基于用户视角，从海量网络口碑中发现并分析服务质量问题
3	tourist motivation 游客动机	Loyalty，word-of-mouth，online，behavioral intention	口碑在以旅游为代表的体验型产品中的营销管理

续表

编号	聚类主题词	高频关键词	主要研究内容
4	opinion leader 意见领袖	Impact，dynamics，social influence，network，online consumer review	意见领袖在口碑营销中发挥的作用及管理
5	online content 在线内容	social media，information，consumer，perspective，consumption，user-generated content	视频剪辑、图片和文本等在线内容的特征及其管理
6	product recommendation产品推荐	Model，behavior，communication，attitude	网络口碑在产品推荐中的影响因素
7	referent custome 参考客户	Consequence，antecedent，consumer behavior，positive word，customer loyalty	消费者特征与在线营销行为反应之间的关系
8	repurchase intention再次购买意愿	structural equation modeling，quality，perception，satisfaction，managerial implication	企业品牌资产的管理，包括感知企业能力和感知企业社会责任等方面

通过以上分析可以发现，虽然口碑研究的学术论文数量多，发文作者广泛分布于世界各个国家（地区），但研究的主题仍然相对集中。研究内容主要集中为互联网背景下的口碑影响效应、口碑传播方式、口碑传播意愿的前因、口碑管理等方面。而与移动学习相关的口碑研究依然较为缺乏。

2 口碑传播意愿相关研究综述

消费者口碑传播意愿，即什么因素推动了消费者从事口碑传播活动，较早地引起了学者们的研究兴趣。具体而言，口碑传播意愿的相关研究包括传播主体心理变化、产品涉入度、消费者涉入度，以及体验性服务等外生变量的调节作用和显著性分析等内容。由于传统线下口碑与网络口碑在环境、形式、社会关系等方面存在较大的不同，故在线下和线上环境中消费者生成口碑的动机也存在较大差异。

Dichter（1966）率先对线下口碑的传播动机进行了研究，总结出传统正面口碑传播的动机可分为4类：一是产品涉入（Product-Involvement)，即消费者在使用产品或感受服务过程时，会产生与他人交流而分享感受或释放情绪的意愿；二是自我涉入（Self-Involvement），即消费者的口碑行为在于满足个人的情感需要，如自我提升、自我表现、自我尊重等；三是信息涉入（Information-Involvement），即消费者并未亲身体验过产品或服务，而是通过广告等形式了解，在此基础上就相关产品与他人讨论，从而完成相关信息的传播；四是他人涉入（Other-Involvement），即消费者之间交流信息、分享体验、相互帮助等行为，从而实现口碑的传播。随着研究的深入，学者们还发现消费者发布正面口碑和负面口碑的动机是不同的（Sundaram，1998）。消费者发布正面口碑的原因是利他主义、产品涉入和自我提升，发布负面口碑的动机则包含利他主义、减轻焦虑、报复企业和寻求建议等，并且口碑的极性与消费体验显著相关。

在网络口碑的传播动机方面，学者们亦有过较为深入的研究。Henning-Thurau等（2004）、Thorsten等（2004）、Wetzer等（2007）均提出了自己的观点。有学者从极性的角度分析了网络口碑的生成动机，认为正面口碑传播的动因包括帮助他人、自我提升、社会收益、经济回报、支持企业、寻求建议等，而负面口碑传播的动因则有释放情绪、心理安慰、警示他人、报复企业、寻求建议、消遣娱乐等几个方面。而对于消费者发布网络口碑动机较为共性的认识可归纳为4个方面：一是印象管理动机，包括消费者自我展示、自我提升，以及提升消费者自身社会声誉等方面，是人们想要向别人（外在的观众）和自己（内在的观众）展现受赞许形象的内在愿望。如黄敏学等（2019）发现，消费者的自我展示动机会引发更多的在线口碑行为。二是社会交互动机。包括增加消费者社会联系和人际交往，以及增强群体归属感等方面。在社交网络中分享口碑，可以使消费者增强活跃度和存在感；并且，消费者的社会网络关系更多时，还会触发更为强烈的自我展示动机。三是情绪表达动机。即消费者抒发感情以及分享观点等方面的欲望。口碑发布者往往把情绪的社会分享当作对自己的情绪进行管理的一种重要方式。他们通过与他人分享口碑来达到释放情绪、改善情绪、获取社会支持、对企业产生影响等目的。四是利他主义动机。即消费者通过分享口碑消息达到帮助他人或企业的目的。

在现有研究中，Matos和Rossi（2008）提出的消费者口碑传播影响因素理论框架得到广泛认同。他们认为，影响消费者产生口碑传播意愿的因素可归纳为满意、忠诚、质量、承诺、信任和认同等。在后续研究中，有学者提出产品特征、情境因素和个体特质等也会影响消费者的口碑传播意愿（李研等，2018）。本研究参照上述研究框架，对各项影响因素进行文献回顾。

（1）消费者满意（Satisfaction）对口碑传播意愿的影响

Cardozo（1965）首次提出了消费者满意度的概念，认为消费者对商品涉入度、价格、搜寻与获取、期望等会影响其满意度。后续学者（Howard Sheth，1969；Olson & Dover，1976；Hunt，1977；Churchill Superenant，1982；Oliver，1989；Kotler，2001）在此基础上进一步丰富了消费者满意内涵。现有研究还发现，满意度带有较强的主观感受，不同消费者之间对满意的认识和判定也有较大区别。例如，Bowman和Narayandas（2001）认为，感知质量、感知公平和感知不确定性会影响消费者的满意度；Liu（2017）研究了不同国别游客满意度的影响因素，发现中国游客对与房间相关的酒店属性表现出明显的偏好，而其他国家的游客则强调酒店的各种角色属性。大量国内外学者的研究文献讨论并证实了满意度与消费者口碑传播意愿和口碑传播行为之间的关系。研究普遍认为，当消费者对商品或服务感到满意时，会出于推荐、赞赏等动机而传播有利于企业的口碑；而当消费者对商品或服务感到失望时，则会出于报复、泄愤、警告他人等目的而传播不利于企业的口碑。学者们的研究还发现，消费者满意度会对口碑的数量和效价产生影响，满意度与口碑之间并非呈线性关系，而是非对称的“U”形关系。一方面，当消费者对商品或服务感到满意或不满意时，较易发生口碑行为；而感到“不好不坏”时，则不易产生口碑行为。另一方面，感到不满意的消费者会比感到满意的消费者更容易发生口碑行为。

（2）消费者忠诚（Loyalty）对口碑传播意愿的影响

市场营销学对忠诚的定义是基于消费者行为的角度，即消费者重复购买特定商品的次数、购买行为的持续时间，以及同类商品中的购买比例等。后续的研究发现，消费者忠诚不仅在于其实际行为，而且还体现在消费者对商品或服务持有积极的态度，如愉快、信任、向往甚至依恋（Jacoby & Chestnut，1978）。学者们普遍认为，消费者忠诚会影响其口碑传播意愿。忠诚的消费者会关注相关企业、商品或服务的新信息，并向他人积极推荐，对负面的信息有更强的抵制意愿。而不忠诚的消费者则较易更换商品或服务的供应商，并更可能具有传播负面口碑的意愿。尤其是面临服务失败时，不忠诚的消费者将更倾向于传播负面口碑以减少认知失调、警告他人或报复企业（Matos & Rossi，2008）。消费者忠诚还可以通过影响满意度而间接影响口碑行为。有学者（Hasket et al.，1997；Kotler，1999）认为消费者满意与忠诚之间存在正相关关系，但两者之间并非是线性关系（Oliver，1978；Reichheld，1993）。Coyne（1989）发现消费者满意与忠诚之间存在“高”和“低”两个关键阈值。在高端，当消费者满意达到一定程度后，忠诚度将急剧增加；在低端，当消费者满意下降至一定程度后，其忠诚度会急剧下降。McKinsey（1993）则进一步提出，如果将满意度分为很满意、满意和不满意三个区间，则在高/低两个满意区间内与忠诚有显著关系，而在中间区域两者之间的关系则不明显。

（3）消费者感知服务质量（Quality）对口碑传播意愿的影响

消费者对服务质量的感知可体现为期望质量和体验质量之间的比较结果。服务质量可通过影响消费者满意而产生口碑行为。例如，Boulding（1993）认为，服务质量会显著影响消费者忠诚及口碑行为，当消费者感知服务质量越高时，其产生向其他消费者推荐等正面口碑的可能性则越大；Harrison-Walker（2001）将服务质量作为影响口碑行为的因子，实证了在兽医行业中对消费者正面口碑行为的影响，但同时也认为服务质量对口碑传播的影响取决于行业；Hvard等（2008）认为，在B2B商业模式下，消费者感知服务质量会增加其推荐供应商的可能性；Verleye等（2014）基于对养老院的定性和定量研究，证实了客户对整体服务质量的感知会导致更为具体和积极的口碑传播意愿；Ferguson等（2010）以500名外科手术患者为研究对象，发现患者对整体服务的质量感知与积极的口碑传播意愿显著相关。随着研究的深入，学者们开始关注服务失败后补救质量与口碑行为之间的关系。例如，Rose和Blodgett（2016）认为服务补救与口碑传播之间存在显著关系，当补救质量越高，则消费者进行正面口碑传播的意愿则越强，反之则会导致其产生传播负面口碑的意愿。

（4）消费者承诺（Commitment）对口碑传播意愿的影响

市场营销对消费者承诺的定义包括消费者对品牌或组织的心理依附、维持与企业或品牌关系的愿望、维持与企业或品牌关系的态度或意向，以及维持与企业或品牌关系的动机等4个方面（黄文彦，2011）。承诺作为一种对行为有约束力的心理力量，可分为自愿和非自愿两类。自愿承诺，即情感性承诺（Affective Commitment）是指消费者与企业或品牌之间存在情感依恋和义务感，自愿持续购买相应企业或品牌的商品或服务的心理状态。非自愿承诺又称为高放弃承诺（High Sacrifice Commitment），是消费者出于更换供应商的感知成本等因素而被迫与原企业或品牌保持联系。学者们对消费者承诺与口碑传播之间的关系进行过较为深入的探讨。Harrison-Walker（2001）认为情感性承诺与正面口碑正相关。而Verhoef等（2002）则进一步提出，情感性承诺与消费者推荐正相关。Brown等（2005）发现，消费者承诺与正面口碑意愿和口碑行为均有显著正相关关系，高承诺的消费者更易于发布针对企业或品牌的正面口碑。即使体验水平较低时，高承诺的消费者也会因为要强化其选择的正确性，为保持其认知一致而选择支持。黄文彦（2011）将消费者承诺分为3个维度：持续性承诺、情感性承诺和规范性承诺，并且发现这3个维度的承诺对正面口碑均有正向影响：当消费者对企业或品牌基于感知成本、情感依恋，以及社会关系规范的承诺越高，向他人推荐该企业或品牌的可能性也就越大。Anastasiei（2019）实证研究了情感性承诺、高放弃承诺对消费者口碑的影响，发现高放弃承诺对口碑的数量和效价均有显著影响，但情感性承诺只会影响口碑的效价。

（5）消费者信任（Trust）对口碑传播意愿的影响

信任的概念来自心理学研究领域，有两种定义：一是个体面对不确定事件时做出的非理性选择行为（Deutsch，1958）；二是个体或群体之间对交流可靠性的期待。在口碑研究领域，信任的内涵接近第二种定义，并可细分为人际间及个人与组织之间的信任。在线下口碑研究中，学者们普遍支持社会成员间的联结强度对口碑行为有正向影响作用（Brown & Reingen，1987；Bansal & Voyer，2000；Duhan，2007）。当人际关系为强联结时，意味着彼此之间的接触多，了解的程度深，相互之间的信任度高，口碑发送者提供的信息更可能是正确且及时的，而口碑接收者则有可能主动搜寻发送者的信息并进行再传播。例如，Brown（2001）认为消费者与企业雇员之间的信任关系能够影响其对企业的口碑行为。在网络环境中，虚拟成员之间由于匿名性和非面对面而处于弱联结状态，传统线下社会网络中人际间的信任信号失灵，这也促使学者们重视对在线环境下如何建立信任机制的研究。Lin（2016）对1369份关于社交媒体、Web 2.0和相关领域的学术文献进行综述后发现，关于在线评论、信任和网络口碑的研究近年来增速很快，成为学者们关注的重点。Deandrea等（2018）探讨了信任在网站与浏览者之间的影响效应，当浏览者认为网站本身是受到控制的时，会对由第三方评论者评论内容的真实性质疑，从而对评论内容产生不信任。朱冬顺（2015）认为在网络环境下，消费者更加倾向于传递自己认为可信的口碑信息，或是自己信任的信息源所发布的口碑信息。Brown（2005）提出，消费者信任在满意度（Satisfaction）和认同（Identification）与口碑传播意愿之间起到了中介作用。

（6）消费者认同（Identification）对口碑传播意愿的影响

认同是消费者将感知、感觉和评价归属于特定企业或品牌的心理状态，是将企业或品牌内化、融合的过程，体现了消费者的归属感（Lam et al.，2013）。身份是认同的基础，而品牌则体现某种社会身份，这种身份被具有同样喜好的消费者群体所认可。因此，品牌可以代表与消费者自我相关的社会范畴（Belk et al.，1988；Foumier et al.,1998）。基于这种社会范畴，消费者把品牌视为能够体现个体自我和社会自我的伙伴关系，并通过感知自我与品牌的相似及重合程度，把自己看成认同同一品牌群体的成员。这种对特定群体身份的感知会促进消费者与品牌，以及消费者之间的交流。例如，Brown（2001）、Line（2018）等认为，当消费者对企业或品牌的认同度越高，则越有可能产生正面的口碑意愿或行为；潘海利（2017）发现品牌认同对消费者口碑传播行为有积极影响，并且认同感在消费者满意度较低的情况下能够起到补充和强化作用。

（7）产品特征和信息特征对口碑传播意愿的影响

产品特征包括趣味性（Moldovan，2011；Berger，2013）、有用性（Moldovan，2011；Buttle，1998）、象征性（Chung，2006；Wojnicki，2017）和体验性（Buttle，1998；Bastos，2017）等方面。产品的趣味性是指让人感到愉快，能引起消费者兴趣的特质；产品的有用性是指对消费者在物质上、精神上有帮助或能够带来实际利益的特质；产品的象征性是指产品能够用来表示某种特别意义的特质；产品的体验性是指能够让消费者亲身经历，在实践中增加对产品（或服务）的认识的特质。学者们的研究表明，这4种特征能够促进消费者的口碑传播意愿。

口碑信息的可读性主要是指其文本内容是否逻辑清晰、易于理解，能够反映信息接收者阅读和理解口碑信息的难易程度。在移动互联网时代，可以从语言学的角度将网络口碑信息按“可读性”加以划分。可读性高的口碑信息应是语法正确、没有生僻且难以理解的词汇、与所评价的产品或服务关联度高等。学者们对口碑信息的可读性进行了研究，将词汇和语法难度作为判断文本信息可读性的影响因子（Korfiatis，2012），并从语法错误、词汇数量、平均句长等方面对文本信息的可读性进行评价（Ghose & Ipeirotis，2011；郝媛媛等，2009）。Scholz和Dorner（2013）的研究表明，在线评论帮助性不仅受到单一评论信息内容的影响，还受到其他所有可用评价信息以及上下文因素的影响，良好的可读性能够正向影响消费者的感知有用性。例如，胡玲等（2018）指出，消费者对企业微博再传播的意愿除受趣味性和互动性的影响外，还会受到有用性的影响。

（8）情境因素对口碑传播意愿的影响

"情境"是源于环境心理学（Environmental psychology）的概念。情境因素在20世纪70年代被引入消费者行为的研究中。Pradeep和Richard（1974）、Belk（1975）相继指出，情境是在特定时间和地点下，独立于消费者和产品特征之外却对消费者行为产生影响的所有因素。在数十年的发展过程中，学者们对消费行为中情境因素的认识逐渐深化，并归纳出4个方面的特点：一是情境不属于消费者与产品特征，是独立于两者之外的全部环境因素；二是情境是一种短期的临时性因素；三是情境既包括外部因素，也包括内部因素；四是情境能够引起消费者的心理或生理反应。情境因素对消费者购买行为的影响是多方面的，既可以是行为、体验、感知等生理方面的；也可以是情绪、压力等心理方面的。例如，在低涉入购买情境中，企业可以提高消费者对品牌和产品的认知，让他们接受环境的暗示而改变购买决策。此外，情境还能够影响消费者的情绪，让消费者产生压力而干扰其处理信息与解决问题的能力，从而最终对购买决策产生影响。

多年以来，学者们对消费情境主要形成了两种观点：一是以Belk（1975）为代表提出的"客观存在"观点，二是以Kakkar和Lutz（1974）为代表提出的"主观认知"观点。"客观存在"观点认为情境是客观存在的因素，即在特定时间和地点上，一切对个体行为有系统性影响的，可证明并可观察的因素；并且，个体和标的物的特性是稳定的，并不会随情境的变化而动态变化，但个体的短暂状态可作为情境的部分函数。“主观认知”观点认为情境是个体受特定因素影响而产生的主观反映，这些影响因素同样具有可观察、可证明，能够产生系统性影响的特点。“客观存在”和“主观认知”两种观点均强调了情境是一种存在于特定的时间和地点的，不由个体和产品（或服务）所引起的暂时性因素，并且这些因素会对个体的行为产生影响。两观点的不同点在于，“客观存在”观点认为情境是客观存在的外在刺激物；而“主观认知”观点则坚持认为情境是个体对环境在知觉上的主观反映，是个体内心受外界刺激并经历了认知和解释的心理过程后产生的变化。

综上所述，情境能够影响消费者行为，其中就包括了口碑传播行为。情境是引发消费者口碑传播意愿的重要影响因素，影响的方式包括口碑的受众数量，口碑发布者与受众的关系亲密度等。现有研究表明，当口碑受众人数较多且关系亲密度较低时，人们更倾向于发布积极的口碑（Berger，2013；Berger，2014；Bastos，2017）；而产品在消费情境中的易达性，即在相应环境中线索出现更频繁的产品，也更容易获得消费者的口碑（Peres，2011；Berger，2011）。例如，郭昱琅等（2019）提出消费者所处购物环境的拥挤程度会正向影响其发布网络口碑的意愿，并且，情境重叠在社会拥挤和消费者发布网络口碑意愿之间能够起到调节作用。

（9）消费者特质对口碑传播意愿的影响

现有研究表明，消费者特质对于口碑传播意愿和行为有显著影响。

消费者特质既包括性别、年龄、职业、收入、教育水平等外在特征，又包括自信程度、内倾外倾型等人格方面的内在特质。在不同消费领域，消费者特质对其行为意愿的影响也会有所不同。例如，在研究消费者对食品的购买意愿时，会关注消费者的健康状况；而在研究网络口碑信息的效用时，则会涉及消费者态度的矛盾性等。现有研究发现，消费者的自信程度、社会性、态度、对产品的涉入度、购买决策的涉入度、发送口碑的利益/成本、创新性与专业性等都会对其口碑传播意愿和行为产生不同程度的影响。

自信（Self-confidence）。消费者的自信可分两类：一是对自身能力的相信程度，二是对特殊任务的自信。消费者自信会影响其口碑传播意愿，以及口碑信息的极性等。例如，Lau和Ng（2001）发现，高度自信的消费者由于担心承认购买失败会影响其形象，所以更有可能传播关于产品的负面口碑。

社会性（Sociability）。消费者的社会性是指其融入社会的能力。由于口碑传播离不开社会网络，因而当个人的社会性较强，也即较易融入社会时，将与更多的人发生联系，从而增加发送口碑的可能性（Arndt，1967；Lau & Ng，2001）。

态度（Attitude）。消费者的态度包括帮助他人的态度、抱怨的态度、对产品及企业的态度等。Dichter（1966）、Sundaram等（1998）、Wetzer等（2007）均指出：帮助他人是消费者传播口碑信息的主要动机；Lau和Ng（2001）进一步指出：具有社会责任感的消费者会更加主动地传播负面消费体验，以帮助或警告其他消费者。研究还发现，消费者对抱怨的态度会影响其口碑传播意愿和行为，因为即使是遇到了不好的消费体验，也并非所有人都将负面信息传递给他人。Singh（1990）认为消费者在遇到不满意的体验时，会面临向企业抱怨、传递负面口碑和退出三种选择，消费者对抱怨的态度，即认为抱怨是否值得的认知，决定了其后续的意愿和行为。另外，消费者对行业和企业的态度也会影响其口碑传播行为，当消费者对行业和企业的态度不友好时，则更倾向于把责任归于行业和企业，从而传递负面的信息；反之，则会把责任归因于其他方面，不会传递不利的信息。

产品的涉入度（Product involvement）。消费者对产品的涉入度是进行口碑行为的主要动机之一。Dichter（1996）认为消费者初步涉入一种产品时，会产生紧张感，而随着对产品涉入程度的增加，对产品的认知也进一步提升，增加了向其他人谈论、推荐的可能性。Wangenheim等（2004）的研究表明即使消费者已经转向其他产品或服务商，他们仍可能会因为产品涉入的增加而传递不利于前供应商的口碑。

购买决策的涉入度（Purchase decision involvement）。购买决策的涉入度也会对消费者的口碑传播意愿产生影响，特别是在负面口碑的发送方面。现有研究发现，购买决策涉入度高的消费者对产品不满意时，他更有可能发送不利于产品的口碑（Lau & Ng，2001）。

传递口碑信息的利益/成本分析。消费者在进行口碑行为前会存在接受者不认同其传递信息的顾虑，对此类风险的感知会形成对发送者的负面归因，从而影响其传播口碑的意愿。例如，Cheema和Kaikati

（2010）的研究则表明，高独特性的消费者不太愿意为他们所拥有的公开消费产品创造积极的口碑，但对私人消费产品有积极的口碑传播意愿。

创新性与专业性。创新者、意见领袖与市场专家会比普通消费者更喜欢分享口碑，且他们的口碑具有更强的影响力（Li，2011）；而具有自恋倾向的消费者则会更偏好于分享能用于体现身份或炫耀自己的口碑（Mehdizadeh，2010）；高独特性的消费者不太愿意向他人推荐公共产品，因而会降低发布公共可视性产品相关口碑的意愿（Cheema，2010）。此外，消费者所处的地位也会影响其口碑传播意愿，社会地位和需求较高的消费者更倾向于分享关于奢侈产品或服务的口碑（Yang，2017）。

进入网络信息时代后，口碑传播的主渠道由线下转为线上，面临环境和发布形式均存在较大差异，这也促使学者们更加重视消费者个体特征在发布（或接受）口碑意愿方面的影响。例如，胡玲等（2018）指出，人格特质偏内倾型的消费者更愿意在虚拟社区中发表观点，因为在现实环境中，他们存在不善交际、害怕与人交流的特点，而虚拟社区可隐藏真实身份的特点则让其打消了这种顾虑；而周志民等（2014）则指出，具有外倾型人格特质的消费者在虚拟品牌社区中分享知识的意愿更强烈，从而能够促进社区成员形成咨询和情感网络中心。此外，罗汉洋等（2018）还发现，性别在网络口碑的影响机制中能够起到调节作用，在感知信任的影响因素方面，男性消费者对评论数量更敏感，而女性消费者对评论的理性强度更关注。

第二节　移动学习平台相关的口碑研究综述

1　移动学习平台相关的口碑研究概况

移动学习平台属于教育服务类产品，具有无形性、连带产品和高放弃成本等特征。无形性特征是指学习者（消费者）在选择移动学习平台产品时，最终目的是要掌握知识和技能，而这种对知识和技能的掌握程度是无形的、不可见的。例如，移动学习平台的效用会受到学习者个体特征的影响，学习者能力的差别会导致对同一课程的接受程度不尽相同，对满意度的感知也会存在差异，因此会造成对质量的评价的不一致。连带产品特征是指学习者在选择移动学习平台产品时，不仅会考虑学校的环境、师资、设备、课程质量等属性，而且还会考虑参加同一学校或选择同一课程的群体的特质。这种特征将导致学习者的选择出现非常明显的分层现象，即同类层次的学习者会集中选择相应类别的教育服务供应商或课程。连带产品特征还体现了学习者偏好的同质性，即学习者会根据自己对教育服务供应商或课程的看法来进行选择。例如，倾向于理论教学、实践锻炼或丰富的课外活动等。这将促使学习者在做出选择决定前，会更加注重搜寻对相应教育服务供应商或课程的评价，以避免选择风险（Hansmann，2004）。高放弃成本特征是指消费者在选择移动学习平台产品时会格外慎重。因为对移动学习平台产品的选择失败不仅会付出经济代价，还有时间、机会等不可计量的成本（Hackett et al.1994；Frutos et al.1998）。由于移动学习平台具有以上特征，故学习者在进行选择前会更加注重对口碑信息的搜寻，以降低自身对风险的感知。因而，对导致学习者对移动学习平台产生口碑意愿的因素进行研究具有积极的理论和现实意义。

目前，将移动学习与口碑相结合的研究相对较少。在Web of Science核心合集中使用“Mobile-Learning”“M-Learning”“E-Learning”并结合“Word-of-Mouth”“WOM”等为关键词进行组合检索，仅获得文献5篇。而在中国知网（CNKI）中以“移动学习”和“口碑”为关键字，没有检索到相应的文献。在Web of Science中所获5篇文献的具体情况如下。

Hernandez（2011）研究了影响用户在网络虚拟社区（如论坛、博客、BBS、新闻组、即时通信等）中发布关于E-Learning口碑信息的动机，发现社会影响、利他主义，以及外部奖励对于用户的口碑传播意愿有显著的正向影响。而口碑传播行为能够改善用户对E-Learning系统的使用。

Matsumoto（2011）提出可以通过网络口碑来改善移动学习过程中出现的学生辍学率高、积极性低，以及缺少社区支持3大问题。

Gowda等（2017）指出，基于移动互联网的学习活动是教育学、通信技术和学习成果认证的结合，已经成为人们日常生活中口口相传的一种学习方式。

Wu和Chen（2014）认为用户满意度和正面评价对于增加用户对移动学习应用程序的购买意愿非常重要，他们通过对用户评论信息数据进行挖掘，以发现影响移动学习用户态度的关键特性。

Stoica 等（2013）对移动学习平台的实用性进行了探索性研究。他们认为，移动学习是移动互联网时代完美的学习方式，学校、教师和学生都必须适应新技术的发展，主动掌握新时代背景下的信息传播方式，而教育机构则可以通过口碑营销战略，大幅增加移动学习平台的用户数量。

移动学习是集软件、硬件和服务于一体的学习产品，其价值可体现在多个维度。从软件角度，移动学习平台应提供良好的用户界面、完善的功能支持、丰富的课程资源，以及对学习者隐私的保护等。从硬件角度，移动学习终端的应具有良好的便携性、高效的响应速度、稳定的网络连接等。作为一种学习方式，移动学习还需要营造出适于学习的虚拟情境，需要教师和管理人员提供及时有效的学习支持服务。这些因素都将影响到学习者对移动学习平台的满意度、采纳意愿，以及使用体验等，继而会影响其口碑传播意愿。

2 移动学习者口碑传播意愿的前置因素研究综述

（1）移动学习平台与学习者满意度的相关研究

学习者对移动学习的满意度会影响其口碑传播意愿和行为。当学习者使用移动学习平台获得更好的绩效、更佳的体验时，会出于赞赏、推荐等动机做出口碑传播行为。现有文献关于影响学习者对移动学习平台满意度的主要因素进行过诸多研究。具体结果见表2-4。

表2-4 移动学习平台影响学习者满意度的因素

影响因素	描述	研究者
感知有用性	学习者对移动学习平台能够提高其学习绩效的认识程度	Corlett（2005），Joo（2014），Joo（2016），顾小清等（2011），陈美玲等（2014）
感知易用性	学习者对移动学习平台易用性的认识程度	Joo et al（2014），Joo et al（2016），顾小清等（2011）
无线连接可靠性	移动学习平台无线连接的稳定性及传输速率	Corlett（2005），
学习资源趣味性	移动学习平台中课程资源生动有趣，能够吸引学习者的注意力	David（2015），Bra（2009），Tseng（2016）
虚拟学习环境	学习为移动学习平台配套营造的虚拟社区，供教师与学习者或学习者与学习者之间进行交流	Huang et al（2016）
移动学习平台交互性	移动学习平台提供的人机交互功能	Bogdanovi et al（2014），Tseng（2016）
个体创新性	学习者对于原有事务进行发展和改造的接受程度	Joo（2014）
学生自我效能	学习者对自己是否能够成功使用移动学习平台的主观判断	Joo（2014），Joo（2016）
期望确认	学习者使用移动学习平台后，获得与预期相符，甚至超出预期的好处	陈美玲等（2014）

（2）移动学习平台与学习者体验相关的研究

根据ISO（9241—210）给出的定义，用户体验是人们对产品或服务的反应和结果，包括心理和肢体感觉，以及由此带来的情绪和生理上的反应等。用户体验研究领域代表性的理论有：情景体验理论（Situational Experience）、用户参与理论（UserEngagement）和心流体验理论（FlowExperience）等。情景体验理论提出用户体验包括现实环境中的直接体验和虚拟环境下的间接体验。用户参与理论强调产品在可用性、美学、情感、注意力挑战、动机、反馈，以及感官吸引度和感知控制性等方面给用户带来的感受。心流体验理论提出用户体验的属性包括对产品或服务可用性的认知，使用产品的技能，使用产品时的愉悦性、唤醒度及临场感等。

移动学习是一种新的学习形态，是否能够给学习者带来情感、智力乃至精神等方面的个性体验，是其能否被学习者接受的关键影响因素。作为IT产品，移动学习平台在设计时强调以学习者为中心，要求在教学资源体系的构建中不仅能够发挥移动设备的技术优势，而且还要综合考虑教学活动、支持服务和虚拟环境等多个方面的综合因素（Jeng et al.，2010），重视用户使用移动学习平台进行学习时的真实体验。长期以来，学者们都较为关注移动学习平台的体验效果。Lai 等（2007）深入讨论了移动技术对体验式学习的支持，他们对小学五年级两个班的学生进行了对比实验，结果发现使用了Pad的班级具有更强的知识创造能力。Shih等（2010）针对学生社会科学学习的过程进行了一项实验，通过引入移动学习设备让学生同时置身于真实和虚拟的世界，结果表明，移动学习能够提高认知负荷，有助于学习者构建知识体系，显著提高学习效率。Park（2010）认为，移动学习的一个关键设计目标是使学习者的体验是愉快和主动的，进而能够拥有自我管理的知识和能力；而学习者的能力与偏好对于体验感受有直接影响。Wu 等（2013）提出，使用移动学习设备后，学习者可能会因为信息量剧增、技术设备复杂，以及烦琐的操作而产生认知超载，从而影响学习者对移动学习的体验。Chi 等（2014）设计了学习投入度框架ICAP（Interactive-Constructive-Active-Passive），通过观察学习者的行为来为其学习投入程度分级，学习者的投入程度越高则对知识的理解越深入。Gil等（2015）认为，在使用移动学习平台的过程中，学习者的自主性、团队的氛围、系统的健壮性等对学习的体验有直接影响。Sun 等（2016）的研究也证实了虚拟团队成员之间的沟通、指导和协助等对学习体验有显著影响。国内学者针对移动学习平台的体验也开展了相应研究。王志军和冯小燕（2019）认为移动学习资源的画面会通过作用于多种感官通道影响学习者的体验和投入度，而画面设计可分为感官层、行为层和情感层，分别对应学习者的感官需求、交互需求和情感需求。张熠等（2019）通过内容分析法建立了对移动学习App使用体验的评价指标体系，包含5个一级指标和28个二级指标，其中5个一级指标是愉悦性、可靠性、可获取性、有用性和交互性。

归纳学者们的研究，影响学习者对移动学习平台体验的主要因素主要有功能体验、技术体验、美学体验和社交体验4个方面。具体影响因素见表2-5。

表2-5 移动学习平台影响学习者体验的主要特性

影响因素	描述	研究者
功能体验	学生对移动学习平台系统、资源可用性，以及系统可靠性、健壮性等方面的感知	Hanssenzaahl(2006)、Quesenbery(2004)、Wu(2013)、Morville(2014)、Vyas(2006)、王晓艳（2006）、杨雪梅（2017）、张熠（2019）
技术体验	学生对移动学习平台系统复杂度，以及使用是否便捷、易用，能够快速学习等方面的感知	Hanssenzaahl(2006)、Quesenbery(2004)、王晓艳（2006）、Park（2010）、Wu(2013)、Morville(2014)、杨雪梅（2017）、张熠（2019）
美学体验	学生对移动学习平台及内置学习资源界面是否美观，课件视听效果是否有较强代入感的感知	Vyas(2006)、王晓艳（2006）、王志军（2019）、张熠（2019）
社交体验	学生对使用移动学习平台后，对师生间、同学间交流等情感性感知	Vyas(2006)、王晓艳（2006）、Gil（2015）、Sun（2016）、张熠（2019）
学习者个体特征	学生自我效能、认知负载、信息素养以及对数字化产品的使用经验等	Park（2010）、Wu(2013)、Gil（2015）

（3）移动学习平台与学习者采纳及持续使用意愿相关的研究

Venkatesh（1996）指出，信息技术的价值只有在被用户接受和使用时才能真正实现。同样，移动学习平台只有在被学习者接受时才能体现出价值。而学习者接受移动学习平台并充分使用，则是形成口碑传播的基础。

国内外许多学者基于信息技术采纳理论，对学习者的采纳或持续使用意愿进行了较为深入的研究，并获得了丰硕的成果。Liaw 等

（2010）的研究表明：提高学习者满意度、鼓励学习者自主性、增强系统功能、丰富交互交流活动对移动学习平台的接受有显著的正向影响。Cheon等（2012）采用计划行为理论（TPB）研究了影响美国大学生采用移动学习平台的因素，发现学生的态度、主观规范和行为控制对其采纳意愿有正向影响。Park等（2011）、Chang 等（2012）、刘鲁川（2011）分别采用技术接受模型（TAM）及其扩展，证实了影响大学生采纳移动学习平台的各因素中，感知易用性和感知有用性对使用态度的影响最为显著。在移动学习平台采纳研究的发展过程中，解释力更高的模型被相继引入。Ahmad和Love（2013）基于统一的技术接受和使用理论（UTAUT），研究了影响高等教育学生接受移动学习平台的因素，结果表明，绩效期望、努力期望、讲师影响力、服务质量、个人创新能力是影响移动学习者采纳意愿的重要因素，而先前使用移动设备的经验则起到了调节作用。Hu等（2019）同样采用UTAUT模型对中国香港学生进行了研究，发现感知有用性和感知易用性是最为显著的影响因素。杨金龙（2019）基于修改后的UTAUT模型研究了学习者对移动学习平台如何从采纳转化为持续使用的过程，结果表明，绩效期望、努力期望、感知趣味性、感知成本都是最重要的因素；而社交互动性、学习自主性在从采纳到持续使用过程中的影响作用不断增强；而随着学习者使用程度的提高，感知移动性的作用逐渐减弱，社群影响渐无影响。此外，Al-Emran 等（2016）发现，学习者的性别、年龄、所处地域的经济发展水平，以及受教育程度等个体特征也会影响其对移动学习平台的采纳和持续使用意愿。综合学者们的研究，影响学习者采纳并持续使用移动学习平台的主要因素见表2-6。

表2-6　移动学习平台影响学习者采纳并持续使用的因素

影响因素	定义及描述
绩效期望	学习者认为使用移动学习平台之后，能够促进自己提高学习效果的程度
感知有用性	学习者认为使用移动学习平台之后，能够改善自己学习效果的程度
外部变量	学习者因为认为移动学习平台能够促进自己提高学习绩效，从而采纳并使用的认知
工作适用性	学习者认为移动学习平台对自己学习内容的适应程度
相对优势	学习者认为使用移动学习平台比传统学习形式更具有优越性的程度
成果期望	学习者认为使用移动学习平台后能够获得预期的成效
努力期望	学习者认为移动学习平台是否易于使用的程度
感知易用性	学习者对移动学习平台容易学习掌握并操作使用的认识程度
复杂性	学习者对移动学习平台难以理解和使用的认识程度
社会影响	学习者意识到对自己比较重要的人，认为自己是否应该采用移动学习平台的程度
主观规范	学习者身边比较权威的人认为自己是否应该采纳并使用移动学习平台的认知
社会因素	在学习者所处的社会环境中，身边群体对移动学习平台的认同程度
形象提升	学习者认为使用移动学习平台可以提升自己在身边群体中的形象与地位程度
促成因素	学习者认为自己所处组织的政策，以及目前已在使用的技术结构能够支持移动学习平台使用的程度
行为态度	学习者在使用移动学习平台时感到来自内外部情境的支持或制约
促成条件	学习者认为某些情境是促使自己使用移动学习平台的客观因素
兼容性	学习者认为移动学习平台的创新性与自身需求相适应的程度

3　移动学习者口碑传播意愿前导因素的特点及差异

纵览现有研究，直接对移动学习者产生口碑传播意愿影响因素的研究较为少见，而潜在导致移动学习者产生口碑传播意愿的影响因子包括满意度、情感因素、感知质量、感知价值等。尽管上述因子也被学者们作为导致消费者口碑传播意愿的前置条件加以研究，但在学习情境下，它们的内涵和相互关系还是存在较大差异。

一是影响因素的内涵存在差异。与购买产品或服务等消费情境相比，学习者在学习过程中的情感因素等心理变量会存在一定的差异。例如，学习者在教学过程中会产生学业情绪。学业情绪是指参与课程学习、考试或实践等各类学业活动相关的全部情绪体验，包含了积极和消极、高唤醒和低唤醒两个交叉维度，以及9种情绪表现，与传统的消费情绪在内涵上存在较大差异。

二是影响因素的前置条件存在差异。相对于消费情境下的购买产品或服务，学习者的情感体验等心理变量除受课程内容、展现形式和教师水平等影响外，还与自身特征、同伴影响等多种因素有关。例如，满意度是导致学习者产生口碑传播意愿的潜在影响因子，但何种前置因素会影响学习者的满意度却存在很大的差异。例如，Serenko和Alexander（2011）对学生选修音乐课的影响因素进行了实证研究，发现由于课程存在多样性，学习者对课程的满意度也不尽相同；对于“功能”型课程，如专业型课程等，感知价值对于学生的满意度有显著影响；而对于“享乐”型的课程，如欣赏型课程等，感知价值对学生满意度的影响则不明显。施雨丹等（2014）对新加坡私立高等教育学生的重购意愿进行了实证研究，发现形象等级、价格满意度和服务质量对学生满意度有显著影响。

三是影响因素的外延尚未确定。导致移动学习者产生口碑传播意愿还包括学习者偏好、专业水平、信息内容趣味性等其他方面的影响因子。例如，孙道金等（2014）对远程教育学生口碑行为的实证分析发现，在影响口碑决策行为的因素中，接受者偏好的影响最为显著，其次为接受者的专业水平和对产品的观念与态度，而情感风险和功能风险则没有显著影响力；丁璇等（2015）研究了大学生阅读图书后发布口碑信息，或对口碑信息进行再次传播的影响因素，发现网络口碑发布平台的可信度、口碑信息内容的趣味性、学生发布口碑的动机都正向影响其口碑再传播意愿，而网络和信息涉入程度在内容趣味性对口碑再传播意愿的影响过程中起调节作用。

由以上综述可知，学者们对口碑在移动学习情境下所发挥的作用已有一定认识，并且在移动学习平台的产品营销、配套支持服务等方面也有一定研究。但总体来看，学者们对于具体是哪些因素会影响学习者对移动学习平台产生口碑传播意愿，以及影响因素之间的相互作用关系等还有许多问题需要进一步探讨、挖掘和验证。

第三节　理论基础

1　刺激—机体—反应模型（S-O-R Model）

刺激—机体—反应（Stimuli-Organism-Response，S-O-R）模型是

美国学者Mehrabian和Russell于1974年提出的环境心理学研究理论，它借鉴了刺激—反应（Stimuli- Response，S-R）理论，并将为机体引入模型，认为机体是外部环境导致相应行为反应的中介变量。S-O-R模型的结构见图2-6所示。

图2-6 刺激—机体—反应（Stimuli-Organism-Response，S-O-R）模型

S-O-R模型认为，反应（Response，R）是机体（Organism，O）所发生的内在或外在的行为，而这些行为机体是在受到了外部环境的刺激（Stimuli，S）后，在心理认知和情感状态发生相应变化而产生的。在S-O-R模型中，刺激因素（S）是引发个体产生变化的驱动力。从广义的角度来看，个体所接触的一切外部信息都有可能是刺激因素，不仅包括视觉、听觉、社会等环境因素，也包括学识、经验等个体内因因素，如产品的品质、服务的质量、店面的设计、购物网站的流畅度、消费者的购物经验等。机体因素（O）主要由个体的情感和认知等心理活动构成。其中个体的情感包括愉悦、唤醒和控制3个维度（Russell，1978），而认知则涵盖感知风险、感知价值等（Biswas，2004）。反应因素（R）是指个体在经历环境因素的刺激之后所产生的心理或行为上的反应。

S-O-R模型最初应用于传统实体营销，后被引入电子商务、信息技术和社交媒体等领域。例如：Eroglu 等（2001）基于“刺激—机体—反应”框架探讨了虚拟商店氛围对网购用户的潜在影响；Shah等（2007）

扩展了S-O-R模型，采用“定向—刺激—推理—定向—反应”框架探讨了政治广告、互联网和政治讨论在公民和政治生活中的影响作用；张敏等（2019）基于S-O-R模型，采用扎根研究方法探究了强关系社交媒体用户中辍行为的形成机制及相关影响因素的交互作用；甘春梅等（2019）通过改进的S-O-R模型实证分析了社会化商务用户购物和分享意愿的内在机制。

在口碑研究领域，S-O-R模型也是被学者经常借鉴的理论基础。例如，Hyeyoon（2018）以酒店氛围、社交环境和房间设计为刺激因素，以满意度为机体因素，考察了消费者对高档酒店产生口碑传播意愿的影响因素； Konuk （2019）采用扩展的S-O-R模型，以感知食品质量、价格公平、感知价值为刺激因素，以满意度为机体因素，以消费者口碑传播意向为反应因素，研究了消费者对速食商店产生口碑传播意愿的影响因素；Loureiro（2020）基于S-O-R模型，以地中海两个首都城市为例，研究了目的地气候条件对游客口碑传播的影响。

2 技术采纳与利用整合理论（UTAUT）

信息技术（IT）/信息系统（IS）自20世纪80年代以来，就被广泛应用于社会经济的各个领域。而信息技术和信息系统只有被用户采纳和使用时，其价值才能够真正体现（Venkatesh，1996），因此有必要从用户的角度去探究影响其接受IT/IS的心理与行为。用户对信息技术的采纳（IT Adoption Study）研究也随之产生，并成为IT/IS学科的重点研究领域。在研究过程中，学者们不断通过新视角和新理论来解释用户对IT/IS

的采纳行为，用户对象和信息系统的类型也更加广泛和细化。技术采纳与利用整合理论（Unified Theory of Acceptance and Use of Technology，UTAUT）以TAM为基础，在整合了TRA、IDT、TTF、SCT等8个具有重要影响的理论模型的相关构念后所提出的。UTAUT模型有使用意愿（Behavioral Intention，BI）和使用行为（Use Behavior，UB）等两个因变量，以及绩效期望（Performance Expectancy，PE）、努力期望（Effort Expectancy，EE）、社会影响（Social Influence，SI）和促成条件（Facilitating Conditions，FC）等4个自变量。另外，初始UTAUT模型还提出了性别（Gender）、年龄（Age）、经验（Experience）和自愿性（Voluntariness of Use）等4个调节变量。在UTAUT模型中，绩效期望表示用户希望采用IT/IS后能够帮助其在工作上获得更好表现的程度，受性别和年龄两个调节变量的影响；努力期望（EE）表示用户认为系统是否易于使用的程度，受性别、年龄和经验等3个调节变量的影响；社会影响表示用户身边的重要人士对自己是否应该使用新型信息技术的态度，而用户会受到这种态度的影响；社会影响会受到性别、年龄、经验和自愿性等全部4个调节变量的影响；促成条件表示用户相信现有的组织和技术结构能够支持信息技术（或信息系统）使用的程度，促成条件会受到年龄和经验的调节。绩效期望、努力期望和社会影响会对使用意愿（BI）产生直接影响，而使用行为（UB）由使用意愿（BI）和促成条件（FC）共同决定。UTAUT模型的结构见图2-7所示。

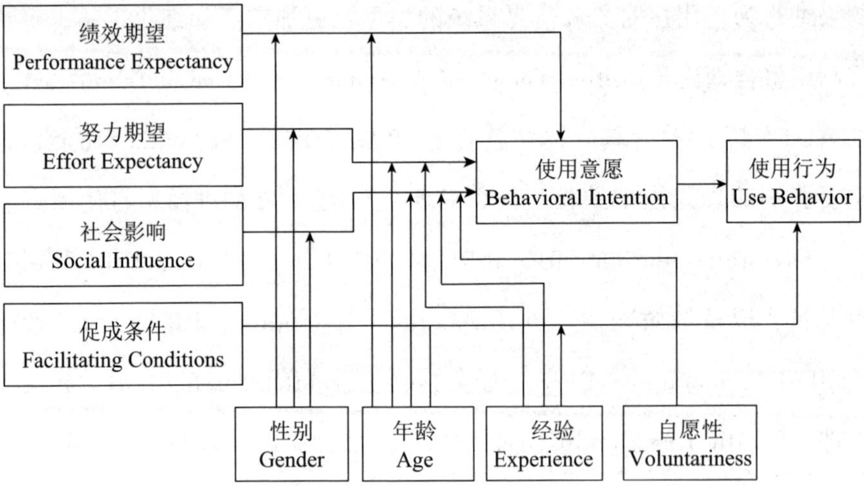

图2-7 UTAUT模型的结构

UTAUT模型中各个变量的来源及定义见表2-7。

表2-7 UTAUT模型各变量的来源及定义

变量定义	来源	定义
绩效期望（PE）：用户对采用信息技术（或信息系统）后能够给自己的工作带来提升的期望程度	TAM 中的感知有用性构念	用户认为采用新技术后能够促进工作绩效提高的程度
	激励模型中的外在动机构念	用户期望通过采取某种行为而促进工作绩效，从而获得升职、加薪等方面的个人利益
	PC 使用模型 MPCU 中的工作适用性构念	信息系统能够适应用户的工作，从而提高绩效的程度
	创新扩散理论中的相对优势构念	用户认为采用了具有创新性的技术后能够促进工作提高的程度
	社会认知理论中的成果期望构念	用户对采用某项行为后可能产生导致某种结果的期望

续表

变量定义	来源	定义
努力期望(EE)：用户对信息技术（或信息系统）容易使用的期望程度	TAM 中的感知易用性	用户对信息技术或信息系统易于操作的认识程度
	PC 使用模型 MPCU 中的复杂性构念	用户对信息技术或信息系统难以学习使用的认识程度
	创新扩散理论中的易用程度构念	用户在采用具有创新性的技术时，感觉难以学习并驾驭的程度
社会影响(SI)：对用户重要的人认为其应该采用信息技术（或信息系统）的程度	理性行为理论中的主观规范构念	用户对于较重要的人认为自己是否应该采取某项行为的认知
	PC 使用模型中的社会因素构念	在特定的社会语境中，个体内化群体的主观文化并形成特定的社会认同的程度
	创新扩散理论中的形象提升构念	用户认为自己采用了新的技术变革后能够提升自己在社会系统中的形象或地位程度
促成因素(FC)：用户认为现有组织或技术结构能够支持信息技术（或信息系统）使用的程度	理性行为理论中的行为态度构念	内外部情境对用户意愿或行为的约束
	PC 使用模型中的促成条件构念	促成用户采用信息技术（或信息系统）的客观因素
	创新扩散理论中的兼容性构念	用户对创新技术与自身的价值观、需求与经验一致性的程度

资料来源：根据文献整理。

UTAUT模型在考虑影响用户采纳信息技术和信息系统的各项因素方面考虑得非常全面，同时还具有相对简约清晰的模型结构和易于操作测量的变量。Venkatesh和Davis（2003）认为UTAUT模型对用户技术采纳行为的解释能力接近70%，远高于之前相关技术接受模型17%～53%

的解释力。在移动学习领域，UTAUT模型近年来也常被学者们运用于研究之中。例如，Shihi（2018）通过UTAUT和TAM研究了阿曼高校学生采纳移动学习意愿的影响因素；曾婧（2019）运用UTAUT2模型，研究了学生采用移动设备学习外语的接受度；文书锋（2019）通过修正的UTAUT模型考察了成人网络教育学习者对移动学习App接受度等。

近年来，UTAUT模型也被学者们引入口碑传播意愿的研究之中。Kalini（2019）以扩展的UTAUT模型为基础，开发了评价移动商务消费者满意度和向他人推荐该服务意愿的预测模型，证实了信任是影响消费者满意度最重要的因素，其次是绩效期望和感知价值，而情感承诺和满意度则是对口碑传播意愿影响最大的因素。Mouakket（2020）将UTAUT和创新扩散理论（IDT）相结合，考察了消费者持续使用移动支付的影响因素，发现持续使用意愿与口碑传播意愿呈正相关关系。

3 心流理论（Mental Flow）

心流（Mental Flow）的概念最早由匈牙利裔美国心理学家Mihaly Csikszentmihalyi于20世纪60年代提出。心流所体现的是一种极致的最佳体验，是人们在从事某项活动时，长时间专注而不知疲倦，以至于达到废寝忘食的境界，在生理和心理上深度沉浸于其中而无视其他事物存在的状态。这种状态犹如水流（Flow）一般，故将其称为“心流”。例如，个体在阅读书籍、参与游戏或进行体育活动时全身心投入的状态，即可认为是进入了心流。Massimini（1991）进一步指出：心流是人们全力发挥自身能力，挑战具有相应难度任务时而产生的一种积极体验，当进入这种体验状态时，人们会进入物我两忘的境界，达到时间和活动的融合并充分享受活动所带来的乐趣。

关于心流的特征，学者们也有过较为深入的研究。Csikszentmihalyi首先提出了心流体验的9个特征，包括清晰明确的目标、准确而即时的反馈，以及自我意识的丧失等；Novak和Hoffman（2000）则在此基础上提出关于心流的体验应有前提（Antecedent conditions）、特性（Characteristics）和结果（Consequencesofexperience）等3个阶段；而Chen（2013）等从体验的角度出发，将心流分为事前（Antecedent）、经验（Experience）和效果（Effects）等3个阶段。学者们对心流特征的主要归纳见表2-8。

表2-8　心流体验的特征

Chen 等的定义	Csikszentmihalyi 的定义	
事前阶段（Antecedent）	清晰明确的目标（Clear goals）	用户充分了解目标任务，对预期效果有明确认识，并清晰了解完成任务的途径
	准确即时的反馈（Direct feedbackq）	用户在完成任务的过程中能够适时收到准确的反馈，能够充分了解自己行为的有效性，掌握目前任务所处的阶段，并对后续工作有充分预知
	技能与挑战的平衡（A challenge activity that requires skills）	任务要求与用户自身能力水平相对平衡，但均处于较高程度；即用户在尽全力时能够完成任务
经验阶段（Experience）	行为与意识的融合（The merging of action and awareness）	主体与客体两者高度融合，不分先后
	高度集中的关注度（Concentration and forces）	用户完全沉浸于完成当前任务，对除此之外的活动完全无暇顾及
	潜在意识的掌控感（The sense of control）	用户能够掌控任务的进程，对当前及下一步的工作有充分预知，具备应对进程变化的能力

续表

Chen 等的定义	Csikszentmihalyi 的定义	
效果阶段（Effects）	自我意识的丧失（The loss of selfconsciousness）	用户在实施任务的过程中完全沉浸于其中，完全忽略其他背景情况
	失真的时间感受（The transformation of time）	用户在完成任务的过程中感觉不到时间流逝，而在结束时方发现时间已经过去很久
	自为目标的参与（An autotelic experience）	参与活动本身即是用户的目标，而非需要得到特定的结果，即体验即目的

在多年的发展过程中，心流理论模型经历了3个阶段，分别是三区间心流模型、四区间心流模型和八区间心流模型。

三区间心流模型由Csikszentmihalyi最先提出。三区间模型由技能和挑战两个维度构成，其中横轴表示技能，纵轴表示挑战。三区间模型的内涵是，当挑战难度和技能水平相适应时，个体较易进入心流体验的状态；若挑战难度高于技能水平时，个体较易出现焦虑状态；若挑战难度低于技能水平时，个体较易出现厌倦状态。三区间心流模型如图2-8所示。

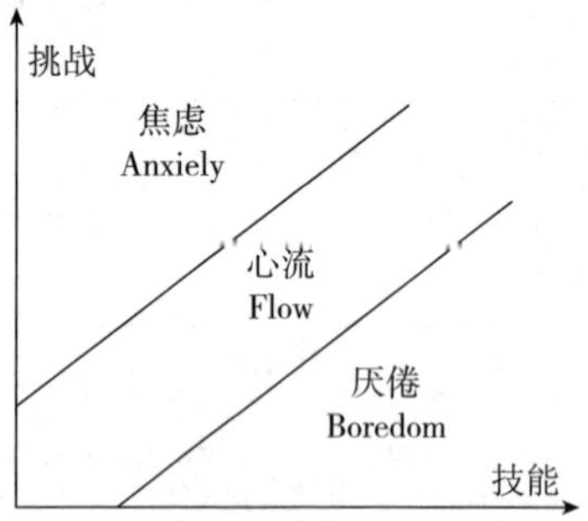

图2-8　三区间心流模型

四区间心流模型由Massimini等在三区间心流模型的基础上提出。

四区间心流模型认为，心流体验需要在挑战难度和技能水平均达到一定强度时才达到，若挑战难度和技能水平均较低时，心流体验很难出现，个体会呈现冷漠的状态。四区间心流模型见图2-9所示。

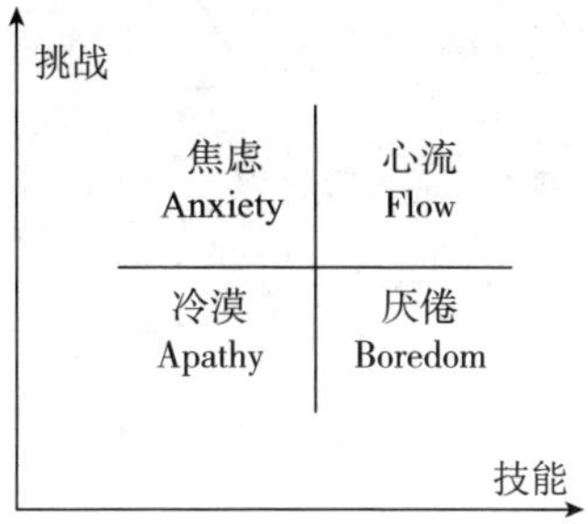

图2-9　四区间心流模型

八区间心流模型是Massimini等学者在4区间心流模型的基础上进一步细化而成。八区间心流模型将挑战和技能各分为高、中、低3个等级，由此得到8个组合，见表2-9。

表2-9　八区间心流模型关系表

序号	挑战难度和技能水平组合	心理状态
1	高挑战和中等技能（High challenges & Average skills）	激发（Arousal）
2	高挑战和高技能（High challenges & High skills）	心流（Flow）
3	中等挑战和高技能（Average challenges & High skills）	掌控（Control）
4	低挑战和高技能（Low challenges & High skills）	厌倦（Boredom）
5	低挑战和中等技能（Low challenges & Average skills）	轻松（Relaxation）
6	低挑战和低技能（Low challenges & Low skills）	淡漠（Apathy）
7	中等挑战和低技能（Average challenges & Low skills）	担心（Worry）
8	高挑战和低技能（High challenges & Low skills）	焦虑（Anxiety）

八区间心流模型见图2-10所示。

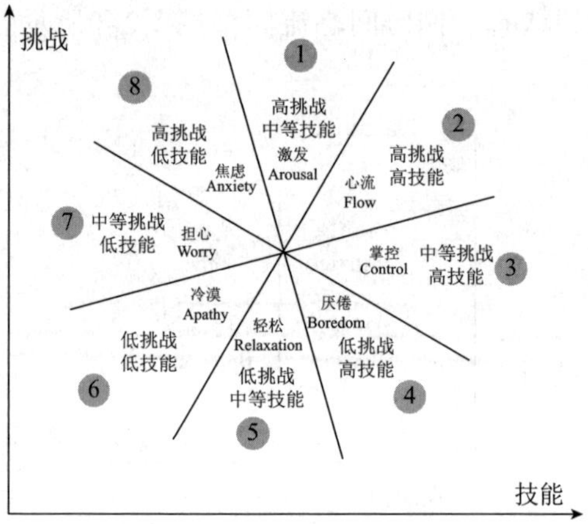

图2-10　八区间心流模型

心流作为衡量用户体验的重要维度，已被广泛应用于网络购物、在线游戏、移动学习等交互式产品设计中。国内外学者对心流对产品和用户的影响作用进行了深入研究。例如，Bressler等（2013）基于心流理论，研究了使用移动AR设备的法医推理教学软件与学生参与相关的因素；Hamari等（2016）研究了心流在基于游戏的学习环境中的影响，结果表明，游戏的挑战性应与学习者的学习能力相适应，以支持学习者在基于游戏的学习环境中继续学习；陈洁等（2009）从心流体验视角探索了在线消费者购物行为的影响因素，发现网站设计、表现、消费者自身和网站内容等维度均会显著影响消费者的心流体验，进而增强消费者无计划购买及重复购买的意愿；林艳等（2019）研究了虚拟现实技术在网络购物中的应用，发现心流体验对消费者品牌忠诚度有正向影响等。

4　情绪认知理论（Cognitive Theory of Emotion）

情绪认知理论来源于心理学，认为情绪来源于个体对刺激情境或对事物评价的结果。情绪认知理论认为情绪的产生会受到环境事件、生理状况和认知过程三种因素的影响，其中，认知过程又是关键的因素。情绪认知理论是一个体系，由许多学说和理论构成，具有代表性的包括“评定—兴奋”学说、两因素情绪理论、“认知—评价”理论、情绪“认知—信息”理论和情绪不协调理论等。

（1）“评定—兴奋”学说

“评定—兴奋”学说于20世纪50年代由心理学家Arnold提出。该理论认为，情绪的性质并不能由刺激情景直接决定，而是要经过个体对刺激评价和估量。因此，情绪的产生是“情景刺激”→“评估”→“情绪”的过程，即使面对同样的刺激情景，不同的评估结论也会产生不同的情绪反应。个体对刺激情景的评估结果大体可分为“有利”“有害”“无关”三类。当评估为“有利”时，个体会产生正面的情绪体验，愿意接近刺激物；当评估为“有害”时，个体则会产生负面的情绪体验，将倾向于躲避刺激物；而评估为“无关”时，则不易引发个体的情绪体验，可以忽视。

（2）两因素情绪理论

两因素情绪理论于20世纪60年代由心理学家Schachter和Singer提出。该理论认为情绪是认知因素和生理唤醒状态两者交互作用的结果，情绪的产生必须具备两个前提条件：一是个体必须感受到高度生理唤醒的体验，即生理因素；二是个体必须对生理变化产生认知性的唤醒，即认知因素。基于该理论构建的情绪唤醒模型进一步细分了认知因素，将其分解为对生理唤醒的归因和对环境刺激的认知两项。故情绪唤醒模型实际上包含了认知过程、生理状态与环境因素等3个亚系统。认知是情绪唤醒模型的核心，个体通过对现实情境的知觉分析与储存在记忆中经验的认知加工进行比较，当二者出现不匹配时，个体生理将会通过产生系列生化和神经机制，以适应当前情境的刺激，从而唤醒情绪。

（3）“认知—评价”理论

“认知—评价”理论于20世纪70年代由心理学家Lazarus提出。该理论认为认知活动的指导是情绪活动的前提。在情绪活动中，个体不仅受环境刺激的影响，同时也要调节自身对刺激的反应，只有充分了解环境中刺激事件的意义，才能做出恰当的动作反应。而情绪是个体认识到环境刺激结果是有害（或有益）的反应。在情绪活动中，个体的评价是持续且循环的，可分为初评价、次评价和再评价3个环节。初评价是指个体评估刺激事件与自身的关系及利害程度；次评价是指个体评估对刺激事件的控制能力，并相应调节反应行为；再评价则是指个体对自身情绪和行为反应有效性和适宜性的评价反馈。

（4）情绪“认知—信息”理论

情绪“认知—信息”理论由心理学家Siminov提出。该理论首先界定了消极理论，当有机体由于信息缺乏而不能有效控制自身行为时，神经机制将介入并促进消极情绪的作用。而消极情绪（E）等于必要信息（In）与可得信息（Ia）的差与需求（N）的乘积，即E=-N（In-Ia）。Siminov认为，情绪是一种强烈的生理激活力量，情绪机制的活跃将导致部分习惯性反应被破坏。当有机体对信息的“需求”与可得信息的“供给”之间需要达到平衡。当信息需要与供给相适应时，情绪呈现出沉寂状态，当信息供给大于需求时，有机体会产生积极的情绪；反之，则会产生消极情绪。无论积极或消极的情绪都可以对有机体的行为产生促进作用。

（5）情绪不协调理论

情绪不协调理论是由美国心理学家Young和Pribram于20世纪40—60年代提出的。把该理论将情绪定义为“感情性的激烈扰乱”，认为情绪是对神经中枢平衡状态的破坏，是感情的“紊乱”反应。情绪不协调理论认为情绪起源于对环境事件的知觉、记忆和经验。当个体基于经验而建立的内部认知模式与对当前环境信息的知觉不一致且超过一定基准时，将促使产生情绪。Pribram还认为情绪是一种“监视器”，发挥着监视心理加工的作用，是有机体脑活动的一种机制。而情绪是在原加工过程受到阻断时而产生的替代性执行程序，而情绪体验则是对阻断过程的知觉认识。

5 学业情绪（Academic Emotions）

学业情绪（Academic Emotions）是指学习者在学习过程中产生的

各种与学业相关的情绪体验（Pekrun，2002）。学业情绪具有多样性、情境性和动态性等3个特征（Efklides，2005）。其中，多样性是指学业情绪具有不同的表现形式，既能够对认知加工过程进行监控和调节，又能够促进或延迟学习者的行为；情境性是指学业情绪会因学习者及其所处情境的不同而有差异；动态性是指学业情绪会在学习的不同阶段而产生变化。根据效价和唤起程度的不同，学业情绪可分为高唤醒积极（快乐、希望、自豪、感激）、低唤醒积极（轻松、放松）、高唤醒消极（愤怒、挫折、焦虑、羞愧）和低唤醒消极（厌烦、悲伤、失望、绝望）4种类型。现有研究常将学业情绪作为中介变量，认为其既会受到学习者内外因的影响，又会作用于学习者的行为。在学业情绪的产生方面，根据情绪认知理论（Cognitive Theory of Emotion），情绪的产生是“情景刺激→评估→情绪”的过程，个体和环境两方面因素均会导致学习者产生学业情绪（徐先彩，2009）。其中个体因素包括学习者的自我认知、成就目标、认知能力等方面；而环境因素则包括课堂氛围、他人期望、同伴水平、教师反馈、互动交流等。在学业情绪的效用方面，现有研究发现学业情绪会对学习者的注意力及记忆力、学习效能感、学习投入、任务价值、满意度、学业成绩等产生显著影响。在移动学习情境下，由于其非接触的学习方式，学习者普遍面临学业情绪方面的问题（Levy，2007）。他们既可能因为学习平台或学习资源等技术问题而感到紧张和焦虑，又可能因为掌握了新的学习方式且能够与更多人交流而感到兴奋和激动（Zembylas，2008）。例如，刘群玲等（2019）发现，学业情绪显著影响在线协作问题的解决，且高积极唤醒情绪的影响作用更为明显。因此，学业情绪是探讨移动学习行为中不可回避的重要心理环境变量。

第四节　本章小结

本章较为系统地回顾了口碑的概念、消费者产生口碑传播意愿的影响因素、移动学习平台相关的口碑研究，以及后续研究涉及的理论基础。通过文献和理论基础的回顾，梳理出以下几点。

（1）国内外口碑领域的研究发展迅速，口碑传播意愿相关研究正在受到重视

国内外口碑研究快速发展，无论研究文献的数量和质量，还是研究涉及的学科领域都有较大幅度的提升。特别是进入信息时代以后，口碑的传递方式从过去的口口相传，发展为以互联网和移动互联网为载体，通过即时通信软件和虚拟社区等多种渠道，以直接或非直接、实时或非实时等方式进行大范围的信息传递。网络口碑的传播动因、传播方式、影响效果等引起了学者们广泛而浓厚的研究兴趣。

消费者的口碑传播意愿是学者们关注的重点。现有研究从3个层面探讨了口碑传播意愿的影响因素：一是消费者生成口碑的影响因素，包

括满意、忠诚、质量、承诺、信任和认同等方面。二是消费者生成口碑的动机，传统口碑的生成动机包括产品涉入、自我涉入、信息涉入和他人涉入等方面；网络口碑的生成动机则包括帮助他人、自我提升、社会收益、经济回报、支持企业、寻求建议等正面口碑动机，也包括释放情绪、心理安慰、警示他人、报复企业、寻求建议、消遣娱乐等负面口碑动机。三是消费者生成口碑的前导因素，主要涉及产品特征、情境因素和消费者特质等3个方面。

（2）移动学习领域的口碑研究存在局限，广度和深度都有待进一步加强

尽管口碑研究发展迅速，但针对教育领域，特别是移动学习情境下的口碑研究还相对较少。教育虽然不是市场营销的传统领域，但口碑对于促进学校和教育技术企业改进教学与服务，提高教育产品质量具有积极推动作用。而现有关于移动学习口碑的研究量少面窄，存在明显的局限：一是研究范围存在局限。现有研究尚未能形成相对综合的概念框架，没有构建出理论体系，不利于从整体上把握移动学习与口碑行为的研究。二是研究内容存在局限。学者们对影响口碑行为因素的关注点大多集中于移动学习平台自身的特性，较少涉及应用情境及用户个体特征等其他方面，而已有的市场营销领域口碑研究发现，除产品属性因素外，情境因素和消费者特质也是导致或影响口碑产生和传播的重要因素。三是研究方法存在局限。现有关于口碑传播意愿的研究主要是通过定量研究的方法来检验理论假设，如心理学实验、调查问卷等。这种方法只能考察少数变量对口碑生成的影响，无法全面综合地考察各类因素，从而导致现有移动学习口碑传播意愿的研究在内涵和外延的探讨上有失全面、有失深入。

（3）相关理论为进一步开展移动学习口碑传播意愿研究奠定了基础

移动学习属于信息技术（Information Technology，IT）和信息系统（Information System，IS）领域的典型应用。在学术界和实务界，学者们对信息技术/系统（IT/IS）用户采纳和持续使用意愿进行过大量研究，并形成了许多经典理论。本章回顾了刺激—机体—反应模型（S-O-R Model）、技术采纳与利用整合理论（UTAUT）、心流理论（Mental Flow）、情绪认知理论（Cognitive Theory of Emotion）和学业情绪等相关理论和模型，对他们的构成、发展及应用进行了概要归纳，为后续研究提供了坚实基础和良好借鉴。

鉴于本章综述的内容，本研究拟在借鉴之前国内外学者的相关研究基础上，针对移动学习情境的特点，运用“质性分析+实证分析+定性比较分析”的研究方法，对学习者使用移动学习平台产生口碑传播意愿的影响因素和作用机制进行分析。

第三章 基于扎根理论视角的移动学习平台WOM影响因素挖掘

本章基于扎根理论视角，拟通过对现有移动学习平台讨论区中的真实反馈信息文本进行分析，以深入挖掘学习者使用移动学习平台后产生口碑传播意愿的影响因素，构建相应模型并对各项因素之间的逻辑关系进行推导。

第一节　基于扎根理论的质性研究方法

1　扎根理论的特点

扎根理论是一种自下而上建立理论的方法而非实体理论，它在极端实证主义（Extreme Empiricism）与完全相对主义（Complete Relativism）之间进行了折中（Suddaby，2006），从而“填平理论研究与经验之间尴尬的鸿沟”（Glaser & Strauss，1967）。扎根理论最初应用于社会学，后被不断延伸拓展到其他学科领域，在医学、传播学、心理学、教育学、市场营销学、管理学等领域都有较为广泛的应用，已逐渐建成较为完备的方法论体系。

扎根理论的特点是基于经验资料而建立理论，即研究者在田野调查前不提出任何理论假设，而是在分析资料和数据的过程中逐渐进行概括和抽象，提炼出反映研究领域现象的概念，进而发展出范畴及彼此之间的关联，最终提升为理论（张敬伟、马东俊，2009）。研究者在运用扎根理论研究方法时，不能先入为主进行推测或臆断，而是必须深入研究情境收集第一手资料，从研究对象第一人称的视角去理解他们的行业和对问题的认识，再经过描述和分析提出假设或理论。强调从提出研究问题到最终形成理论是自然涌现的过程，这是扎根理论与其他研究方法的本质区别。

2　扎根理论的研究步骤

扎根理论路径的核心是对资料进行同步、持续、循环的收集与分析，并在此过程中进行理论演绎和归纳。扎根理论研究的步骤包括文献讨论、案例选择、资料收集与分析、编码、形成初步结论、形成最终结论等6个阶段，具体步骤见图3-1所示。

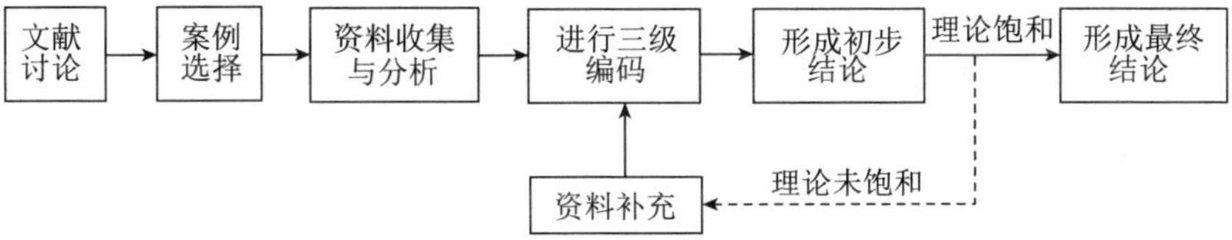

图3-1　扎根理论研究的基本步骤

（1）文献讨论

文献讨论是进行扎根理论研究的第一个阶段。在本阶段，研究者通过阅读相关文献对某个问题产生初始兴趣，并由此进入研究过程。具体的研究问题在本阶段尚不明确，需要研究者在之后持续收集和分析经验资料的过程中产生。

（2）案例选择

选择与研究主题相关的案例，是运用扎根理论研究方法中最重要的一个阶段，也是后续收集资料和进行定性编码分析的基础。所选择的案例应具有代表性，能够支持理论的前提假设。案例的数量根据研究主题的广度和深度，由研究者决定。

（3）数据收集与分析

扎根理论的基本理念是理论源于资料，而资料则源于实践，是持续从事实到实质理论，再到形式理论演进的过程。在扎根理论的研究过程中，一切资料皆数据（Glaser，1998），研究者对数据的收集与分析是同时进行并持续循环的，在研究过程中逐渐形成概念、范畴和理论。

（4）"开放—主轴—选择"三级编码

• 开放编码（OpenCoding）

在开放编码阶段，研究者须保持完全开放的态度，尽量摆脱自身的"偏见"和现有研究的"定见"，遵循相信一切却又怀疑一切的原则（Strauss，1987）。开放编码是一个将所收集的数据打散揉碎，赋予概念，再以新方式重组的过程，其目的是要从数据中挖掘出概念类属，确定类属的属性和维度，对类属进行命名，最终将数据分解整合后指认出范畴。在开放编码过程中，需要持续地比较，不断将新加入的数据和已抽象出的概念再次整合，反复循环，直至饱和。

• 主轴编码（AxialCoding）

在主轴编码阶段，研究者要以开放编码所获得的范畴为基础，选择特定范畴为“主轴”进行深度分析，探讨范畴之间的内在联系并建立起相关关系。待主轴编码完成后，各个范畴之间的相应联系应变得具体而清晰。

• 选择编码（SelectiveCoding）

在选择编码阶段，研究者要对已发现的范畴进行系统的分析比较，选择出一个或几个具有较强概括能力、抽象度高和较强关联能力的“核心范畴”。研究者需要以核心范畴为指导，将其他范畴与核心范畴系统关联。针对核心范畴的理论整合密度进行分析，深入进行数据收集和理论性采样，挖掘出与中心变量有足够重要联系的变量进行编码，直至实现理论饱和。

（5）初步形成研究结论与理论饱和性检验

研究者在编码阶段建立的理论称为“理论性编码”。通过理论性编码建构的理论必须经过理论饱和性检验。当对检验数据再次进行编码后没有发现新的范畴，则理论达到饱和；反之，则理论不饱和，需要再次进入编码阶段进一步对数据进行分析整理。

（6）形成最终结论

研究者在完成上述步骤后，即可认为通过扎根理论研究方法获得了理论模型，可根据模型中的相关变量提出对应的管理建议。

第二节　研究设计

1　研究方法

随着网络时代的到来，基于扎根理论的质性分析方法在网络论坛和虚拟社区领域的研究得到了广泛应用，通过分析用户留言的第一手资料，可以挖掘出事物或现象的本质与规律。例如，李良成和李莲玉（2019）基于扎根理论，以电子政务论坛中专家的发言材料为研究素材，探讨了电子政务治理体系、治理能力和治理绩效之间的关系。李研等（2018）通过对知名网络论坛评论的扎根研究，探讨了影响商家实施危害食品安全行为的内外部因素等。

本研究采用基于扎根理论的质性研究方法，主要是基于3个方面的原因：一是目前国内外对移动学习者口碑传播意愿的研究相对较少，许多问题尚未明确，有必要进行探索性研究以构建并完善相应理论体系；二是现有关于移动学习口碑研究的参考文献较少，通过文献提取出的影响因素有限，而通过分析学习者的真实评论数据能够提取其相关的维度和内容，从而发现以往未曾关注到的因素。三是定量研究只能考察少数变量的影响关系，而学习论坛中学习者发表评论信息的影响因素较为复杂，扎根研究可以更全面地考察各类影响因素及关系。

本研究拟以学习者在移动学习论坛中提交的真实评论数据作为经验资料，通过开放编码、主轴编码和选择性编码等3个阶段，在持续观察的过程中归纳概括经验，直至构建出理论模型。

2　对象选定与数据收集

运用扎根理论的关键是研究对象和资料的选择，要求既有一定的代表性，又要具备相应的数量，以求能够真实、准确地反映研究问题的内在逻辑联系，从而构建正确的理论框架。本研究主要关注学习者使用移动学习平台后导致其产生口碑行为的影响因素，因此选择移动学习平台课程讨论区中的评论数据作为研究资料。

本研究提取了青书学堂、中国大学MOOC、腾讯课堂、网易云课堂、钉钉、超星学习通、雨课堂、Coursera等8个移动学习平台讨论区中的真实评论数据。数据收集的时间范围为2019年10月1日至2019年12月31日，初始获得评论数据5874条，剔除过于简单、无实质内容或重复的评论数据后，最终保留有效评论数据5568条，共计86432字（包含标点）。调研样本的人口统计学特征见表3-1。

表3-1 调研样本的人口统计学特征

类别	分类项	人数	百分比
性别	女	2021	36.29%
	男	3547	63.71%
年龄	16 ~ 20 岁	238	4.28%
	21 ~ 25 岁	1743	31.31%
	26 ~ 30 岁	1420	25.50%
	31 ~ 35 岁	1079	19.38%
	36 ~ 40 岁	643	11.54%
	41 ~ 45 岁	332	5.96%
	46 ~ 50 岁	97	1.75%
	51 岁以上	16	0.28%
学历层次	高中及以下	87	1.57%
	大学专科	1848	33.19%
	本科及以上	3633	65.24%

表3-1统计出的学习者在性别、年龄和学历层次等方面的分布与现有移动学习平台用户的自然状况比较吻合，说明数据具有较好的代表性。

第三节　文本数据编码

从评论数据的文本集中随机抽取80%的数据，即4455条评论数据，供构建模型时使用；剩余20%的数据，即1113条评论数据，用于检验模型的理论饱和度。为提高编码效率，本书借助NVivo.12作为辅助分析工具。

1　词频粗略统计

文本数据由字、词和短语组成，统计文本数据中字词的出现频率，能够在一定程度上反映研究主题的特点及趋势。将4455条待编码数据导入NVivo.12，运行词频分析统计，设置字词的最小长度为2，采用"同义词"分组。运行后得到关键词2346个，其中出现100次以上的关键词有25个，加权百分比超过1%的关键词有124个。词频最高的关键词是"学习"，被提及7912次，加权百分比为7.97%，其他出现次数较多的关键词还有"移动""使用""时间""没有""增加""方便""采用""影响"等，初步勾勒出移动学习情境下的几个主要元素。学习者评论信息文本中的高频关键词见表3-2。

表3-2　网络教育学生在移动学习平台中留言的词频统计

序号	单词	长度	计数	加权百分比/%	相似词
1	学习	2	7912	7.97	观察，记住，学会，学习，研究
2	移动	2	2661	2.67	变化，刺激，改变，行动，活动，激励，离开，迁移，移动，运动，运行，转变，转移
3	使用	2	2544	2.22	工作，利用，实行，使用，适用，习惯，运用
4	时间	2	1685	1.70	时间

续表

序号	单词	长度	计数	加权百分比 /%	相似词
5	没有	2	1899	1.61	不足，没有，缺乏，需要
6	增加	2	1635	1.58	成长，出现，发生，概括，进步，前进，全部，上涨，提高，增加，总结
7	方便	2	1534	1.54	方便
8	采用	2	1150	1.16	采用
9	影响	2	1418	1.11	达到，范围，感染，评论，区域，显著，效果，延伸，影响，注意，作用
10	小时	2	1096	1.10	小时
11	熟悉	2	1084	1.09	精通，认识，熟悉
12	满足	2	1369	1.05	符合，结束，进行，满意，满足，实行，实践，完成
13	需要	2	1298	1.00	必须，必需品，必要，不得不，花费，急需，需求，需要，要点，要求，要素
14	手机	2	959	0.97	手机
15	兴趣	2	933	0.94	兴趣
16	优势	2	924	0.93	优势
17	比较	2	824	0.83	比较，相比
18	上网	2	738	0.74	上网
19	方式	2	721	0.72	方式，态度，样式
20	软件	2	708	0.71	软件
21	丰富	2	665	0.67	丰富
22	推荐	2	630	0.63	介绍，推荐
23	劣势	2	620	0.62	劣势
24	产品	2	612	0.62	产品，作品
25	数码	2	582	0.59	数码
26	传统	2	541	0.54	传统
27	经常	2	533	0.54	经常
28	每天	2	519	0.52	每天

续表

序号	单词	长度	计数	加权百分比 /%	相似词
29	工作	2	952	0.52	操作，地点，地方，地位，工作，功能，行为，行业，路线，麻烦，努力，疲劳，位置，辛苦，形势，运行，职位
30	系统	2	502	0.51	体制，系统，制度

学习者评论信息文本中高频关键词的词云见图3-2所示。

图3-2　移动学习讨论区中学习者评论信息的词云

词频统计只能粗略反映整体趋势，并且存在明显缺陷。一是只能统计单个词的频次，却不能识别单词所处的语境，比如，“学习”一词，既可以作为动词存在，又可以与其他词联合组成名词，如“学习内容”“学习效果”等，同一单词在不同语境下表达的内涵有较大区别；二是词频统计不能反映词与词之间的关联，比如，在单词“没有”常用于主语的修饰词存在，如“没有结果”“没有出现”等，但词频统计却将其与主要关键词分开来统计，割裂了词组之间的联系，导致针对该词汇的频率统计没有实际意义；三是对词义相近的单词归类比较粗糙，容易产生歧义。因此，词频统计的结果只能概略反映某种趋势，需要通过其他方法做进一步的分析，才能得出更清晰和明确的结论。

2 开放编码

开放编码的任务是将数据资料逐步概念化和范畴化，即根据一定原则将原始文本数据中相应内容的单词、短语或短句加以缩编，并由此形成“概念”。开放编码的工作分两个阶段完成。

第一阶段，利用Nvivo.12软件的创建节点功能，在前期词频统计的基础上对文本资料进行挖掘以提取初始概念。借助词频分析的结果查找对应的原文描述，对信息进行反复整理，从口碑对象的特征、学习者的认知、表现出的情绪以及口碑呈现模式等方面加以分析，以“F+序号”的形式为相应语句贴上标签，对编码后的信息加以抽象并提出概念并以“A+序号”表示。经整理共获得初始概念42个，各概念及对应原始评论信息内容见表3-3，为节省篇幅，每个概念仅列举少量原始语句。

表3-3 评论信息开放编码的概念化（部分）

对应初始概念	原始评论信息中的语句
A01 教师形象	F0001 老师讲得特别棒，我受益匪浅，听了这么多机构的课，还是这里的老师最专业【腾讯课堂】
A02 答疑解惑	F0008 我个人希望能在移动和 PC 端学习的同时，能够参加面授课程【青书学堂】F12057 课堂上老师会耐心解答学员的每一个问题【腾讯课堂】

续表

对应初始概念	原始评论信息中的语句
A03 标准支持	F0061 为了达到教学的质量以及提高学生的综合成绩，需要每个学生完成相应的课件阅读，奖励政策：学分、网上活动成绩【青书学堂】
A04 情感支持	F0149 班主任负责度不高，不负责，对我们都不关心【青书学堂】
A05 技能支持	F12055 好多功能找不到哦，能不能普及一下？【钉钉大学】
A06 条件支持	F12026 能不能在圈子里放一些练习听力的视频材料？【钉钉大学】
A07 学习氛围	F0010 求助各位老师和同学，圈中的两个式子各是什么意思【中国大学 MOOC】
A08 同学或同事影响	F0080 我的同学们都推荐使用学习通，说里面的老师都是985、211 的毕业生，师资力量强，教研团队强【超星学习通】
A09 软硬件存在缺陷	F0006 指标太低，电池寿命短、设备大小工具大小也是个问题、更新设备花费太贵【青书学堂】
A10 身体损伤风险	F0011 经常盯着屏幕对眼睛不好【超星学习通】 F0451 低头族危害很大【青书学堂】
A11 隐私泄露风险	F0146 网上信息及软件很多，会被其他的信息软件所吸引【超星学习通】
A12 额外经济支出	F0038 一个平板要 3000 元的样子，那就是我爸妈省吃俭用将近一年才可以支付这笔额外费用【青书学堂】 F10260 大家别花那 3580 元，否则你就是花钱打水漂【腾讯课堂】
A13 数码产品使用经验	F0039 喜欢索尼的数码产品【青书学堂】
A14 接受新事物的意愿	F0156 现在是高速发展的信息化时代，我们要不断创新，与时俱进【中国大学 MOOC】
A15 人格特质偏内倾	F0065 希望移动学习能够帮助有学习和心理障碍的人克服困难，拥有和常人一样的机会【青书学堂】
A16 认知负荷	F1005 老师讲得很好，很实用，就是那个乘法口诀的公式有点复杂，不太好学，再听一遍看能否学会【青书学堂】

续表

对应初始概念	原始评论信息中的语句
A17 自我激励	F9085 希望通过学习可以让自己的技能有所提升【网易云课堂】
A18 学习者自我效能	F0515 MOOC 使各个大学课程开放，更多想要学习的人有了便捷的途径，有心人必定不会随意浪费这种重要资源共享的机会【中国大学 MOOC】
A19 主观评价	F0200 移动学习是很好的学习方式，但传统学习方式某些方面是无法替代的【青书学堂】
A20 消极使用意愿	F0157 采用移动学习的话可能是在工作中对书本知识有一定的需求，需要学习了马上要用到学习过程中去。目前来说，我觉得通过计算机浏览课件，做作业的形式能满足我的需要【超星学习通】
A21 积极使用意愿	F0084 我认为移动学习非常有助于自己的学习，没有地域和时间的影响，在那里随时随地都可以投入到学习的海洋中，移动学习的方式大大地增加了我们学习的兴趣和便捷性，会让我们有更好的学习能力和学习兴趣【青书学堂】F20034 期待更多好的案例课【网易云课堂】
A22 提出建议	F0126 希望能够准确把握学习内容的容量、时长。过少的内容，时间过短学习者难以调动起学习热情就结束了，如果过长，学习者很容易受到外界的干扰而中断学习，从而影响学习的有效性【钉钉】
A23 推荐使用的态度	F0131 移动学习能够有效缓解工学矛盾，特别适合我们这样一边工作一边学习的学生；建议其他同学也能够采用【青书学堂】F20021 推荐，课程非常棒【网易云课堂】
A24 对平台功能的满意	F1202 确定选择题的具体选项不精确，比如，必须点到 ABC 等具体选项的字母时才能确定选中。可怜我考到最后一科才发现左右滑屏已选中的选项都会变，真的好坑有木有？【青书学堂】
A25 对学习资源的满意	F0155 讲得太专业了，声音超级好听，最喜欢听疫情通报内容【得道】
A26 对整体的满意	F0144 采用移动学习非常有效，可以随时随地学习知识，查阅资料等【青书学堂】

续表

对应初始概念	原始评论信息中的语句
A27 平台的便利性	F0006 可以随时利用零碎时间学习，自主安排学习时间，真的很棒！【中国大学 MOOC】
A28 资源的稀缺性	F0071 网络上专业知识毕竟有限，很多知识网上是找不到的；F0101 课件还是比较丰富的，基本可以满足【青书学堂】
A29 资源的扩展性	F0195 如果提供课件链接或是将课件添加在课程中就更好了【网易云课堂】F20022 很多优质教育资源都能在线上获取，很爽【Coursera】
A30 平台的独特性	F0062 移动学习可以让我们不受时空限制，这是其他学习方式所不能比拟的【雨课堂】
A31 平台的趣味性	F0219 老师讲得很好，加入一些神话故事的介绍，让枯燥的内容变得生动有趣【中国大学 MOOC】
A32 资源的易用性	F20039 内容实用但零碎，不好掌握【网易云课堂】F0066 移动客户端的资源知识点过多，不能汲取重点知识部分【青书学堂】
A33 平台的易用性	F0099 刚刚接触移动学习，的确会有界面或功能不是很熟悉，慢慢地通过自己摸索还是可以掌握的【青书学堂】
A34 平台健壮性	F12030 过几个小时会自动退出，重新登录后所保存的离线内容全部自动删除了【Coursera】
A35 资源内容有用性	F0127 传统的书本，很难达到与时俱进和深入表达，多媒体的方式，图片和视频都能让我更直观更深入地去了解这件事【雨课堂】
A36 平台的有用性	F0083 移动学习平台能够提供交互功能，让我们能够实现与平台和同学之间的交流，有利于培养我们的交流沟通能力，激发学习热情，提高学习成绩和信心【青书学堂】

续表

对应初始概念	原始评论信息中的语句
A37 专业适用性	F0111 我觉得音乐专业、美术专业和舞蹈专业可以通过移动学习的形式展开，然而我报的是工程管理，不能只学习知识，学校应该对学生定期地进行面对面培训和指导【中国大学MOOC】
A38 高唤起积极情绪	F0001 备课的精心和设计的新颖给了我很大的震撼。精美的课件制作让我心动!【青书学堂】F30021 本以为遗憾地错过了直播，不想居然有免费课程，大赞！【得道】
A39 高唤起消极情绪	F12017 就是个坑啊，题目基本上每题有错字，勉强凑合看就不谈了，我熬了一晚加起了个大早做的 2016 年的真题，居然说网络问题提交不了，再一看我做的答案全部清掉了。太坑人了，这点都做不好，还能相信你们有押题，真的是见鬼了，就是出来骗钱的【青书学堂】
A40 对平台功能的体验	F2802 虽然课程资源多，但是用户体验却不是很好【中国大学MOOC】
A41 对学习资源的体验	F0133 移动学习生动形象。因为传统的我会看一会儿想睡觉，多媒体的，我不会，还可以反复、前后地调整学习【青书学堂】
A42 对管理服务的体验	F3342 我的教学计划和考试计划都有学前教育学和心理学，但课件没有，是代表不用考试直接满分吗？谢谢，请回复我一下，快考试了，急！【青书学堂】

第二阶段，将反映相同问题的概念合并归纳，最终形成20个范畴，以“B+序号”的形式标注。例如，“B01教学及辅导”是对“教师形象、答疑解惑、学习氛围”的概括。开放编码范畴化的结果见表3-4。

表3-4　移动学习者口碑传播意愿的范畴化

范畴	对应概念	对概念的说明
B01 教学及辅导	A01 教师形象	移动学习过程中教师的授课形象及展示效果
	A02 答疑解惑	移动学习过程中是否能够获得有效的学习辅导
	A07 学习氛围	移动学习过程中形成的影响用户获得知识或技能的氛围
B02 支持服务	A03 标准支持	移动学习过程中的教学教务的标准化目标要求
	A04 情感支持	移动学习所提供心理层面的鼓励和帮助，激励用户克服困难，达成目标
	A05 技能支持	移动学习情境中提供的技术咨询、操作指南等服务
	A06 条件支持	移动学习过程中为用户提供的各项软硬条件支持
B03 主观规范	A08 同学或同事影响	用户身边亲近的人对其行为意识的影响
B04 技术适配	A37 专业适用性	移动学习平台对特定专业的适用程度
B05 功能风险	A09 软件硬件存在缺陷	移动学习平台的硬件限制，以及软件功能设计不足而带来的影响
B06 身体风险	A10 身体损伤风险	长时间使用移动学习平台给身体带来的伤害
B07 隐私风险	A11 隐私泄露风险	采用移动学习而泄露个人信息并遭受相应影响
B08 财务风险	A12 额外经济支出	为使用移动学习而在软硬件添置、流量使用等方面增加的支出
B09 移动学习适应性	A13 对数码产品的接受度	用户的信息素养以及对数字化产品、移动互联网相关软件的使用经验等
	A14 接受新事物的意愿	用户对发展和改造事物的接受程度

续表

范畴	对应概念	对概念的说明
B10 人格特质	A15 人格特质偏内倾	用户具有内向型的性格特征，对现实环境中的人际交往感到存在困难
B11 自学能力	A16 认知负荷	用户对学习中所需要承担的信息加工与自身能力的适应程度
	A17 自我激励	用户设立目标并为之付出努力，从而激发学习动力并促进绩效提高
	A18 学习者自我效能	用户对自身使用移动学习平台水平的判断以及自我把握程度
B12 口碑呈现方式	A19 主观评价	用户对移动学习及配套服务提出看法，但没有体现出明显的推荐意愿
	A20 消极使用意愿	用户表达出不希望使用移动学习，或是认为其他的学习形式更好
	A21 积极使用意愿	用户表达出希望采纳或持续使用移动学习平台的意愿
	A22 提出建议	用户就移动学习平台的某项功能、特性或整体解决方案提出改进建议
	A23 推荐使用的态度	用户明确表达出推荐（或不推荐）采用移动学习平台的意愿
B13 对单一属性的满意度	A24 对平台功能的满意	用户对移动学习平台某项功能、界面、特征或相应服务的满意程度
	A25 对学习资源的满意	用户对移动学习平台所搭载学习资源使用体验的满意程度
B14 对整体的认可及满意	A26 对整体的认可及满意	用户从整体上对移动学习平台及配套服务的满意程度
B15 相对优势	A30 平台的独特（新颖）性	移动学习平台相较于其他学习形式所独有的特点及优势
B16 趣味性	A31平台的趣味性	用户对移动学习平台趣味性的感知

续表

范畴	对应概念	对概念的说明
B17 易用性	A27平台的便利性	用户对移动学习平台使用便捷程度的感知
	A32资源的易用性	用户对移动学习资源操作复杂性的感知
	A33平台的易用性	用户对移动学习平台功能操作复杂性的感知
	A34 平台健壮性	移动学习平台的稳定性，无线传输的可靠性及速率
B18 有用性	A35 资源内容有用性	移动学习资源对提高学习绩效的有效程度
	A36 平台的有用性	移动学习平台功能对提高学习绩效的有效程度
	A28 资源的稀缺性	移动学习资源的丰富程度以及获取的难易程度
	A29 资源的扩展性	移动学习资源的可扩展性
B19 高唤起情绪	A38 高唤起积极情绪	用户在使用移动学习时因感到超出预期或有意外收获时而产生的兴奋、激动的积极情绪，具有较高的情绪唤起水平
	A39 高唤起消极情绪	用户在使用移动学习时因感到低于预期或功能、服务失败时而产生的愤怒、焦急等消极情绪，具有较高的情绪唤起水平
B20 体验	A40 对平台功能的体验	用户对移动学习功能、外观，以及流畅度、健壮性等方面的体验感知
	A41 对学习资源的体验	用户对移动学习资源整体性以及内容、结构、画面、互动等方面的体验感知
	A42 对管理服务的体验	用户在使用移动学习的过程中，对配套管理服务及时性、专业性、有效性、情感性等方面的体验感知

3 主轴编码

开放编码阶段所获得的范畴基本是独立的，相互之间的关系并没有得到深入探讨。主轴编码的任务就是在开放编码的基础上，对开放编码提取的范畴进行分析和联结，挖掘、分析，并提炼出其中的主范畴。

本研究将开放编码形成的范畴重新归类，共提炼出8个主范畴。将各主范畴以“G+序号”的形式加以标注，建立起主范畴与各范畴之间的关系见表3-5。

表3-5 移动学习者口碑传播意愿的主范畴

主范畴	范畴	范畴的内涵
G01 移动学习情境	B01 教学及辅导	移动学习情境下的教学、辅导及虚拟社区中的互动氛围
	B02 支持服务	围绕移动学习所开展的各类支持服务
	B03 主观规范	用户身边亲近的人对移动学习的观点
	B04 技术适配	移动学习的技术特性与学习内容的适配程度
G02 感知风险	B05 功能风险	移动学习功能缺陷或不足而影响学习绩效
	B06 身体风险	长时间使用移动学习而对身体造成的伤害
	B07 隐私风险	使用移动学习平台而造成个人隐私的泄露
	B08 财务风险	采用移动学习方式导致学习成本增加
G03 个体特质	B09 移动学习适应性	用户对移动学习方式的接受程度
	B10 人格特质	用户个体的性格特征
	B11 自学能力	用户自我独立完成学习目标的能力
G04 口碑行为	B12 口碑呈现方式	用户在学习论坛中发表评论信息的类型

续表

主范畴	范畴	范畴的内涵
G05 满意度	B13 对单一属性的满意度	用户对移动学习某一方面的满意程度及其评价
	B14 对整体的认可及满意	用户对移动学习整体的满意程度及其评价
G06 平台 / 资源属性	B15 相对优势	移动学习相对于其他学习方式所具有的特点和优势
	B16 趣味性	移动学习的展现形式和互动效果等给用户带来生动有趣的体验
	B17 易用性	移动学习平台及其配套学习资源的易用程度
	B18 有用性	移动学习对学习绩效的提升程度
G07 情绪	B19 高唤起情绪	用户在使用移动学习的过程中产生的积极或消极情绪
G08 体验	B20 体验	用户使用移动学习过程中对平台功能、学习资源及管理服务的感受

4　选择性编码

本研究以“影响学习者对移动学习平台产生口碑行为的因素”作为核心范畴。围绕此核心范畴，将主轴编码形成的8个主范畴进行联结，并最终整合形成理论。根据前文的分析，移动学习情境、平台/资源属性、感知风险、用户体验、满意度、情绪，以及学习者个体特征对口碑行为有显著影响。借鉴S-O-R模型的逻辑框架，其中移动学习情境、平台/资源属性是实现移动学习的支撑条件，为客观因素；感知风险是学习者个体的主观感受，为主观因素；主客观因素共同构成了促进移动学习口碑行为的外部驱动因素；满意度、情绪和体验为学习者的心理反应，是促进移动学习口碑行为的机体因素；口碑行为是学习者的行为表现；学习者的个体特征会在心理反应和口碑行为之间起到调节作用。因此，围绕核心范畴故事线的实现路径为：外部驱动因素通过对移动学习者的刺激，导致其产生相应心理反应，并最终导致了口碑行为结果。根据上述分析，本研究构建和发展出移动学习者口碑行为影响因素的理论框架为"驱动因素—心理反应—行为表现"整合模型，如图3-3所示。

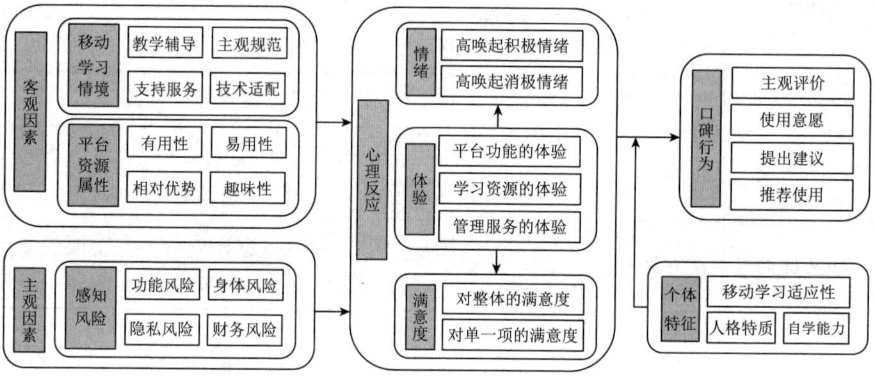

图3-3　移动学习者口碑行为影响因素模型

根据图3-3所建立的移动学习者口碑行为影响因素模型，本研究构建出主范畴之间的关系及内涵见表3-6。

表3-6　主范畴的典型关系结构

关系	关系结构	关系结构的内涵
平台/资源属性→满意度、体验、情绪	因果关系	移动学习平台及其承载学习资源的有用性、易用性、便利性和健壮性等属性会直接影响用户对移动学习的满意度、体验和情绪

续表

关系	关系结构	关系结构的内涵
移动学习情境→满意度、体验、情绪	因果关系	移动学习配套的管理和支持服务，以及交流氛围会直接影响用户的满意度和情绪
感知风险→满意度、体验、情绪	因果关系	用户对移动学习平台的感知风险会影响其满意度、体验和情绪
体验→情绪、满意度	因果关系	用户对移动学习平台的体验感知会直接影响情绪和满意度
满意、体验、情绪→口碑行为	因果关系	用户对移动学习的反应会直接影响其产生口碑行为
个体特征 * 满意度、体验、情绪→口碑行为	调节关系	用户的移动学习适应性、性格等特征会调节口碑行为的强度

注：“→”表示因果关系，“*”表示调节关系。

5　理论饱和度检验

理论饱和是指额外数据已不能发展出新的范畴，是决定是否停止采样的标准。为检验已获得的编码结果是否达到理论饱和，将剩余20%的数据按同样的方法和步骤进行分析和编码。结果表明，剩余的评论数据未能发展出新的范畴，也未能建立新的关系。论饱和度检验的部分结果见表3–7。

表3-7 理论饱和性检验结果

主范畴	范畴	对应概念	原始资源中的语句
G01 移动学习情境	B01 学习环境	A01 教师授课水平	F3641 非常满意老师的讲解，老师讲得很好！点 32 个赞
		A02 教学辅导	F0132 光靠字面讲解和视频教学很难理解到精髓（缺少教师的辅导与讲解——教学支持）
		A07 学习氛围	F1050我们可以通过 QQ、微信与老师交流，使问题得以解决
	B02 支持服务	A03 学校政策支持	F0679 学校一些科目要求网上提交，大部分为推荐使用，鼓励大家网上学习，比如，毕业论文的提交方式就是相关的要求（学校的引导——政策支持）
		A04 条件支持	F2593 希望能及时答复学生的问题，让学生能及时得到解决的答案
		A06 标准支持	F12032 现在还能重新学习吗？或者怎么补考。马上就快毕业了，很怕耽误领取毕业证，问函授站的老师们他们也不清楚（服务的专业性不够）
	B03 社会影响	A08 同学或同事影响	F0050我的朋友同事都对数码产品感兴趣（受身边人的影响——主观规范）
G02 感知风险	B06 社会风险	A10 影响他人的风险	F0165 我们单位现在都不准当班使用手机，哪怕在单位待乘都要强制关机（个体环境差异）
	B07 身体风险	A11 身体损伤风险	F0418 戴耳机耳朵痛，不带耳机不是听不清楚就是影响别人，屏幕小，眼睛痛
	B08 隐私风险	A12 隐私泄露风险	F1083 最大的劣势是担心信息泄露

续表

主范畴	范畴	对应概念	原始资源中的语句
G03 个体特征	B11 学习意愿	A16 自我激励	F1249 挺好的，我会加油努力学习的，come on!
	B12 移动学习适应性	A17 移动学习适应性	F0163 平时经常使用手机上网，除了学院安排的课程，微信、QQ 等聊天软件使用较多
	B10 个体性格	A18 性格与心理障碍	F1533 我性格内向，可能这种方式会比较静心
G04 口碑传播行为	B13 口碑呈现方式	A21 消极使用意愿	F0199 移动终端界面小的弊端无法弥补，功能不齐。所以也不需要鼓励使用（不推荐使用）
		A22 积极使用意愿	F0158 课程内容好，老师讲课水平高，更新速度及时，期待后续更新（持续使用意愿）
		A23 提出建议	F0058 我希望移动平台上课程的表现形式有在线答题（包括客观题和主观题），课堂演示、教学互动等（提出建议）
G05 满意度	B14 对单一属性的满意度	A25 对平台功能的满意度	F0058 课件在移动学习平台上的展现效果不是很好，可能是网速不行（平台显示效果不满意——对单一功能的满意度）
	B15 对整体的认可及满意	A27 对整体的认可及满意	F5312 网络教育真是方便了我们的学习！

续表

主范畴	范畴	对应概念	原始资源中的语句
G06平台/资源属性	B16便利性	A28平台的便利性	F0076最大的优势在于可以随时带在身上，像平板、电脑都过于笨重，不方便携带，出差的时候需要学习的话，手机是最佳选择（平台使用的便利性）
	B17相对优势	A31平台的独特（新颖）性	F0006比传统学习方式增加了很多趣味性，能更多地拓展自己的思维方式（超出其他学习方式的优越性）
	B18趣味性	A32平台的趣味性	F0075移动学习可以通过点击、鼓励等特有形式，及其显示的特别之处增加学习趣味性（趣味性）
	B19易用性	A34平台的易用性	F0115移动学习观看完一个学习视频得很久，跳着看又会错过很多，视频中老师们讲的速度也不一定快（使用过程感到不方便——平台功能的易用性）；F0168移动学习系统中的各项功能的使用是较清晰、简明，易于使用
	B20有用性	A36资源内容有用性	F0049现有资源认为还是比较丰富的，能够及时把学校一些新的东西啊，现在知识通过App的形式能够推送上来（资源有用性）
		A37平台的有用性	F0068采用移动学习的形式，能够避免面对面学习中遇到的一些尴尬的场面，驱除学习者交流的胆怯心理，从而轻松地学习和交流（消除学习障碍——平台有用性）

续表

主范畴	范畴	对应概念	原始资源中的语句
G07 情绪	B21 情绪	A39 高唤起积极情绪	F2926 棒，把以前不懂的经过老师的讲授慢慢理解了谢谢老师（兴奋，激动）
		A40 高唤起消极情绪	F0728 论坛交流回复太慢或者看不到我们的提问，不能快速有效地解决我们课堂和作业的实际问题，急需改善！！！（失望、焦急）
G08 体验	B22 体验	A42 对学习资源的体验	F6866 画面清晰，老师讲课水准高，语言幽默风趣（沉浸于课件学习之中——资源使用体验）

根据扎根理论研究方法，如果新的文本资料无法形成新的概念和范畴，也无法动摇之前的关系假设时，研究结果可认为是全面的。由此，可以认为图3-3构建的模型是饱和的。

第四节　移动学习情境下口碑传播意愿影响因素模型阐述

通过前文的分析，移动学习情境下的口碑行为可以用“驱动因素—心理反应—行为表现”模型来解释。由应用情境和移动学习平台特性组成的客观因素和来自学习者感知风险的主观因素共同构成了驱动因素；驱动因素并不直接导致口碑行为，而是通过情绪、满意度和体验等心理反应对口碑行为产生影响。各部分影响因素阐述如下。

1 学习者对移动学习情境的感知

情境是在消费者和产品之间客观存在的刺激物，它们会引起消费者认知和解释的心理变化，并最终影响消费者的行为。Verhagen和Dolen的研究结果表明，应用情境会对用户产生刺激，并促使其产生网络口碑行为。移动互联网是网络应用的最新形态，相对于“PC-Browser”的传统网络模式，移动设备具有随时随地访问互联网的特性，故使用移动设备发布口碑信息更倾向于无计划甚至冲动的行为，而这种没有经过事先周密计划的行为，将给传统网络口碑传播的形态带来深刻影响和巨大变化。移动学习是“教”与“学”的再整合，如果缺乏必要的社交情境支持，学习者仅通过与固定程序之间的交互则难以获得良好学习绩效，社交因素甚至还会影响学习者对移动学习平台的持续使用意愿。对评论信息的统计表明，在5688条记录中，有1203条属于提问类，占比为21.15%，体现了过程支持的必要性和重要性。学习者对移动学习情境的感知可归纳为教学辅导、支持服务、主观规范和技术适配4个维度。

教学辅导反映了学习者在学习过程中对学术内容的辅导需求。移动学习从本质上说是一种途径和方式，并未改变“教”与“学”的模式，移动学习平台自身并不能发挥教书育人的功能，教师在教学过程中的主体地位并未改变。与之相应，移动学习服务商的教学组织、对应用移动学习所给予的政策，以及为移动学习所营造的学习氛围也会对移动学习平台的推广应用产生直接影响。例如，有学习者在评论中提出“希望能在移动和PC端学习的同时，能够参加面授课程”。这些因素会影响学习者的满意度，并触发激动、高兴、惊讶、失望、愤怒等情绪，从而引发口碑行为。

支持服务体现了非学术的条件支持，包括标准支持、情感支持、技能支持等。移动学习平台具有服务型商品的特征，而服务质量对消费者情绪、满意度和体验的影响也早已被学者所证实（Parasuraman，1985；Zeithaml，1987；DeLone & McLean，2003）。在信息系统评价研究领域，服务质量也是重要影响因素，对用户的满意度及使用意愿有直接影响。在移动学习情境下，学习者与教师和学校在时空上是分离的，难以直接得到面对面的指导和服务。因此，他们会期望得到专业、及时且富有情感的服务。在此过程中，学习者对服务的感知会导致其产生积极或消极的情绪，进而影响其对移动学习平台的满意度，从而产生口碑行为。

主观规范来源于理性行为理论（Theory of Reasoned Action，TRA），体现了学习者的从众心理，即对个人的行为决策具有影响力的个人或团体对其是否采取某项特定行为所发挥的影响作用。在移动学习情境下，学习者对自己熟悉群体的意见会表现出更高的倾向性，甚至会主动收集他们的学习体验作为决策的参考依据。当学习者身边熟悉的人使用移动学习平台持积极态度时，他们会产生从众心理而提高采纳的意愿；反之则会降低其采纳的意愿。

技术适配反映了移动学习平台及资源与学习者需求的适应程度。根据技术任务适配模型（Task-Technology Fit，TTF），信息系统应对用户执行相应任务具有支持能力。信息系统所提供的功能与用户完成任务需求的匹配度越高，则越能正向影响用户的使用绩效，进而将会促进用户对该信息系统的使用。移动学习平台的适用性表现在其能够代替传统的教学场景，使学习者不受时空的限制而完成学习任务；或是在采用了移动学习方式后，数字化学习资源代替了厚重的教材，一机在手即可满足全部学习需要等方面。但现实教学情境是非常复杂的，部分课程需要实践环节，移动教学难以实现或实现效果不佳。例如，有学习者在留言中提到“移动学习无法让我们完成实验”等。只有移动学习平台的功能和资源能够适用于相应课程的学习时，学习者才会乐于接受并有可能获得良好体验。

由上述分析可知：在移动学习情境下，当学习者使用移动学习平台时可以得到组织者的有效帮助，能够获得他人认可时，会正向增强其沉浸感；反之，当学习者在使用移动学习平台的过程中感受不到来自组织者、教师及同学之间的交流时，则较易产生焦虑、彷徨、失望等负面情绪。由此可知，学习情境是诱发学习者心理反应的重要前置因素，是学习者感知移动学习价值的重要组成部分。

2　学习者对移动学习平台/资源属性的感知

信息系统成功模型（D & MInformation Success Model）指出系统质量和信息质量对用户的使用意愿有显著影响。移动学习由系统平台和学习资源两部分构成，分别体现了系统质量和信息质量。现有研究已证实学习平台和课程资源在移动学习中的重要作用，是移动学习的核心价值。在开放编码的过程中发现，学习者对移动学习平台及其承载的学习资源所发表的评论，可综合归纳为有用性、易用性、相对优势和趣味性等4个维度。

有用性是指移动学习能够改善工作绩效的程度，是学习者采纳移动学习并持续使用的必要条件。现有研究大多表明，感知有用性是用户采纳信息系统并持续使用的必要条件（杨金龙等，2019；文书锋等，2019）。Davis（1986）提出的技术采纳模型（Technology Acceptance Model，TAM）指出，感知有用性对行为意愿会产生显著影响。而技术采纳与利用整合理论（Unified Theory of Acceptance and Use of Technology，UTAUT）则提出了绩效期望（Performance Expectancy，PE）构念，其内涵为用户对使用信息系统后可以帮助其在工作上获得更好表现的认知程度。移动学习由系统平台和学习资源两部分构成，学习者对有用性的感知也包括系统平台和学习资源两方面。在移动学习研究领域，许多学者认为平台功能和学习资源的有用性起到了关键作用（武刚等，2014；马秀麟等，2018；张宝建等，2019）。学习者对平台有用性的感知包括各项功能是否健全，响应是否及时，系统是否健壮等。例如，有学习者在评论中提到“移动学习平台可以提供交互功能，能够实现学生与平台、学生与学生之间的双向沟通”等。对学习资源有用性的感知则包括课件内容是否能够满足学习需要，习题和作业是否能够有助于掌握知识等。例如，评论中提到“图片和视频都能让我更直观更深入地去了解”。本研究认为，当学习者感到使用移动学习平台能够提高自己学习绩效时，他们会更容易获得较高的满意度，并且还会降低感知易用性、感知风险等方面的要求。

易用性是指移动学习是否易于使用的程度。在技术接受模型（TAM）、PC使用模型（MPCU）、创新扩散理论（IDT）和技术采纳与利用整合理论（UTAUT）等常见信息系统研究理论或模型中，均有体现系统是否复杂以及用户感觉系统是否易用的构念。在移动学习情境下，易用性体现为界面是否清晰易懂，导航是否简捷有效，移动设备是否便于携带使用，课件资源的组织是否条理清晰等。当平台功能及其承载的学习资源操作简单方便、易于上手时，就会让学习者更加容易接受甚至享受这种学习方式；反之，若移动学习平台的操作逻辑不清晰，使用过程烦琐复杂，则会让学习者产生畏难情绪，甚至产生抵制的情绪。例如，在评论中提到的“刚刚接触移动学习，的确会有界面或功能不是很熟悉”等。因此，学习者对移动学习平台易用性的感知将对其体验、情绪及满意度产生直接影响。

相对优势是指学习者采用移动学习平台后能够比传统学习方式获得更好学习绩效的程度。移动学习平台利用现代通信技术和智能终端获取教育资源、教育信息和教育服务，具有携带便捷、个性教学、交互力强、情境相关性等特点，比传统“PC+浏览器”模式的网络学习更容易实现时时可学、处处可学。例如，在评论中提到的“传统的书本，很难达到与时俱进和深入表达”“学习者不再被限制在电脑桌前”“采用移动学习比传统学习方式方法更多样性，知识面更广，学习的兴趣更浓厚”等。当学习者能够感知移动学习平台所具备的优势时，将唤起其积极的情绪，并有利于提升满意度。

趣味性是指移动学习能够带来轻松、愉快或令其感兴趣的体验。研究表明，信息平台的趣味性能够增加用户的情感反应，从而影响用户对信息平台的态度（陈洁等，2009）。移动学习平台能够在功能设计和课程展现方面提供交互，对学习者产生适时激励，从而激发出其学习的意愿，增强其学习的动力。感知趣味性不仅对移动学习的使用意愿有显著正向影响，而且还会影响学习者对有用性认知（文书锋等，2019）。当学习者感受到移动学习趣味性时，会更沉浸于使用的过程，唤起积极的情绪，从而对其做出积极评价。

由上述分析可知：当学习者在使用移动学习平台的过程中感知到平台/资源的特性，即界面清晰合理、操作舒适流畅、课件生动有趣、系统健壮稳定，特别是能够有效提升学习绩效时，会促使其获得良好的使用体验。因此，平台和资源的属性是促使学习者采用移动学习的重要外部因素，能够对学习者情感等心理活动产生直接影响。

3　学习者对移动学习平台的感知风险

感知风险来源于心理学，常见于消费者行为的研究中，是指消费者购买决策中蕴藏着令人感到不快的不良后果的可能性。Bauer（1960）首次在营销研究领域引入了风险的概念。Cunningham（1967）提出了感知风险的双因素理论，即决策结果的不确定性（Uncertainty Consequent）和错误决策后果（Consequence）的严重性。Gronhaun（1993）总结并扩展了先前研究成果，提出功能风险、时间风险、财务风险、身体风险、心理风险和社会风险等是消费者最常感知的风险，这6种风险可以解释88.80%的总感知风险。S-O-R范式（Stimuli-Organism-Response）认为，刺激既可以来自身体外部，也可以来自身体内部。感知风险属于来自身体内部的刺激，能够对用户反映产生影响。移动学习平台既是一种电子化的产品，又因包含着教学过程而带有服务型商品的特征。通过开放编码可发现，学习者是以“利得与利失”观点，即移动学习平台的优越性与可能产生的潜在伤害之间的比较，来衡量移动学习的风险。综合评论信息的内容，学习者对移动学习平台的感知风险主要包括功能不足、身体损害、隐私损害和财务负担等。

功能风险指对移动学习平台是否能够满足学习需要的不确定。在选择移动学习平台后，是否会存在系统软硬件的欠缺，是否会出现死机、运行缓慢、网络突然中断等情况；以及产生上述情况时是否会因学习过程无法记录而导致学习成绩无效，影响课程通过甚至出现无法按时完成学业的情况。例如，在评论信息中曾提到“（智能终端设备）指标太低，电池寿命短”等。这些针对软硬件功能的不确定性会让学习者感到使用移动学习平台代替原有学习方式是存在风险的。对移动学习平台功能风险的感知不仅会影响学习者的使用体验和满意度，还会导致其在未使用时因顾虑而产生口碑行为。

身体风险是指采用移动学习平台可能对身体健康产生危害的不确定。移动设备自身存在屏幕小、字体小等特性，学生在采用移动学习方式时，会产生长时间使用手机、Pad等移动设备，对眼睛、颈椎等身体产生伤害的担心。例如，在评论中有提到“经常盯着屏幕对眼睛不好”“辐射较大，长时间对人体有害”等。学习者感知身体风险，会使其在使用移动学习平台时产生顾虑，从而对体验产生直接影响。另外，感知身体风险会导致学习者即使未曾使用移动学习平台，也会出于担心而进行口碑传播行为。

隐私风险是指采用移动学习平台后可能会导致泄露其个人隐私，从而对日常生活产生影响的不确定。隐私风险是消费者在网上购物过程中感知风险的构面之一，表现为行为习惯被跟踪、接到未经许可的联络、个人信息丢失等。移动学习平台大多基于手机或Pad而开发，而这些移动设备中通常存储有通讯录、电话短信记录、个人社交信息，甚至银行账号等个人隐私。因此，学习者会担心移动学习平台非法读取其个人信息而导致失密，或又担心软件开发的不完善而存在漏洞。例如，在评论中有学习者提到“网上垃圾软件很多，信息会被其他的软件所剽窃”。对隐私风险的感知会导致学习者抵触使用移动学习平台，并会产生负面口碑传播行为。

财务风险是指使用移动学习平台会产生额外的成本，从而导致其蒙受经济损失的不确定。现有研究已发现，感知成本将负向影响学生使用移动学习平台的意愿。学习者在从传统学习方式转向采用移动学习时会担心增加财务成本，主要基于两个方面：一是需要采购新的硬件；二是在使用过程中会产生流量等其他费用。特别使用过程中产生的费用，在做出决策之时并不能够准确预见，因而会产生较强的风险感知。例如，有学习者在评论中提到“一个平板要3000元的样子，那就是我爸妈省吃俭用将近一年才可以支付这笔额外费用”等。

由上述分析可知：在移动学习情境下，学习者对功能、身体、隐私、财务等方面的风险感知会影响其使用移动学习的意愿，降低使用体验和满意度，进而负面影响其使用情绪。当学习者存在感知风险时，即使没有使用过移动学习平台，也会因顾虑而发表负面评论。因此，作为一种主观的刺激条件，感知风险会对体验、满意度和情绪等机体反应产生负向影响，进而影响口碑传播行为。

4 学习者在使用移动学习平台时的情绪

情绪是人对事物的关系或主观态度的体验，是一种能够对人的行为起到指导、组织和维持作用的积极力量。情绪具有心境（Mood）、激情（Intense Emotion）和应激（Stress）等不同的状态。在移动学习情境下，情绪主要表现为学业情绪（Academic Emotions），即学习者在完成学业的过程中所体验到的满足、愉悦、兴奋、沮丧、厌倦、焦虑、气愤等各种情绪。现有研究表明情绪与口碑行为具有紧密的联系，人们在情绪的影响下较易产生口碑行为。在移动互联网时代，用户可以借助手机等移动设备随时发表评论信息，从而导致移动网络口碑更倾向于是一种无计划甚至冲动的行为，而情绪是导致网络冲动行为的主要因素之一。

本研究构建的模型中，情绪包括高唤起积极情绪和高唤醒消极情绪。高唤起积极情绪包括欣喜、兴奋等，如学习者在评论中提到“备课的精心和设计的新颖给了我很大的震撼”“精美的课件制作让我心动!”等；而高唤起消极情绪包括失望、愤怒等，如学习者发表的“真的是见鬼了！”“就是出来骗钱的”等评论。已有学者的研究指出，消费者在体验过程中产生的正面和负面情绪都将直接影响其对服务质量及服务满意度的感知。在使用移动学习平台时，学习者会受功能、服务、环境等因素的刺激而引发相应情绪并产生口碑行为。由此可见，情绪是学习者受内部和外部驱动因素刺激的反应，是引发移动学习口碑行为的重要诱因。

5　学习者对移动学习平台的满意度

满意度是消费者对产品或服务的事前期望与实际感受相对关系的评价。现有研究普遍认为，满意度是口碑行为的重要前置变量，既能够独立触发口碑行为，也能够在情绪等反应中起到中介作用。现有研究表明，当消费者满意度较高时，会产生将这些喜悦分享给他人的愿望，从而更容易产生口碑传播意愿。例如，Westbrook（1987）发现消费者对产品的满意度越高则越有可能进行正面口碑传播。而另一些学者则认为，不满意也会导致口碑传播意愿的产生。如Anderson（1998）认为，消费者满意度与口碑传播频率之间的关系呈“U”字形曲线，即消费者满意度越高，发布正面口碑的概率和频率也就越大；反之，当消费者满意度越低时，发布负面口碑的概率和频率也相应更大；而满意度处于两者之间时，口碑传播的频率较低。还有一些学者则认为，满意在消费者情绪和消费者口碑传播意愿中起到了中介作用，是口碑传播意愿的中介变量（Westbrook，1987；Ladhari，2007；White，2010），且负面口碑受情感的影响更为显著。

本研究通过对学习者评论信息分析发现，学习者较常发表体现满意度的评价，概括起来包括对系统整体的满意度和对单一功能的满意度两个方面。对系统整体的满意体现为学习者对移动学习效用提高程度的整体评价，例如，“采用移动学习非常有效”等。对单一功能的满意体现为学习者对移动学习平台功能或课件资源中某一部分使用感受和效果的评价，例如，“资源的信息量好大”等。学习者对移动学习的满意度是内外部驱动因素刺激的结果，当学习者通过比较移动学习利得与利失，感受到移动学习的价值时，其满意度会得到显著提高；反之，就会感到比不上传统的学习方式，产生消极或不认可的态度。满意度在情绪和口碑行为之间发挥中介作用，学习者的满意度会受到情绪的影响，通过对评论数据的分析发现，负面情绪对满意度的影响更为常见，并由此导致更多的口碑行为。

6 学习者对移动学习平台的体验

体验是消费者的一种心理感知状态，包含了体验效果、体验维度和体验设计等多个层次的概念。体验能够让消费者充分感知价值，并通过对产品与服务价值的有效比较而形成口碑。体验是用户刺激因素和反应行为的重要标志性因素，也是影响用户决策的重要前置因素。例如，让消费者参与企业活动，或增加其对产品的了解，均能提升消费者的体验感知。

本研究通过对移动学习讨论区中的评论信息进行分析，发现学习者对移动学习的体验包括3个方面：一是对移动学习平台的体验。包含系统功能、外观界面，使用流畅度，以及系统健壮性等方面的使用感知，如学生在留言中提到“通过移动学习平台，我们能够实现人机互动和人际交流，不仅有利于培养我们的交流沟通能力，还能够激发我们的学习热情，从而提高学习成绩和信心”。二是对课程资源的体验。包含对学习资源整体性以及内容、结构、画面、互动性等方面的使用感知，如学生认为课件“画面清晰，老师讲课水准高，语言幽默风趣”等。三是服务的体验。包含对移动学习组织者管理措施和支持服务的感知，如“希望可以通过QQ、微信与老师交流，使问题得到对应解决”等。当学习者获得预期体验后，会出于分享经验或帮助他人的动机而产生口碑行为；反之，则会从提出修改意见或批评的角度而发布评论信息。分析还发现，除直接影响口碑行为外，体验还会对情绪和满意度产生显著影响从而引发口碑行为。

7　学习者的移动学习适应性

现有研究表明，消费者的个体特征会对其口碑行为产生影响。利他主义人格（Price et al.，1995）、外倾型人格（Mazzarol et al.，2007）、自我提升意识（Angeliset al.，2012）、专业程度（Cheung et al.，2012）、意见领袖（Richins & Root-Shaffer，1988）等特征都会不同程度地对口碑行为产生影响。在不同的情境下，个体特征对口碑行为的影响存在很大差异。

在移动学习情境下，个体特征主要体现为移动学习适应性，即学习者调整自身行为与学习环境保持一致，并努力取得良好学习效果的心理倾向。学习者对学习情境的适应，涉及学习态度、学习技术、学习环境和身心健康等多方面的因素。在开放编码时发现，部分学习者乐于接受新事物，敢于创新，更容易接受移动学习这种新型学习方式，对操作难度不敏感，对系统的不完善也能够保持更高的容忍度。例如，有学习者在评论信息中提到“现在年轻人想要遇到更好的自己，就要接触学习更多的东西”。此外，个体特征还包括人格特质和自学能力两方面。人格特质是指个体行为方式的倾向。有的学习者人格偏内向，在现实生活中较少发生交际行为，但在虚拟社区用户之间处于弱连接的情境下，却能够较好表达自我态度。例如，评论信息中提到“采用移动学习的方式，能够消除面对面学习中遇到的尴尬场面，避免产生胆怯的心理”。自学能力则涉及学习者信息素养、学习动机和态度等方面，如“看到大家都这么努力，自己也得加油”等学习者的自我激励。本研究认为，在面对相似服务水平和平台质量时，个体特征的差异会导致学习者反应的差异，从而对口碑行为起到调节作用。

8 学习者对移动学习平台的口碑呈现方式

口碑的表现形式包括直接推荐、仅仅提到、积极消费行为和未来消费计划等（Berger，2014；李研等，2018）。在本研究构建的模型中，口碑的呈现方式包括主观评价、使用意愿、提出建议和推荐使用等。

主观评价体现为学生对移动学习平台使用效果的主观评价，根据评价内容的情感极性，又可分为正面、负面和中性等3类。例如，有学习者在评论中提到“移动学习比传统学习方式是更好的学习方式，但传统学习方式某些方面是无法替代的”等。

使用意愿体现为学习者在评论中表达出自身对移动学习平台的接受程度。从情感极性上，学习者对移动学习的使用意愿又可分为积极使用意愿和消极使用意愿两个不同的方向，会对口碑受众产生相应的影响。例如，积极使用意愿的表达有“移动学习的方式大大地增加了我们学习的兴趣和便捷性，会让我们有更好的学习能力和学习兴趣”等；而消极使用意愿则有“目前来说我觉得通过计算机浏览课件，做作业的形式能满足我的需要，移动学习并非必要”等。

提出建议体现为学习者对移动学习平台的功能、学习资源，以及其他配套措施提出改进的建议。从情感极性上看，提出建议的学习者大多对使用移动学习平台持比较积极的态度，他们提出建议的出发点是希望移动学习平台能够得到改进而更加便于使用。例如，有学习者提出“希望能够准确把握学习内容的容量、时长，如果过长，学习者很容易受到外界的干扰而中断学习，从而影响学习的有效性”等。

推荐使用体现为学习者推荐他人使用移动学习平台。推荐使用是典型的正面口碑行为，能够对其他学习者产生参照效应。例如，“移动学习能够有效缓解工学矛盾，特别适合我们这样一边工作一边学习的学生；建议其他同学也能够采用”等。

第五节　本章小结

本章的研究分为3个阶段：一是基于扎根理论的质性分析方法，通过三级编码分析了8个常见移动学习论坛中的5568条真实评论数据，挖掘了影响学习者使用移动学习平台后产生口碑行为的7个因素，分别是：移动学习情境、平台/资源属性、感知风险、情绪、满意度、体验和学习者个体特征。二是基于上述7个影响因素，构建了移动学习情境下口碑生成的影响因素模型。三是对各项因素的内涵以及与口碑传播行为的联系进行了分析与阐述。通过质性分析挖掘并生成的影响因素框架模型见图3-4所示。

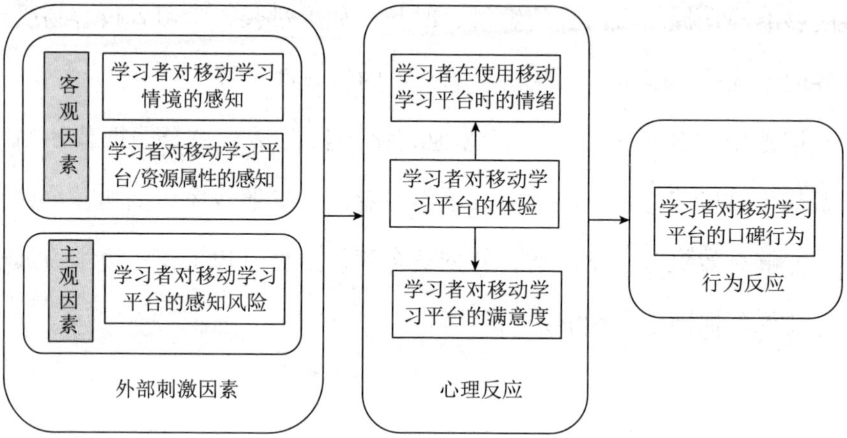

图3-4　影响学习者对移动学习平台产生口碑传播意愿的因素理论框架图

1　研究结论

（1）在移动学习情境下，用户产生口碑行为的机制是“驱动因素—心理反应—口碑行为”，即移动学习者受到主客观驱动因素的刺激而产生相应心理反应，由不同类别的心理反应最终导致了口碑行为；

（2）驱动因素由客观因素和主观因素两方面构成，其中客观因素为移动学习情境和平台/资源属性；主观因素为感知风险；

（3）移动学习者的心理反应包括了体验、情绪和满意度等3个方面；

（4）移动学习者的个体特征会在心理反应和口碑行为中起调节作用。

2　理论贡献

（1）通过基于扎根理论的质性分析，发掘了学习者使用移动学习平台后产生口碑行为的潜在影响因素，建立了移动学习者口碑行为影响因素的理论框架，丰富了口碑行为的研究情境；

（2）证实了应用情境对口碑行为具有显著影响作用，揭示了移动学习情境对于促进口碑行为有显著影响，弥补了过往研究中较多关注移动学习产品特征的局限；

（3）提出移动学习平台的产品属性应包括平台和资源两部分，补充了过往针对移动学习平台的研究重视平台功能而忽视课件资源的不足；

（4）探讨了情绪、满意度和体验等心理反应对口碑行为的独立作用和交叉叠加作用。

3　研究存在的不足

（1）虽然提出了影响学习者对移动学习平台产生口碑行为的因素，但未能考察出各变量之间关系强度，对最终行为结果的影响是否显著，还有待进一步检验；

（2）由于质性研究方法的固有缺陷，以及受制于研究者知识层面和实际经验的不足，编码结果的准确性和客观性还有待进一步提高；

（3）研究数据来源的面相对较窄，主要采集于少量移动学习平台，用户对象以高等教育和职业教育学生为主，没有能够涵盖更广泛的群体，导致对学习情境和平台属性影响方面的考察仍然可能不够全面，普适性还有待进一步提高。

据此，后续研究拟在本章的基础上引入定量研究方法，采用问卷调查、数据分析和结构方程检验等方式进行实证研究，以充分考察各变量之间的关联强度。

第四章

基于『学业情绪—满意度』视角的移动学习平台 WOM 研究

第一节　引言

在第3章中，本研究通过对来自8个常见移动学习论坛中的5568条真实评论数据进行质性分析，提炼出影响学习者使用移动学习平台后产生口碑行为的7个因素。然而，基于扎根理论的内容分析主要通过词频和词义来建立概念之间的简单关系，不能满足解释真实情况的需要（Krippendorff，2003），也不能检验对真实情况的假设（Martin，1986）。通过扎根理论方法所建构的理论在普适性和严谨性方面还存在一定局限。有必要将扎根理论的研究成果与量化的实证研究相结合，将扎根理论研究所构建的理论概念作为开发相应测量工具的基础，然后通过实证研究的方式以进一步验证并拓展理论（王璐，2010）。

本章将进行研究二，即基于"学业情绪—满意度"视角的移动学习者口碑传播意愿实证分析。研究二主要检验学习者使用移动学习平台时的学业情绪和满意度是否在刺激因素和口碑传播意愿之间起到了中介作用。已有研究表明：在营销过程中，消费者的满意度和情绪是促进口碑行为的影响因素。而在移动学习情境下，学习者所产生的情绪是学业情绪。学业情绪与单纯购买商品或服务的消费情绪有所不同，不仅会受到外部环境因素的影响，还会受到自我认知（Pekrun，2006）、成就目标（Linnenbrink，2002；Goetz，2007）和认知能力（Tyng，2017）等自身个体因素的影响（Pekrun，2006）。现有研究还发现，学业情绪在学习者的满意度中起到了中介作用（赵淑媛，2012）。研究二拟以学业情绪和满意度为中介变量，探讨移动学习情境价值、平台/资源的功能价值以及学习者感知风险等内外部刺激因素对口碑传播意愿产生作用的机制，检验学业情绪和满意度的中介作用，以及对口碑传播意愿的独立影响和叠加影响。

第二节　相关假设

1　感知移动学习情境价值对学业情绪的影响

情绪是个体受刺激的反应倾向，具有多样性、动态性和情境性等特点。现有研究表明，情境会显著影响消费者的心理反应。例如，实体商店中采用播放音乐等非视觉刺激因素后，会让消费者表现出更多愉悦、幸福和受刺激的情绪，从而促进消费者情绪水平（Yasin，2019）。购物网站通过降价促销、多媒体导购、在线解答而营造的虚拟购物环境，也会引发消费者积极正向的情感反应。根据前文质性分析的结果，并结合感知价值的定义，本书认为感知移动学习情境价值是指学习者对移动学习平台环境相互作用过程所进行的总体评估（Zeithaml，1988）。学习环境是一种特殊的生态系统，它以社会和学习者的发展为目的，具有服务性、平衡性和可持续发展性等生态特征，学习情境理论则进一步强调了学习环境对学习行为的深刻影响。基于此，Brown等（1989）认为学习者是在特定情境中通过开展一系列活动来获取知识，在学习过程中会受到学习情境特征的影响。戴心来等（2017）在对MOOC用户满意度调查的过程中发现，MOOC学习平台的氛围和用户的感知价值呈正相关关系，且会影响用户的满意度。在移动学习情境下，学习者的情绪主要是指学业情绪（Academic Emotions），即与学业相关的各种情绪体验，如高兴、惊喜、失望、焦虑、愤怒等。学业情绪可产生于收看视频课件、完成在线作业、参加自我测试等移动学习的各个阶段。Pekrun（2006）指出，学生的情绪体验受环境因素的影响，积极的社会环境能够缓解学生的消极学业情绪。Jena（2019）在了解学生在线学习心理状态的过程中指出，学业情绪在感知价值与成功间起到了中介作用。药文静等（2020）还发现学生对环境质量的感知影响了学生的感知价值，而其感知价值对学业情绪有正向影响作用。由此可以认为，移动学习情境是导致学习者产生学业情绪的前因，感知移动学习情境价值对学习者的情绪具有显著影响。在使用移动学习的过程中，学习者会对各项支持条件进行评估。当教学情境能够满足他们在特定时间地点个性化学习的需求并提高学习绩效时，就能使其感知到移动学习情境具有较高的价值，从而引发积极学业情绪。基于上述分析，提出假设1。

H1：学习者感知移动学习情境价值正向影响其学业情绪。

2　感知移动学习情境价值对满意度的影响

满意是消费者对产品或服务的期望与绩效的比较，消费者满意水平是期望绩效与期望差异的函数。已有研究认为，消费者对于网络消费过程的满意度是一个整体概念。例如，Lee（1999）提出，影响网络消费者满意度的因素包括企业的后勤支持、对消费者的服务，以及网站前端各项服务的优劣等。Cho（2001）认为商家对消费者的服务、信息传递的时间、对产品的规划，以及可提供额外信息服务等均会对消费者的满意度产生影响。Srinivasan（2002）则认为，消费者对网络购物的满意度会受到网站接触互动性、虚拟社群，以及商家的培养和关怀等方面的影响。查金祥等（2006）的研究结果表明，购物网站的服务质量对消费者的满意度有显著影响。从广义上看，学习者使用移动学习平台的过程，也是选择产品并接受服务的过程。移动学习作为一种非接触、非实时的学习形式，是否能够给学习者带来社会临场感（Social Presence）更显重要。当学习者在使用移动学习平台的过程中，能够获得“与他人在一起”的感受，将有助于减轻时空分离而带来的距离感，降低学习时的孤独感，从而有利于提高学习者的满意度。根据上述分析，提出假设2。

H2：学习者感知移动学习情境价值正向影响其满意度。

3　感知平台/资源价值对学业情绪的影响

本研究结合前文质性分析结果，认为感知平台资源价值是指学习者对移动学习平台资源有用性、易用性和趣味性等特征进行综合评估后的主观感受。现有研究充分证实了移动平台的有用性、易用性在用户行为态度中的重要作用（Luisa，2018）。例如，Kasuma等（2020）在考察用户使用移动商务平台的意愿时，将感知有用性和感知易用性作为了衡量移动商务平台资源价值的标准。Davis（1989）所提出的技术接受模型（TAM）同样认为用户决定采取信息技术平台的两大决定性因素是感知有用性和感知易用性。关磊（2020）总结出图书馆网站的感知有用性、感知易用性、设计美感、资源质量、功能服务、技术环境等会对用户体验产生影响。此外，平台资源的特征和优势也体现了平台资源的价值。例如，如Jos é 等（2020）在对MOOC学习平台和MITxHx学习平台进行比较分析后发现，移动学习平台资源的文化包容性会影响学生在学习过程中的感知价值。Boonlert（2016）在对学生网络学习意愿的调查中也指出，在线学习的课程质量和技术能力会影响学生的感知价值。然而，现有研究针对移动学习平台与学习者情绪关系之间的研究不多。仅有少量文献主要集中于从移动学习应用程序界面的角度，探讨各种设计元素对学习者情绪的影响。例如，Setyohadi（2016）验证了在移动学习程序中采用不同颜色对学习者情绪的影响，发现红色、绿色和蓝色容易引发积极情绪，而黄色则容易导致负面情绪。Yang（2015）认为对信息系统感知有用性和感知易用性的认知评估会引起用户的情绪反应，与感知易用性相关的低程度新颖性能够使用户产生更多积极情绪，而用户感知到高程度技术有用性会降低预期的负面情绪。但在消费者行为研究领域，产品属性与消费者情绪之间的关系已引起了学者们的关注。例如，庞隽等（2014）探讨了消费者对实用性和享乐性产品选择失败后产生报复欲望及回避欲望的差异。杨艳等（2017）研究了耐用消费品属性对消费者动态满意的影响机制，发现情绪反应在产品属性偏好与消费者动态满意度之间起到了中介作用，且显著负向影响消费者的动态满意度。金永生等（2016）将交易型网站的特征归纳为社会交往性、内容有用性、技术易用性和娱乐休闲性等4个维度。本研究认为，移动学习者的学业情绪会在学习过程中受到平台功能和学习资源的影响。当系统平台和学习资源体现出有用性、易用性和趣味性等特点时，就会让学习者产生高兴、愉悦的积极学业情绪。基于以上分析，提出假设3。

H3：学习者感知移动学习平台/资源价值正向影响其学业情绪。

4　感知平台/资源价值对满意度的影响

现有的研究已证实了信息系统特性与用户满意度之间的关系。例如David（2000）认为，影响消费者网络购物满意度的前因包括平台的便利性、网页设计的精美程度，以及商品信息的丰富和详细程度等。Chao（2001）指出，网站的界面显示效果、易用性、互动性等会对消费者的满意度有影响。Srinivasan（2002）提出，网站便利性、网络购物中商品的可选择性，以及网站特色均会影响消费者的满意度。Yang（2002）还提出，网站的可靠性是影响消费者满意度的重要因素。而Bhattacherjee（2001）则针对用户对信息系统的持续使用行为，扩展了期望—确认理论，提出用户对信息系统的感知有用性决定了其满意度。移动学习平台是一种基于移动互联网的信息系统，平台的属性和特征会对学习者感知有用性、易用性、便利性等产生影响，继而影响其满意度。基于上述分析，提出假设4。

H4：学习者感知移动学习平台/资源价值正向影响其满意度。

5 感知风险对学业情绪的影响

感知风险（Perceived Risk）理论认为，用户的任何购买行为都有可能存在无法预期的结果，而有些结果会让用户感到不快，这种不确定性即是风险。本研究结合移动学习平台的使用情境，将感知风险定义为学习者在使用移动学习平台产品或服务时所感知到不确定和不利后果的可能性。感知风险属于感知利失的范畴，会对用户感知价值产生影响。常见的感知风险包括时间风险、身体风险、社会风险、财务风险、功能风险和心理风险等（Gronhaun，1993）。感知风险是影响消费者情绪的重要因素。例如，Wangenheim（2005）以电信行业更换供应商为切入点，研究了负面口碑转移的影响机制，其中消费者感知风险在对新供应商的情绪中起到了重要影响。王风华等（2017）以感知风险为中介，探讨了消费者参与对消费者情绪的影响机制，结果表明，感知风险在消费者参与和消费者情绪之间起中介作用，特别是在信息提供和消费者情绪的关系中起到了完全中介作用。在移动学习情境下，感知风险会降低学习者对平台功能和学习资源的宽容度，放大设计和功能的缺陷，增加学习者的焦虑感，使其产生担心、害怕，甚至是抗拒的心理，从而导致负面的学业情绪。基于上述分析，提出假设5。

H5：学习者对移动学习平台的感知风险负向影响其学业情绪。

6 感知风险对满意度的影响

满意度是消费者对产品或服务的事前期望与事后感受之间的相

对关系。现有研究表明，消费者感知风险与其满意度呈负向影响关系（Ho，1997；Goode，1996；Wangenheim，2005）。例如，Yüksel（2007）针对旅游者购物意愿影响因素的研究发现，较高的风险感知会导致较低的购物满意度。李静等（2015）研究了游客对雾霾的感知风险及其影响，发现雾霾风险感知和高旅游风险感知均会降低游客的满意度。刘凤军等（2015）针对银行个人理财服务的满意度实证分析发现，感知风险会影响消费者对银行的满意度。

在移动学习情境下，当学习者对使用移动学习平台存在较高感知风险时，会促使其降低使用前的期望值，并可能会导致其在使用的过程中产生较大顾虑而降低其使用时的体验。基于上述分析，提出假设6。

H6：学习者对移动学习平台的感知风险负向影响其满意度。

7　学业情绪对口碑传播意愿的影响

情绪是有机体反应的一种体验，能够调节个体认知，甚至驾驭个体行为。已有研究表明，情绪表达是触发口碑行为的重要动机，而口碑行为又是情绪管理的一种重要方式（Berger，2014；Hsu，2008）。消费者在使用产品或感受服务时获得愉悦心情后会产生与他人分享的意愿（Dichter，1966），而释放情绪是消费者发布负面口碑的动机之一（Sundaram，1998）。因此，消费者的情感因素是引发口碑传播动机的重要方面（Rosen，2000；Henning，2004；Thorsten，2004；Wetzer，2007）。例如，Ladhari（2010）发现愉悦和兴奋的情绪能够对口碑行为产生显著影响。Krishen（2020）认为期待情绪会导致正面的口碑。

进入移动互联网时代后，通过移动设备以自媒体的形式发布口碑信息变得更加容易和快捷，从而使得网络口碑越发表现为某种情绪触发下的冲动行为。例如，Westbrook（1989）最早将口碑与情绪的关系引入消费者行为研究，认为无论是积极情绪还是消极情绪都与用户口碑传播意愿直接相关。Kang等（2020）测试了广播广告中讲故事对参与者积极情绪反应和分享产品信息意图的影响，研究发现只要能刺激用户产生有利的情绪反应，其口碑分享传播意愿也就更强烈。Ladhari（2007）发现愉悦和兴奋的情绪能够对口碑行为产生显著影响。Krishen（2020）认为期待情绪会导致正面的口碑。李研等（2018）对社交网络情境下消费者生成口碑影响因素的研究发现，积极情绪和积极自我意识情绪均会引发口碑行为。

在使用移动学习平台的过程中，学习者会受内外部环境的刺激而产生学业情绪，或是因为移动学习平台所展示出的效果超出了预期而感到兴奋，或是因平台功能不能满足需求而感到不满，体现出高唤醒积极或消极的学业情绪。其中，高唤起积极的学业情绪能够提升学习者的自我效能，增强学习者之间的协作意愿（刘君玲等，2019）。本研究认为：当学习者在使用移动学习平台的过程中收获积极学业情绪时，会出于分享、赞赏等动机提高其正面评价移动学习平台的意愿。据此，提出假设7。

H7：学习者在使用移动学习平台过程中的学业情绪正向影响其口碑传播意愿。

8 学业情绪对满意度的影响

已有研究发现，情绪会对满意度起到影响作用。Westbrook（1987）

认为满意度会受到情感因素的影响，消费者的正面情绪会正向影响满意度，反之，负面情绪则会对满意度产生负向影响。Oliver（1993）则指出，情绪不仅能够独自影响满意度，而且还能够成为其他属性对满意度产生影响的中介变量。进一步研究发现，在不同情境下均存在情绪对满意度的影响关系。例如，杜建刚（2007）发现，在服务补救情境中，情绪对消费者满意度具有显著影响。而在网络学习情境下，龚少英（2016）等证实了学业情绪会对学习者的网络学习满意度产生显著影响，其中愉快、自豪等积极学业情绪与网络学习满意度呈正相关关系，而厌倦、沮丧等消极学业情绪则与网络学习满意度呈负相关关系。

本研究认为：在学习者使用移动学习平台的过程中，积极的学业情绪将会提高其满意度。据此，提出假设8。

H8：学习者在使用移动学习平台过程中的学业情绪正向影响其满意度。

9　满意度对口碑传播意愿的影响

消费者满意是促进口碑的关键前因变量，当消费者对产品或服务感到满意时，会出于帮助他人或提升自我等动机而进行口碑行为。已有研究表明，满意度对口碑意愿变化的解释度高达30%以上。例如，Casalo（2008）针对在线银行交易、Ranaweera（2003）针对电话用户的研究均表明，满意度是促进正面口碑行为的主要影响因素。郭恺强（2014）针对在线声誉系统的研究同样发现，消费者购物体验的满意度是促使其发表正面在线评论的主要因素。而在教育领域，Mao（2010）对高校学生正面口碑传播意愿进行了研究，结果发现学生感知高校服务质量的满意度对其口碑传播意愿有显著正向影响。

在移动学习情境中，当学习者对平台功能和配套管理服务感到满意时，有可能会产生释放情绪、帮助他人、给予赞赏等意愿，从而在讨论区中发布积极的正面评论。据此，提出假设9。

H9：学习者对移动学习平台的满意度正向影响其口碑传播意愿。

10 研究二的假设汇总及概念模型

研究二提出了基于“学业情绪—满意度”视角的实证研究模型，主要探讨3方面的内容：一是学习者对移动学习平台的感知价值和感知风险与学业情绪和满意度之间的关系，主要分析移动学习情境下各项刺激因素对有机体的直接作用；二是检验学业情绪和满意度在刺激因素和口碑传播意愿之间是否起到了中介作用，主要分析移动学习情境下各项刺激因素发挥作用的具体机制；三是学业情绪和满意度之间的链式中介效应检验，将进一步深化中介机制发生作用的条件。相关假设汇总见表4–1。

表4–1 基于“学业情绪—满意度”视角的移动学习平台WOM影响因素研究

假设	内容
H1	学习者感知移动学习情境价值正向影响其学业情绪
H2	学习者感知移动学习情境价值正向影响其满意度
H3	学习者感知移动学习平台 / 资源价值正向影响其学业情绪
H4	学习者感知移动学习平台 / 资源价值正向影响其满意度
H5	学习者对移动学习平台的感知风险负向影响其学业情绪

续表

假设	内容
H6	学习者对移动学习平台的感知风险负向影响其满意度
H7	学习者在使用移动学习平台过程中的学业情绪正向影响其口碑传播意愿
H8	学习者在使用移动学习平台过程中的学业情绪正向影响其满意度
H9	学习者对移动学习平台的满意度正向影响其口碑传播意愿

研究二的实证研究模型见图4-1所示。

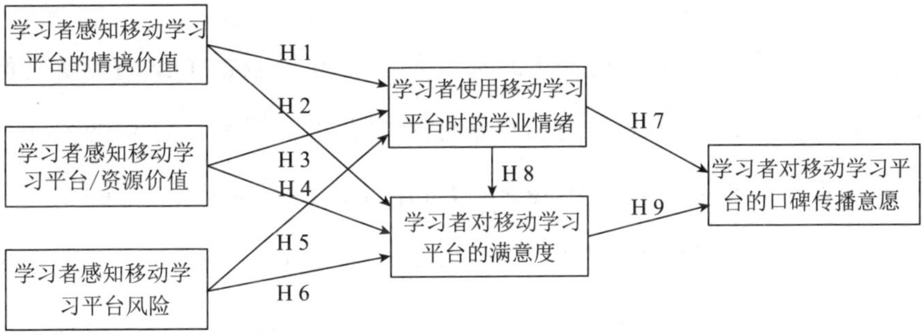

图 4-1　基于“学业情绪—满意度”视角的移动学习平台 WOM 影响因素实证研究模型

从表4-1和图4-1中不难发现：研究二所提出的有中介效应的模型能够检验移动学习情境下刺激因素和口碑传播意愿之间的关系，以反映外部刺激因素是通过何种方式影响学习者的口碑传播意愿，并且这种影响关系在怎样的条件下会变强或变弱。在过去的研究中，鲜有基于移动学习情境，且以学业情绪和满意度为中介条件对口碑传播意愿进行分析。因此，期望本研究能够进一步丰富口碑传播意愿的理论研究，并为相关教育技术企业提供有益借鉴。

第三节　变量测量问卷的设计

变量测量是实证研究工作的重要环节，变量测量工作的质量对研究结论的水平，以及真实性、有效性等均有重要影响。针对变量测量量表的开发，Nunnally（1978）、Churchill（1979）和Venkatraman（1986）等归纳并总结出3个方面的要求：一是对每个变量都要采取多指标测量的方式，测量指标应避免重复且具有较高的概括性，以保证量表具有较高的效度和信度；二是变量的各项指标测量结果应该相近，即测量指标间应具有较高的内部关联性；三是测量指标与变量在内涵上须保持一致。因此，为保证变量测量工作的科学性和有效性，本研究一方面借鉴了现有国内外相似研究中经过实证检验的成熟观测变量，另一方面则兼顾实际情况，将共性因素最大限度地情境化，使之能够符合移动学习的特点。为保证测量结果的信度和效度，对于每个测量变量均设置了3个以上的问项。

本研究调查问卷的设计经历了3个阶段：第一阶段，在借鉴相关参考文献成熟量表的基础上，根据移动学习的特点和本研究的需要完成问卷初稿的编制；第二阶段，将问卷初稿交相关专家学者以及部分移动学习者进行分析和评估，修改其中不易理解或与提问意图有偏差的问项；第三阶段，进行小范围的预测试，针对预测试信度和效度检验的结果再次进行调整，并最终形成正式调查问卷。

1　学习者感知移动学习情境价值的量表编制

移动学习情境是教育技术企业为开展移动教学而营造的虚拟校园情境，包含了能对学习者心理产生认知影响的各种因素。经前文分析，本研究认为：移动学习的情境价值由“管理质量”、“服务质量”和“情感交流质量”等3方面构成。因此，着重参考了钱晓群（2008）、薛伟（2009）、Keegan（1996）、冉金亭（2018）等学者关于移动学习平台服务质量的测量量表，对感知移动学习情境价值设置了7个问项，见表4-2。

表4-2　感知移动学习情境价值的量表

编号	测量问题	参考文献
QJ1	学校为开展移动学习提供了良好的服务	冉金亭(2018) Desmond Keegan（1996） 钱晓群(2008) 薛伟（2009）
QJ2	学校为开展移动学习制定了清晰的政策	
QJ3	在遇到学习问题时，我能够得到学校及时的帮助	
QJ4	在遇到技术问题时，我能够得到学校及时的帮助	
QJ5	我在使用移动学习平台的过程中能够方便地与老师交流	
QJ6	我在使用移动学习平台的过程中能够方便地与同学交流	
QJ7	我所在的群体里有良好的交流氛围	

2 学习者感知移动学习平台/资源价值的量表编制

移动学习平台的作用是满足学习者掌握知识的需求，其价值体现包括技术层面和内容层面。其中技术层面为移动学习平台自身的属性，而内容层面则指平台承载的课件学习资源的属性，二者共同组成了学习者对移动学习系统价值的感知。通过前文分析，感知移动学习平台/资源价值可综合归纳为“有用性”“易用性”“趣味性”“适用性”等方面的因素。因此，本研究参考了孙晓丽（2011）、黄耕（2016）等学者关于移动学习采纳研究的测量量表，对感知平台/资源价值设置了12个问项，见表4-3。

表4-3 感知移动学习平台/资源价值的量表

编号	测量问题	参考文献
PT1	使用移动学习可以提高我的学习效率	黄耕（2016） 孙晓丽（2011）
PT2	使用移动学习可以提高我的学习成绩	
PT3	移动学习能够为我提供丰富且有价值的学习资源	
PT4	移动学习的功能界面友好，操作简单易学	
PT5	移动学习的课件资源结构清晰，使用方便简单	
PT6	在使用移动学习时，我能够很容易找到所需要的功能和资源	
PT7	使用移动学习的方法很容易学习	
PT8	使用移动学习是一件有趣的事	
PT9	移动学习平台所提供的交互功能让我感到有趣	
PT10	课件资源的形式和内容让我感到生动有趣	
PT11	移动学习平台对我的专业很适合	
PT12	移动学习平台对我的课程很适合	

3 学习者感知风险的量表编制

感知风险是指学习者对采用移动学习平台可能产生不良后果的顾虑。通过前文分析，学习者对移动学习平台的感知风险可主要由"功能风险""身体风险""隐私风险""财务风险"等4方面的因素组成。本研究参考了Hassan（2006）、黄耕（2016）、杨华（2019）等关于感知风险研究的测量量表，设置了9个问项，见表4-4。

表4-4 学习者感知风险的量表

编号	测量问题	参考文献
FX1	我担心移动学习不能满足学习的需要	Hassan（2006） 黄　耕（2016） Klemperer(1995) Salam（1998） 杨华（2019）
FX2	我担心移动学习的课件资源不能正常使用	
FX3	我担心移动学习功能不稳定而影响学习	
FX4	我担心使用移动学习会影响我与家人交流的时间	
FX5	我担心使用移动学习会影响我与同学的交流	
FX6	我担心使用移动学习会影响身体健康	
FX7	我担心使用移动学习需要额外购置设备	
FX8	我担心使用移动学习会产生额外的流量费用	
FX9	我担心使用移动学习会泄露自己的隐私	

4 学习者学业情绪的量表编制

学业情绪是指学习者在使用移动学习平台过程中产生的"享受""自豪""焦虑""羞愧""失望"等积极或消极情绪。关于学业情绪的测量，本研究借鉴了Pekrun（2011）等人编制的学业情绪调查问卷（Achievement Emotion Questionnaire，AEQ），并参考了詹艺（2016）等学者的研究结果，共提出了关于学业情绪的7个问项，见表4-5。

表4-5 学习者学业情绪的量表

编号	测量问题	参考文献
QX1	使用移动学习让我感到很快乐	Pekru（2011） 詹艺（2016）
QX2	我期待能用移动学习完成课程的学习	
QX3	使用移动学习很有趣，因此我愿意使用它来完成学习	
QX4	我使用移动学习没有遇到太大困难，增加了我继续学习的动力	
QX5	我对自己使用移动学习的表现感到满意	
QX6	我能够克服使用移动学习的困难，为此我感到自豪	
QX7	当我使用移动学习获得老师或其他同学的认可时，我感到自豪	

5 学习者满意度的量表编制

在本研究中，满意度是指学习者对移动学习平台整体功能或某一方面的评价。关于满意度的测量，本研究借鉴了D&M信息系统成功模型(DeLone and McLean Model of IS Success)中关于用户满意的相关问项并参考了潘澜（2017）、Xu（2018）和Todd（2005）等的研究成果，共提出了针对学习者满意度的5个问项，见表4-6。

表4–6　学习者满意度的量表

编号	测量问题	参考文献
MY1	我对移动学习平台的使用经历感到满意	McDougall & Levesque(2000), 潘澜（2017） Xu（2018） Todd（2005）
MY2	我对移动学习平台的功能感到满意	
MY3	我对移动学习平台承载的教学资源感到满意	
MY4	我对移动学习平台的服务感到满意	
MY5	我对移动学习平台整体感到满意	

6　学习者口碑传播意愿的量表编制

口碑传播意愿是指学习者是否愿意通过分享经验、提出建议、向他人推荐等多种形式传递关于移动学习各方面的信息。本研究参考了蒋玉石（2007）、武传表（2013）等学者关于口碑传播意愿研究的测量量表，共提出了针对学习者口碑传播意愿的6个问项，见表4–7。

表4–7　学习者口碑传播意愿的量表

编号	测量问题	参考文献
KB1	我会向同学推荐使用移动学习平台	蒋玉石(2007) 武传表(2013)
KB2	我会向同学分享使用移动学习平台的体验	
KB3	我会在学习讨论区中对移动学习平台做出评价	
KB4	我会在学习讨论区中对移动学习平台提出改进建议	
KB5	我会在学习讨论区中对移动学习平台的管理和服务做出评价	
KB6	我会在学习讨论区中对移动学习平台的管理和服务提出建议	

第四节　小样本预测试

预测试的目的是检查测量问卷是否能够准确收集需要调研问题的信息，所用量表是否具有可接受的信度和效度。通过预测试，可以发现对分析无贡献或贡献较小的题项，从而对问卷进行精简，以进一步优化量表的问项和构成。本研究在开始正式调研前实施了问卷预测试，并根据分析结果对问卷进行了修改。

1　样本选取与数据采集

研究二于2020年3月对问卷进行了小范围前测。预测试对象是西南交通大学学生中具有移动学习平台使用经验的群体。问卷采用网络采集信息的形式，当满足条件的学生登录该校移动学习平台时，会弹出填写问卷的界面。参加问卷调查学生的个人信息，如年龄、性别、专业、层次等，由教务系统自动匹配形成。为了提高学生的认真程度，本研究还委托了部分班主任向测试对象进行说明，以打消他们的顾虑，使之能够根据真实感受填写问卷。

前测时间为2020年3月16日至3月31日，共收集到问卷943份，去掉填写不完整或所有选项均是同一值的不合格问卷，共得到可供预测试分析的问卷791份。各问项的描述性统计见表4-8。

表4-8 测量问项的描述性统计

题项	N	最小值	最大值	均值	标准偏差
学校为开展移动学习提供了良好的服务	791	1	5	4.31	0.914
学校为开展移动学习制定了清晰的政策	791	1	5	4.26	0.915
在遇到学习问题时，我能够得到学校及时的帮助	791	1	5	4.07	1.128
在遇到技术问题时，我能够得到学校及时的帮助	791	1	5	4.27	0.725
我在使用移动学习的过程中能够方便地与老师交流	791	1	5	4.26	0.774
我在使用移动学习的过程中能够方便地与同学交流	791	1	5	4.24	0.769
我所在的群体里有良好的交流氛围	791	1	5	4.26	0.775
使用移动学习可以提高我的学习效率	791	1	5	4.34	0.840
使用移动学习可以提高我的学习成绩	791	1	5	4.24	0.746
移动学习能够为我提供丰富且有价值的学习资源	791	1	5	4.30	0.742
移动学习的功能界面友好，操作简单易学	791	1	5	4.33	0.661
移动学习的课件资源结构清晰，使用方便简单	791	1	5	4.36	0.630
在使用移动学习时，我能够很容易找到所需要的功能和资源	791	1	5	4.24	0.754

续表

题项	N	最小值	最大值	均值	标准偏差
使用移动学习的方法很容易学习	791	1	5	4.24	0.713
使用移动学习是一件有趣的事	791	1	5	4.27	0.685
移动学习所提供的交互功能让我感到有趣	791	1	5	4.25	0.725
课件资源的形式和内容让我感到生动有趣	791	1	5	4.21	0.835
移动学习对我的专业很适合	791	1	5	4.25	0.767
移动学习对我的课程很适合	791	1	5	4.23	0.775
我担心移动学习不能满足学习的需要	791	1	5	3.06	1.267
我担心移动学习的课件资源不能正常使用	791	1	5	2.99	1.229
我担心移动学习功能不稳定而影响学习	791	1	5	2.96	1.264
我担心使用移动学习会影响我与家人交流的时间	791	1	5	2.79	1.293
我担心使用移动学习会影响我与同学的交流	791	1	5	2.80	1.318
我担心使用移动学习会影响身体健康	791	1	5	2.57	1.296
我担心使用移动学习需要额外购置设备	791	1	5	2.80	1.263
我担心使用移动学习会产生额外的流量费用	791	1	5	2.93	1.263
我担心使用移动学习会泄露自己的隐私	791	1	5	3.01	1.271
使用移动学习让我感到很快乐	791	1	5	4.03	0.892
我期待能用移动学习完成课程的学习	791	1	5	4.18	0.804
使用移动学习很有趣，因此我愿意使用它来完成学习	791	1	5	4.16	0.822
我使用移动学习没有遇到太大困难，增加了我继续学习的动力	791	1	5	4.08	0.900
我对自己使用移动学习的表现感到满意	791	1	5	4.08	0.799
我能够克服使用移动学习的困难，为此我感到自豪	791	1	5	4.06	0.786

续表

题项	N	最小值	最大值	均值	标准偏差
当我使用移动学习获得老师或其他同学的认可时，我感到自豪	791	1	5	4.17	0.69
我对移动学习平台的使用经历感到满意	791	1	5	4.01	0.896
我对移动学习平台的功能感到满意	791	1	5	3.99	0.896
我对移动学习平台承载的教学资源感到满意	791	1	5	4.02	0.878
我对移动学习平台的服务感到满意	791	1	5	4.00	0.946
我对移动学习平台整体感到满意	791	1	5	3.94	0.951
我会向同学推荐使用移动学习	791	1	5	4.15	0.779
我会向同学分享使用移动学习的体验	791	1	5	4.07	0.773
我会在学习讨论区中对移动学习做出评价	791	1	5	3.94	0.793
我会在学习讨论区中对移动学习提出改进建议	791	1	5	3.98	0.728
我会在学习讨论区中对移动学习的管理和服务做出评价	791	1	5	4.02	0.767
我会在学习讨论区中对移动学习的管理和服务提出建议	791	1	5	3.99	0.866

2　前测数据的信度分析

信度（Reliability）在测量理论中的定义为：一次测验分数的真变异数与总变异数之比。信度体现了调查结果的一致性和稳定性，是量表的必要指标，信度越高表明其标准误差越小。信度包括外部信度和内部信度两类。外部信度指同一受测者在不同时间测量时，量表一致性的程度，体现了量表的稳定性。内部信度则体现了相应概念对应量表中各个题项的内部一致性的程度，即各个题项是否测量了同一个概念。

本研究采用了横截面数据进行研究，不适于进行外部信度的检测，故将采用内部信度检测的方式对量表一致性进行验证。内部信度通常采用Cronbach's α系数检验，计算公式如下：

$$\alpha=\frac{n}{n-1}\left(1-\frac{\sum S_i^2}{S_r^2}\right)$$ 公式（4-1）

根据DeVellis（1991）和吴明隆（2003）的观点，当Cronbach's α>0.7时较为理想；而当Cronbach's α≤0.5时，则不可接受，需要考虑修改量表。常用Cronbach's α系统的信度标准见表4-9。

表4-9 常用Cronbach's α系数信度标准

Cronbach's α 值	标准
Cronbach's α ≤ 0.3	不可接受
0.3 < Cronbach's α ≤ 0.4	勉强可以接受
0.4 < Cronbach's α ≤ 0.5	稍微可以授受
0.5 < Cronbach's α ≤ 0.7	可授受
0.7 < Cronbach's α ≤ 0.9	比较好
Cronbach's α > 0.9	非常好

本研究的初始问卷共46个问项，经SPSS 26.0 软件对预测试数据进行分析，整体量表的Cronbach's α为0.939，说明量表内部的一致性非常好，即量表非常可信。各个测量变量对应的Cronbach's α值也均在0.8之上，说明各变量对应的测量题项也具有较好的内部一致性，见表4-10。

表4-10　测量问项的Cronbach's α系数

编号	题项	修正后的项与总计相关性（CITC）	平方多重相关性（SMC）	删除项后的克隆巴赫Alpha	Cronbach's α
QJ 1	学校为开展移动学习提供了良好的服务	0.526	0.694	0.775	0.800
QJ 2	学校为开展移动学习制定了清晰的政策	0.579	0.707	0.765	
QJ 3	在遇到学习问题时，我能够得到学校及时的帮助	0.324	0.126	0.828	
QJ 4	在遇到技术问题时，我能够得到学校及时的帮助	0.557	0.349	0.772	
QJ 5	我在使用移动学习的过程中能够方便地与老师交流	0.622	0.521	0.760	
QJ 6	我在使用移动学习的过程中能够方便地与同学交流	0.639	0.642	0.757	
QJ 7	我所在的群体里有良好的交流氛围	0.609	0.535	0.762	
PT 1	使用移动学习可以提高我的学习效率	0.553	0.355	0.932	0.931
PT 2	使用移动学习可以提高我的学习成绩	0.697	0.588	0.926	
PT 3	移动学习能够为我提供丰富且有价值的学习资源	0.710	0.616	0.925	
PT 4	移动学习的功能界面友好，操作简单易学	0.668	0.509	0.927	
PT 5	移动学习的课件资源结构清晰，使用方便简单	0.696	0.563	0.926	

续表

编号	题项	修正后的项与总计相关性（CITC）	平方多重相关性（SMC）	删除项后的克隆巴赫 Alpha	Cronbach's α
PT 6	在使用移动学习时，我能够很容易找到所需要的功能和资源	0.747	0.664	0.924	0.931
PT 7	使用移动学习的方法很容易学习	0.803	0.732	0.922	
PT 8	使用移动学习是一件有趣的事	0.685	0.537	0.926	
PT 9	移动学习所提供的交互功能让我感到有趣	0.712	0.546	0.925	
PT 10	课件资源的形式和内容让我感到生动有趣	0.759	0.660	0.923	
PT 11	移动学习对我的专业很适合	0.740	0.689	0.924	
PT 12	移动学习对我的课程很适合	0.682	0.626	0.926	
QX 1	使用移动学习让我感到很快乐	0.718	0.553	0.873	0.892
QX 2	我期待能用移动学习完成课程的学习	0.697	0.548	0.875	
QX 3	使用移动学习很有趣，因此我愿意使用它来完成学习	0.743	0.616	0.870	
QX 4	我使用移动学习没有遇到太大困难，增加了我继续学习的动力	0.646	0.422	0.882	
QX 5	我对自己使用移动学习的表现感到满意	0.709	0.594	0.874	
QX 6	我能够克服使用移动学习的困难，为此我感到自豪	0.718	0.608	0.873	
QX 7	当我使用移动学习获得老师或其他同学的认可时，我感到自豪	0.605	0.409	0.886	

续表

编号	题项	修正后的项与总计相关性（CITC）	平方多重相关性（SMC）	删除项后的克隆巴赫Alpha	Cronbach's α
MY1	我对移动学习平台的使用经历感到满意	0.854	0.745	0.927	0.942
MY2	我对移动学习平台的功能感到满意	0.872	0.782	0.924	
MY3	我对移动学习平台承载的教学资源感到满意	0.883	0.784	0.922	
MY4	我对移动学习平台的服务感到满意	0.820	0.674	0.933	
MY5	我对移动学习平台整体感到满意	0.795	0.638	0.938	
FX 1	我担心移动学习平台不能满足学习的需要	0.774	0.633	0.956	0.958
FX 2	我担心移动学习平台的课件资源不能正常使用	0.850	0.799	0.952	
FX 3	我担心移动学习平台功能不稳定而影响学习	0.838	0.776	0.953	
FX 4	我担心使用移动学习平台会影响我与家人交流的时间	0.846	0.767	0.952	
FX 5	我担心使用移动学习平台会影响我与同学的交流	0.802	0.702	0.954	
FX 6	我担心使用移动学习平台会影响身体健康	0.854	0.772	0.952	
FX 7	我担心使用移动学习平台需要额外购置设备	0.842	0.754	0.952	
FX 8	我担心使用移动学习平台会产生额外的流量费用	0.838	0.729	0.953	
FX 9	我担心使用移动学习平台会泄露自己的隐私	0.802	0.669	0.954	

续表

编号	题项	修正后的项与总计相关性（CITC）	平方多重相关性（SMC）	删除项后的克隆巴赫Alpha	Cronbach's α
KB 1	我会向同学推荐使用移动学习	0.566	0.338	0.858	0.865
KB 2	我会向同学分享使用移动学习的体验	0.623	0.469	0.848	
KB 3	我会在学习讨论区中对移动学习做出评价	0.778	0.640	0.820	
KB 4	我会在学习讨论区中对移动学习提出改进建议	0.707	0.543	0.835	
KB 5	我会在学习讨论区中对移动学习的管理和服务做出评价	0.635	0.462	0.846	
KB 6	我会在学习讨论区中对移动学习的管理和服务提出建议	0.661	0.444	0.843	

从表4-10可发现，QJ 3题项修正后的项与总计相关性（CITC）值小于0.5。另外，QJ 4和PT 1两个题项的平方多重相关性（SMC）值小于0.4，均应予以删除。

3 前测数据的效度分析

效度（Validity）在测量理论中的定义为：在一系列测量中，与测量目的相关的真变异数和总变异数的比。效度反映了测量方法的有效程度或正确性，即一项检验可以测量出被测事物特性的程度。对问卷进行效度检验是实证研究的基本前提，对最终研究结果的准确性和有效性有重要影响。本研究将从内容效度（Content Validity）和结构效度（Construct Validity）两方面进行检验。

（1）内容效度检验

内容效度又称为逻辑效度，常用的验证方法包括专家判断法、复本法、再测法、经验法等。

本研究在制订问卷题项时经历了4个过程：1）对现有移动学习平台中的真实留言进行质性分析，初步挖掘出影响口碑行为的相关因素；2）整合运用相关理论，为模型提供理论支撑；3）参考了国内外学者相关研究的成熟量表；4）在量表设计过程中综合了有关专家和学者的意见。

在分析中发现：1）QX1与后续测量题项的内涵有较大区别，应予以删除。2）FX4与FX5，FX7与FX8在内涵上比较接近，应考虑合并。故将FX4的内容修改为：我担心使用移动学习平台会影响我与他人交流的时间。将FX7的内容修改为：我担心使用移动学习平台需要购置设备或使用流量而产生额外费用。同时，删除FX5 和FX8。经修改后，调查问卷的内容效度得到了有效提升。

（2）结构效度检验

结构效度反映了实验与理论的一致性，因此又被称为构想效度。本研究运用探索性因子分析方法（EFA）进行结构效度检验，通过KMO检验和Bartlett球形检验判断测量题项的结构效度。KMO值越大越适合进行因子分析，通常认为KMO值≥0.6是进行因子分析的必要条件。Bartlett球形检验用于测量变量之间的相关性，判断标准为Sig.值≤0.01。

• 感知移动学习情境价值对应题项的结构效度

将测量感知情境价值变量对应的保留题项导入SPSS 26.0进行因子分析，采用主成分方法，以特征根值大于1为标准提取公因子。经SPSS 26.0运算并通过因子旋转后的成分矩阵发现，QJ 1和QJ 2与感知情境价值的其他题项没有对应在同一个因子下，应予以删除。再次进行因子分析后，KMO=0.684>0.6，感知移动学习情境价值对应题项均能对应到同一因子下，且载荷均大于0.5，满足结构效度检验的要求。感知移动学习情境价值对应题项的结构效度检验结果见表4-11。

表4-11　感知移动学习情境价值题项的结构效度

编号	题项内容	成分	KMO 值	累计方差解释率
QJ5	我在使用移动学习平台的过程中能够方便地与老师交流	0.841	0.684	76.28%
QJ6	我在使用移动学习平台的过程中能够方便地与同学交流	0.919		
QJ7	我所在的群体里有良好的交流氛围	0.859		

• 感知平台/资源价值对应题项的结构效度

对感知平台/资源价值变量对应的题项进行因子分析，删除了没有对应在同一因子下的PT10、PT11、PT12这3个题项。再次进行因子分析后得到KMO=0.910>0.6，所有题项均能对应到同一个因子下，且载荷均大于0.5，满足结构效度检验的要求。感知平台/资源价值对应题项的结构效度检验结果见表4-12。

表4-12　感知平台/资源价值题项的结构效度

编号	题项内容	成分	KMO值	累计方差解释率
PT2	使用移动学习平台可以提高我的学习成绩	0.781	0.910	63.19%
PT3	移动学习平台能够为我提供丰富且有价值的学习资源	0.800		
PT4	移动学习平台的功能界面友好，操作简单易学	0.768		
PT5	移动学习平台的课件资源结构清晰，使用方便简单	0.790		
PT6	在使用移动学习平台时，我能够很容易找到所需要的功能和资源	0.827		
PT7	使用移动学习平台的方法很容易学习	0.874		
PT8	使用移动学习平台是一件有趣的事	0.769		
PT9	移动学习平台所提供的交互功能让我感到有趣	0.743		

• 感知风险对应题项的结构效度

对感知风险变量的保留题项进行探索性因子分析，得到KMO值=0.916>0.6，全部题项均能对应在同一因子下，且载荷均大于0.5，满足结构效度检验的要求。感知风险对应题项结构效度的检验结果见表4-13。

表4-13　感知风险题项的结构效度

编号	题项内容	成分	KMO 值	累计方差解释率
FX1	我担心移动学习平台不能满足学习的需要	0.830		
FX2	我担心移动学习平台的课件资源不能正常使用	0.901		
FX3	我担心移动学习平台功能不稳定而影响学习	0.892		
FX4	我担心使用移动学习平台会影响我与他人交流的时间	0.872	0.916	76.12%
FX6	我担心使用移动学习平台会影响身体健康	0.886		
FX7	我担心使用移动学习平台需要购置设备或使用流量而产生额外费用	0.880		
FX9	我担心使用移动学习平台会泄露自己的隐私	0.843		

• 学业情绪对应题项的结构效度

对学业情绪变量的保留题项进行因子分析，QX6在两个因子上的载荷均大于0.5，出现了横跨因子的现象，应予以删除。再次进行因子分析后得到KMO值=0.828>0.6，且载荷均大于0.5，满足结构效度检验的要求。学业情绪对应题项结构效度的检验结果见表4-14。

表4-14　学业情绪题项的结构效度

编号	题项内容	成分	KMO值	累计方差解释率
QX2	我期待能用移动学习平台完成课程的学习	0.812	0.828	61.58%
QX3	使用移动学习平台很有趣，因此我愿意使用它来完成学习	0.839		
QX4	我使用移动学习平台没有遇到太大困难，增加了我继续学习的动力	0.766		
QX5	我对自己使用移动学习平台的表现感到满意	0.795		
QX7	当我使用移动学习平台获得老师或其他同学的认可时，我感到自豪	0.706		

• 满意度对应题项的结构效度

对满意度变量对应的题项进行因子分析，KMO值=0.906>0.6，所有题项均能对应到同一个因子下，且载荷均大于0.5，满足结构效度检验的要求。满意度对应题项结构效度的检验结果见表4-15。

表4-15　学业情绪题项的结构效度

编号	题项内容	成分	KMO值	累计方差解释率
MY1	我对移动学习平台的使用经历感到满意	0.910	0.906	81.48%
MY2	我对移动学习平台的功能感到满意	0.922		
MY3	我对移动学习平台承载的教学资源感到满意	0.928		
MY4	我对移动学习平台的服务感到满意	0.885		
MY5	我对移动学习平台整体感到满意	0.866		

• 口碑传播意愿对应题项的结构效度

对口碑传播意愿变量的保留题项进行因子分析，所有题项均能对应到同一个因子下，但KB 1没有载荷大于0.5的因子，应予以删除。再次进行因子分析后，KMO值=0.839>0.6，所有题项均对应在同一因子下，且载荷均大于0.5，满足结构效度检验的要求。口碑传播意愿对应题项结构效度的检验结果见表4-16。

表4-16　口碑传播意愿题项的结构效度

编号	题项内容	成分	KMO 值	累计方差解释率
KB2	我会向同学分享使用移动学习平台的体验	0.733	0.839	64.31%
KB3	我会在学习讨论区中对移动学习平台做出评价	0.883		
KB4	我会在学习讨论区中对移动学习平台提出改进建议	0.834		
KB5	我会在学习讨论区中对移动学习的管理和服务做出评价	0.775		
KB6	我会在学习讨论区中对移动学习的管理和服务提出建议	0.833		

4　正式测量问卷

经过预测试数据的信度和效度检验，经分析累计删除了13个不合适的题项，最终得到针对6个变量的33个题项，且每个变量的测量问项均不少于3个，符合Nunnally（1975）提出的测量规范。问卷的题项能够反映研究内容，具有较好的信度和效度，可以进行正式调查。基于“学业情绪—

满意度”视角的移动学习平台口碑传播意愿测量问卷见表4–17。

表4–17　基于“学业情绪—满意度”视角的正式测量问卷

变量	编号	题项
感知移动学习情境价值（共 3 个题项）	QJ 5	我在使用移动学习平台的过程中能够方便地与老师交流
	QJ 6	我在使用移动学习平台的过程中能够方便地与同学交流
	QJ 7	我所在的群体里有良好的交流氛围
感知移动学习平台资源价值（共 8 个题项）	PT 2	使用移动学习平台可以提高我的学习成绩
	PT 3	移动学习平台能够为我提供丰富且有价值的学习资源
	PT 4	移动学习平台的功能界面友好，操作简单易学
	PT 5	移动学习平台的课件资源结构清晰，使用方便简单
	PT 6	在使用移动学习平台时，我能够很容易找到所需要的功能和资源
	PT 7	使用移动学习平台的方法很容易学习
	PT 8	使用移动学习平台是一件有趣的事
	PT 9	移动学习平台所提供的交互功能让我感到有趣
学习者感知风险（共 7 个题项）	FX 1	我担心移动学习平台不能满足学习的需要
	FX 2	我担心移动学习平台的课件资源不能正常使用
	FX 3	我担心移动学习平台功能不稳定而影响学习
	FX 4	我担心使用移动学习平台会影响我与他人交流的时间
	FX 6	我担心使用移动学习平台会影响身体健康
	FX 7	我担心使用移动学习平台需要购置设备或使用流量而产生额外费用
	FX 9	我担心使用移动学习平台会泄露自己的隐私
学习者学业情绪（共 5 个题项）	QX 2	我期待能用移动学习平台完成课程的学习
	QX 3	使用移动学习平台很有趣，因此我愿意使用它来完成学习
	QX 4	我使用移动学习平台没有遇到太大困难，增加了我继续学习的动力

续表

变量	编号	题项
	QX 5	我对自己使用移动学习平台的表现感到满意
	QX 7	当我使用移动学习平台获得老师或其他同学的认可时，我感到自豪
学习者满意度（共 5 个题项）	MY 1	我对移动学习平台的使用经历感到满意
	MY 2	我对移动学习平台的功能感到满意
	MY 3	我对移动学习平台承载的教学资源感到满意
	MY 4	我对移动学习平台的服务感到满意
	MY 5	我对移动学习平台整体感到满意
学习者口碑传播意愿（共 5 个题项）	KB 2	我会向同学分享使用移动学习平台的体验
	KB 3	我会在学习讨论区中对移动学习平台做出评价
	KB 4	我会在学习讨论区中对移动学习平台提出改进建议
	KB 5	我会在学习讨论区中对移动学习的管理和服务做出评价
	KB 6	我会在学习讨论区中对移动学习的管理和服务提出建议

第五节　数据获取与质量评估

1　正式问卷的样本数据获取

本研究关注的内容是学习者对移动学习平台的口碑传播意愿。因此，研究样本的调查对象必须具有使用移动学习平台的经验。为能较为精准地邀请符合条件的对象参加调查，研究二借助了青书学堂、中国大学MOOC、腾讯课堂、网易云课堂、钉钉、超星学习通、雨课堂等移动学习平台，以及部分高校远程教育部门的协助，从后台数据库中自动过滤出有过使用移动学习平台记录的学习者，并通过相应移动学习平台发布了调查问卷。

研究二采用结构方程模型（SEM）作为主要分析工具。关于运用结构方程所需样本容量，学者们有过较多论述。Hair（1998）认为，当采用最大似然估计法估算参数时，样本容量应不少于100，否则将因样本容量不够而导致不收敛。Gebing和Anderson（1998）认为，运用结构方程的样本数量不应低于150。Gorsuch（1983）则提出，样本容量的大小与测量题项的数量有关，最低要求为样本容量不应低于测量题项数量的5倍，而10倍以上则具有更好的效果。研究二对应的问卷调查保留了33个题项，根据先前学者们的论述，有效样本容量应不低于330，且在条件许可的范围内尽可能收集更多的反馈数据。

研究二的正式调查时间为2020年5月1日至5月30日，为期30天。问卷的题项包括感知移动学习情境价值、感知平台/资源价值、感知风险、满意度、学业情绪和口碑传播意愿。通过上述教育技术企业和部分高校的移动学习平台，采用线上收集的方式进行。当学习者登录相应移动学习平台时，会弹出填写问卷的界面。参加问卷调查学习者的个人信息，如年龄、性别、专业、层次等，则通过系统后台的用户信息数据库自动匹配形成。为了提高学习者的认真程度，本研究还委托了部分客服和班主任向测试对象进行说明，以打消他们的顾虑，使之能够根据真实感受填写问卷。调查共回收问卷2940份，除去答题不完整及全部选择同一选项的不合格问卷，共得到有效问卷2262份，有效率为76.94%。在有效问卷中，男生1752人，占比77.45%，女生510人，占比22.55%；专科及以下层次学生523人，占比23.12%，本科及以上层次学生1739人，占比76.88%。样本容量符合本研究的要求，样本数据的基本情况见表4-18。

表4-18 数据的基本情况（N=2262）

特征	项目	数量	占比(%)	特征	项目	数量	占比(%)
性别	男	1752	77.45%	移动学习时间	1年	639	28.25%
	女	510	22.55%		2年	1090	48.19%
年龄	20岁以下	4	0.18%		2年以上	533	23.56%
	20～29岁	1212	53.58%	移动学习品牌	超星	96	4.24%
	30～39岁	758	33.51%		得到	237	10.48%
	40～40岁	247	10.92%		钉钉	174	7.69%
	50岁及以上	41	1.81%		青书学堂	1143	50.53%
学历层次	专科及以下	523	23.12%		雨课堂	389	17.20%
	本科及以上	1739	76.88%		其他	223	9.86%

2 描述性统计分析

调研反馈数据的描述性统计见表4-19。

表4-19　研究二调研数据的描述性分析（N=2262）

题项	均值	标准偏差	偏度	峰度
我在使用移动学习平台的过程中能够方便地与老师交流	3.180	1.102	0.247	−1.166
我在使用移动学习平台的过程中能够方便地与同学交流	3.210	1.097	0.165	−1.188
我所在的群体里有良好的交流氛围	3.170	1.105	0.210	−1.171
使用移动学习平台可以提高我的学习成绩	3.200	1.107	0.212	−1.262
移动学习平台能够为我提供丰富且有价值的学习资源	3.220	1.147	0.150	−1.351
移动学习平台的功能界面友好，操作简单易学	3.200	1.158	0.171	−1.323
移动学习平台的课件资源结构清晰，使用方便简单	3.190	1.158	0.167	−1.327
在使用移动学习平台时，我能够很容易找到所需要的功能和资源	3.200	1.141	0.181	−1.260
使用移动学习平台的方法很容易学习	3.190	1.146	0.206	−1.312
使用移动学习平台是一件有趣的事	3.160	1.144	0.218	−1.276
移动学习平台所提供的交互功能让我感到有趣	3.140	1.138	0.266	−1.234
我对移动学习平台的使用经历感到满意	3.970	0.899	−0.823	0.839
我对移动学习平台的功能感到满意	3.960	0.910	−0.844	0.887
我对移动学习平台承载的教学资源感到满意	4.010	0.886	−0.784	0.680
我对移动学习平台的服务感到满意	3.970	0.921	−0.821	0.716
我对移动学习平台整体感到满意	3.980	0.937	−0.889	0.752
我担心移动学习平台不能满足学习的需要	3.030	1.170	−0.005	−0.954
我担心移动学习平台的课件资源不能正常使用	3.020	1.181	0.023	−0.986
我担心移动学习平台功能不稳定而影响学习	3.010	1.181	0.018	−1.012

续表

题项	均值	标准偏差	偏度	峰度
我担心使用移动学习平台会影响我与他人交流的时间	3.140	1.185	−0.145	−1.021
我担心使用移动学习平台会影响身体健康	3.210	1.239	−0.255	−1.057
我担心使用移动学习平台需要额外购置设备	3.100	1.235	−0.069	−1.116
我担心使用移动学习平台会泄露自己的隐私	3.060	1.192	−0.028	−0.961
我期待能用移动学习平台完成课程的学习	3.050	1.162	0.332	−1.206
使用移动学习平台很有趣，因此我愿意使用它来完成学习	3.000	1.148	0.479	−1.065
我使用移动学习平台没有遇到太大困难，增加了我继续学习的动力	3.000	1.117	0.471	−0.999
我对自己使用移动学习平台的表现感到满意	2.960	1.110	0.545	−0.961
当我使用移动学习平台获得老师或其他同学的认可时，我感到自豪	3.000	1.131	0.425	−1.056
我会向同学分享使用移动学习平台的体验	3.060	1.145	0.400	−1.111
我会在学习讨论区中对移动学习平台做出评价	3.090	1.129	0.343	−1.084
我会在学习讨论区中对移动学习平台提出改进建议	3.080	1.103	0.393	−1.001
我会在学习讨论区中对移动学习的管理和服务做出评价	3.060	1.106	0.401	−0.991
我会在学习讨论区中对移动学习的管理和服务提出建议	3.040	1.106	0.401	−0.934

由表4-19可知，各项的均值分布为2.960至4.010；标准差从0.886至1.239，均大于0.5，表明模型中的变量有需要解释的变异（Nunally，1978）；偏度的最大绝对值为0.889，峰度的最大绝对值为1.351，符

合正态分布对偏度（绝对值小于3）和峰度（绝对值小于10）的要求（Kline，1998），可以进一步开展分析。

3　共同方法偏差检验

导致共同方法偏差的原因是相同的数据来源、调查对象和测量环境，相似的调查语境，以及调查自身特征等而导致预测变量与效标变量之间出现了人为共变，是一种系统误差。Podsakoff 等（2003）提出可以通过程序和统计两方面的控制来尽量消除或降低共同方法偏差。

研究二调查问卷中的题项没有明显的因果关系，并在开始正式调查前通过信度和效度分析对项目进行了改进，这些措施对控制共同方法偏差起到了一定作用。但由于调查采用了自陈式量表，同一被试同时填写包括自变量、中介变量和因变量在内的全部数据，导致有可能产生共同方法偏差。为探讨反馈数据是否存在共同方法偏差，研究二采用了Harman单因子检验和相关系数检验等两种方法进行检验。

（1）Harman 单因子检验法

Podsakoff（1986）指出，若调查数据中存在一个公因子可以解释所有题项的大部分方差，则表明测量题项之间存在共同方法偏差。Harman 单因子检验法是相对简便和较为常用的一种共同方法偏差检验方法，它通过探索性因子分析进行检验，如果得到的第一个因子方差的解释率高于50%，就能够说明各个题项之间存在严重的共同方法偏差（Eby等，1997）。在本研究的调查问卷中，除个人基本信息外，共有

33个与自变量和因变量有关的题项。将自变量和因变量对应的全部题项导入SPSS 26.0，采用主成分分析法并以特征值大于1为标准提取因子，分析结果表明：第一个因子方差的解释率为20.381%，没有出现1个共同因子能够解释所有题项大部分方差的情况。因此，可认为调查问卷不存在明显的共同方法偏差。

（2）相关系数检验

潜变量之间的相关系数也可以检验是否存在共同方法偏差。Bagozzi（1991）认为，如果潜变量间的相关系数大于0.9，说明题项间的共同方法偏差比较明显。由SPSS.26运算后得到各潜变量之间的相关系数见表4-20。

表4-20　研究二各潜变量之间的相关系数矩阵

	感知移动学习情境价值	感知平台资源价值	感知风险	满意度	学业情绪	口碑传播意愿
感知移动学习情境价值	1					
感知平台资源价值	0.704**	1				
感知风险	–0.007	0.039	1			
满意度	0.281**	0.294**	–0.032	1		
学业情绪	0.583**	0.697**	–0.041*	0.267**	1	
口碑传播意愿	0.536**	0.623**	0.022	0.270**	0.744**	1

注：** 表示在 0.01 级别（双尾），相关性显著；* 表示在 0.05 级别（双尾），相关性显著。

由表4-20可知，问卷各潜变量之间的相关系数均小于 0.9，说明调查问卷不存在明显的共同方法偏差。

4　信度检验

采用SPSS 26.0软件对反馈数据进行信度检验，整体量表的Cronbach's α 值为0.936，说明量表具有非常良好的内部一致性。各变量测量量表的Cronbach's α 值情况见表4-21。

表4-21　正式量表的Cronbach's α 系数（N=2262）

题项	修正后的项与总计相关性	平方多重相关性	删除项后的Cronbach's α	Cronbach's α
我在使用移动学习平台的过程中能够方便地与老师交流	0.804	0.653	0.846	0.897
我在使用移动学习平台的过程中能够方便地与同学交流	0.814	0.666	0.838	
我所在的群体里有良好的交流氛围	0.771	0.595	0.874	
使用移动学习平台可以提高我的学习成绩	0.763	0.600	0.947	0.950
移动学习平台能够为我提供丰富且有价值的学习资源	0.827	0.698	0.943	
移动学习平台的功能界面友好，操作简单易学	0.833	0.713	0.942	
移动学习平台的课件资源结构清晰，使用方便简单	0.844	0.735	0.941	
在使用移动学习平台时，我能够很容易找到所需要的功能和资源	0.820	0.692	0.943	

续表

题项	修正后的项与总计相关性	平方多重相关性	删除项后的Cronbach's α	Cronbach's α
使用移动学习平台的方法很容易学习	0.842	0.718	0.942	0.950
使用移动学习平台是一件有趣的事	0.818	0.699	0.943	
移动学习平台所提供的交互功能让我感到有趣	0.775	0.641	0.946	
我对移动学习平台的使用经历感到满意	0.864	0.764	0.948	0.956
我对移动学习平台的功能感到满意	0.897	0.813	0.942	
我对移动学习平台承载的教学资源感到满意	0.869	0.759	0.947	
我对移动学习平台的服务感到满意	0.889	0.802	0.943	
我对移动学习平台整体感到满意	0.866	0.765	0.947	
我担心移动学习平台不能满足学习的需要	0.741	0.597	0.925	0.932
我担心移动学习平台的课件资源不能正常使用	0.781	0.681	0.922	
我担心移动学习平台功能不稳定而影响学习	0.786	0.670	0.921	
我担心使用移动学习平台会影响我与他人交流的时间	0.827	0.704	0.917	
我担心使用移动学习平台会影响身体健康	0.778	0.666	0.922	
我担心使用移动学习平台需要额外购置设备	0.775	0.653	0.922	
我担心使用移动学习平台会泄露自己的隐私	0.782	0.644	0.922	
我期待能用移动学习平台完成课程的学习	0.764	0.586	0.891	0.910

续表

题项	修正后的项与总计相关性	平方多重相关性	删除项后的Cronbach's α	Cronbach's α
使用移动学习平台很有趣，因此我愿意使用它来完成学习	0.786	0.628	0.886	0.910
我使用移动学习平台没有遇到太大困难，增加了我继续学习的动力	0.745	0.559	0.895	
我对自己使用移动学习平台的表现感到满意	0.783	0.628	0.887	
当我使用移动学习平台获得老师或其他同学的认可时，我感到自豪	0.777	0.609	0.888	
我会向同学分享使用移动学习平台的体验	0.812	0.665	0.935	0.943
我会在学习讨论区中对移动学习平台做出评价	0.852	0.728	0.928	
我会在学习讨论区中对移动学习平台提出改进建议	0.855	0.735	0.927	
我会在学习讨论区中对移动学习的管理和服务做出评价	0.862	0.750	0.926	
我会在学习讨论区中对移动学习的管理和服务提出建议	0.842	0.718	0.930	

由表4-21可知，各变量的Cronbach's α值均在0.8之上，各题项没有出现删除后高于其变量Cronbach's α值的情况。因此，可以认为调研数据具有较高的可靠性。

5 效度检验

（1）内容效度检验

本研究制订测量问卷经历了3个阶段：1）在综合国内外学者相关研究中已经过检验量表的基础上，结合研究内容进行了适当修改；2）与相关学者和移动学习专家进行了充分的讨论，修改表述不清的内容；3）经过前测的信度和效度检验，删除了不适合的题项。经过上述3个阶段的修改和完善，可以认为测量问卷的内容效度良好，符合收集调研数据的要求。

（2）结构效度检验

本研究使用探索性因子分析方法（EFA）分别检查学业情绪、满意度、口碑传播意愿等3个变量对应量表的结构效度。检验由3个步骤构成：1）检验KMO和Bartlett指标；2）以主成分法对各分量表进行因子分析；3）以最大方差法正交旋转（Varimax）提取适合的公因子，完成公因子提取后，删除载荷小于0.5的题项。

• 学业情绪部分的结构效度分析

学业情绪部分包括感知移动学习情境价值、感知平台资源功能价值、感知风险和学业情绪等4个变量，模型结构见图4-2所示。

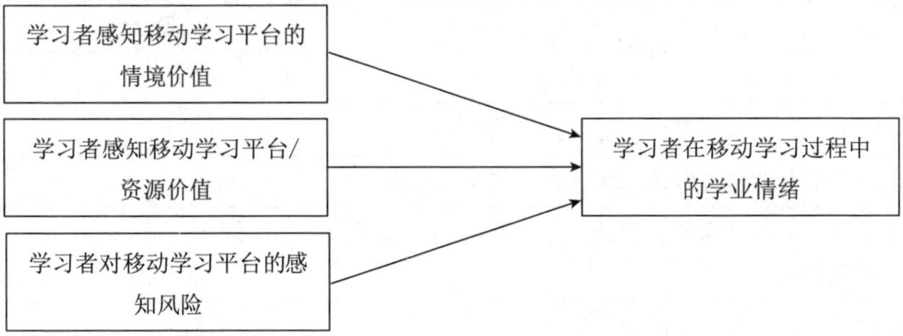

图4-2　学习者学业情绪部分的变量组成

将4个变量的对应题项导入SPSS 26.0进行因子分析，得到KMO值为0.954，Bartlett球形度检验中的近似卡方（Approx.Chi-Square）为42961.421，自由度（df）为253，显著性（Sig.）为0.000<0.01。以上分析结果表明，学业情绪部分的题项适合进行因子分析。共提取到4个公因子，方差解释率分别为26.835%、21.679%、16.517%和9.497%，累积方差解释率为74.529%。旋转后得到成分矩阵见表4-22。

表4-22　学习者学业情绪部分对应变量旋转后的成分矩阵（N=2262）

题项	成分			
	1	2	3	4
我在使用移动学习平台的过程中能够方便地与老师交流	0.788			
我在使用移动学习平台的过程中能够方便地与同学交流	0.799			
我所在的群体里有良好的交流氛围	0.707			
使用移动学习平台可以提高我的学习成绩		0.718		
移动学习平台能够为我提供丰富且有价值的学习资源		0.803		

续表

题项	成分			
	1	2	3	4
移动学习平台的功能界面友好，操作简单易学		0.834		
移动学习平台的课件资源结构清晰，使用方便简单		0.840		
在使用移动学习平台时，我能够很容易找到所需要的功能和资源		0.815		
使用移动学习平台的方法很容易学习		0.812		
使用移动学习平台是一件有趣的事		0.784		
移动学习平台所提供的交互功能让我感到有趣		0.719		
我担心移动学习平台不能满足学习的需要			0.810	
我担心移动学习平台的课件资源不能正常使用			0.843	
我担心移动学习平台功能不稳定而影响学习			0.848	
我担心使用移动学习平台会影响我与他人交流的时间			0.878	
我担心使用移动学习平台会影响身体健康			0.839	
我担心使用移动学习平台需要额外购置设备			0.837	
我担心使用移动学习平台会泄露自己的隐私			0.843	
我期待能用移动学习平台完成课程的学习				0.749
使用移动学习平台很有趣，因此我愿意使用它来完成学习				0.775
我使用移动学习平台没有遇到太大困难，增加了我继续学习的动力				0.768
我对自己使用移动学习平台的表现感到满意				0.778
当我使用移动学习平台获得老师或其他同学的认可时，我感到自豪				0.775

注：提取方法：主成分分析法；旋转方法：凯撒正态化最大方差法；旋转在5次迭代后已收敛。

由表4-22可知，学习者学业情绪部分对应4个变量的所有题项均可对应在某一个公因子上，且因子载荷均大于0.5，符合研究要求。因此，学习者学业情绪部分对应的题项具有较好的结构效度。

• 满意度部分的结构效度分析

满意度部分包括感知移动学习情境价值、感知平台资源功能价值、学业情绪、感知风险和满意度等5个变量，模型结构见图4-3所示。

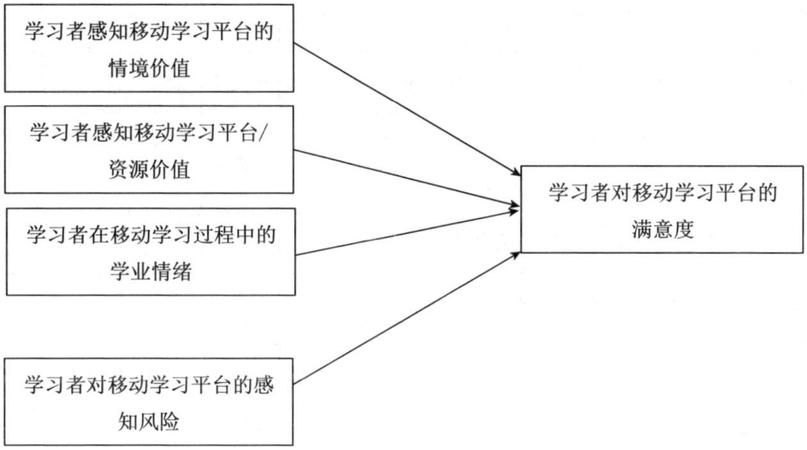

图4-3　学习者满意度部分的变量组成

将5个变量的对应题项导入SPSS 26.0进行因子分析，得到KMO值为0.951；Bartlett球形度检验中的近似卡方（Approx.Chi-Square）为55464.119；自由度（df）为378；显著性（Sig.）为0.000<0.01。以上分析结果表明，满意度部分的题项适合进行因子分析。共提取到5个公因子，方差解释率分别为23.205%、17.812%、15.441%、12.949%、7.043%，累积方差解释率为76.450%。旋转后得到成分矩阵见表4-23。

表4-23　学习者满意度部分对应变量旋转后的成分矩阵（N=2262）

题项	成分				
	1	2	3	4	5
我在使用移动学习平台的过程中能够方便地与老师交流	0.766				
我在使用移动学习平台的过程中能够方便地与同学交流	0.775				
我所在的群体里有良好的交流氛围	0.685				
使用移动学习平台可以提高我的学习成绩		0.727			
移动学习平台能够为我提供丰富且有价值的学习资源		0.814			
移动学习平台的功能界面友好，操作简单易学		0.839			
移动学习平台的课件资源结构清晰，使用方便简单		0.847			
在使用移动学习平台时，我能够很容易找到所需要的功能和资源		0.819			
使用移动学习平台的方法很容易学习		0.819			
使用移动学习平台是一件有趣的事		0.793			
移动学习平台所提供的交互功能让我感到有趣		0.728			
我担心移动学习平台不能满足学习的需要			0.810		
我担心移动学习平台的课件资源不能正常使用			0.842		
我担心移动学习平台功能不稳定而影响学习			0.847		
我担心使用移动学习平台会影响我与他人交流的时间			0.878		
我担心使用移动学习平台会影响身体健康			0.840		

续表

题项	成分				
	1	2	3	4	5
我担心使用移动学习平台需要额外购置设备			0.837		
我担心使用移动学习平台会泄露自己的隐私			0.843		
我期待能用移动学习平台完成课程的学习				0.734	
使用移动学习平台很有趣，因此我愿意使用它来完成学习				0.765	
我使用移动学习平台没有遇到太大困难，增加了我继续学习的动力				0.754	
我对自己使用移动学习平台的表现感到满意				0.769	
当我使用移动学习平台获得老师或其他同学的认可时，我感到自豪				0.763	
我对移动学习平台的使用经历感到满意					0.896
我对移动学习平台的功能感到满意					0.921
我对移动学习平台承载的教学资源感到满意					0.901
我对移动学习平台的服务感到满意					0.916
我对移动学习平台整体感到满意					0.902

注：提取方法：主成分分析法。旋转方法：凯撒正态化最大方差法。旋转在 4 次迭代后已收敛。

由表4-23可知，学习者满意度部分对应5个变量的所有题项均可对应在某一个公因子上，且因子载荷均大于0.5，符合研究要求。因此，学习者满意度部分对应的题项具有较好的结构效度。

• 口碑传播意愿部分的结构效度分析

口碑传播意愿部分包括满意度、学业情绪和口碑传播意愿等3个变量，模型结构见图4-4所示。

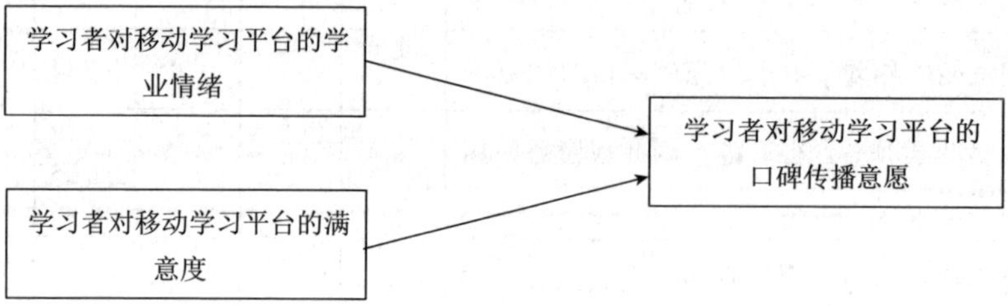

图4-4　学习者口碑传播意愿部分的变量组成

将3个变量的对应题项导入SPSS26.0进行因子分析，得到KMO值为0.943；Bartlett球形度检验中的近似卡方（Approx.Chi-Square）为31608.590；自由度（df）为105；显著性（Sig.）为0.000<0.01。以上分析结果表明，口碑传播意愿部分的题项适合进行因子分析。共提取到3个公因子，方差解释率分别为28.575%、26.452%和25.083%，累积方差解释率为83.171%。旋转后得到成分矩阵见表4-24。

表4-24　学习者口碑传播意愿部分对应变量旋转后的成分矩阵（N=2262）

题项	成分		
	1	2	3
我期待能用移动学习平台完成课程的学习	0.760		
使用移动学习平台很有趣，因此我愿意使用它来完成学习	0.811		

续表

题项	成分		
	1	2	3
我使用移动学习平台没有遇到太大困难，增加了我继续学习的动力	0.780		
我对自己使用移动学习平台的表现感到满意	0.780		
当我使用移动学习平台获得老师或其他同学的认可时，我感到自豪	0.763		
我对移动学习平台的使用经历感到满意		0.901	
我对移动学习平台的功能感到满意		0.925	
我对移动学习平台承载的教学资源感到满意		0.906	
我对移动学习平台的服务感到满意		0.921	
我对移动学习平台整体感到满意		0.904	
我会向同学分享使用移动学习平台的体验			0.742
我会在学习讨论区中对移动学习平台做出评价			0.817
我会在学习讨论区中对移动学习平台提出改进建议			0.843
我会在学习讨论区中对移动学习的管理和服务做出评价			0.846
我会在学习讨论区中对移动学习的管理和服务提出建议			0.830

注：提取方法：主成分分析法。旋转方法：凯撒正态化最大方差法。旋转在4次迭代后已收敛。

由表4-24可知，学习者口碑传播意愿部分对应3个变量的所有题项均可对应在某一个公因子上，且因子载荷均大于0.5，符合研究要求。因此，学习者口碑传播意愿部分变量对应题项的结构效度能够满足因子分析的要求。

6 验证性因子分析

验证性因子分析（CFA）是进行结构方程分析的前置必要步骤。验证性因子分析（CFA）既可以用于检验信度和效度，也可以用于检验变量测量结果及变量之间的假设关系。由于本研究的调查问卷是建立在已有研究的基础之上，通过整合并修改先前学者相关研究的量表而形成。因此，有必要对调查数据进行验证性因子分析。本研究采用AMOS 26软件，通过最大似然法进行验性因子分析，基于运算所得的拟合优度指标来反映模型内在结构和理论假设的拟合程度。

检验模型拟合指数的常见指标有自由度（*df*）、卡方（*x*正文复合）、卡方与自由度比值（x^2/df）、近似误差均方根（RMSEA）、拟合优度指数（GFI）、调整拟合优度指数（AGFI）、比较拟合指数（CFI）、增值拟合指数（IFI）、正规拟合指数（NFI）、均方根残差（RMR）、标准化残差均方根（SRMR）等。本研究借鉴了吴明隆（2010）提出的结构方程整体模型适配度评价的指标体系，从标准化回归系数、组合信度、平均方差抽取量、区分效度、适配度指标等方面进行检验。

（1）学业情绪前因部分的验证性因子分析

学业情绪前因变量的概念模型如图4-5所示。

• 标准化回归系数检验

标准化回归系数也可称为因素负荷量（Factor Loading），体现了共同因素对测量变量的影响。通过AMOS 26软件进行运算，得到标准化回归系数（Standardized Regression Weights）的运算结果见表4-25。

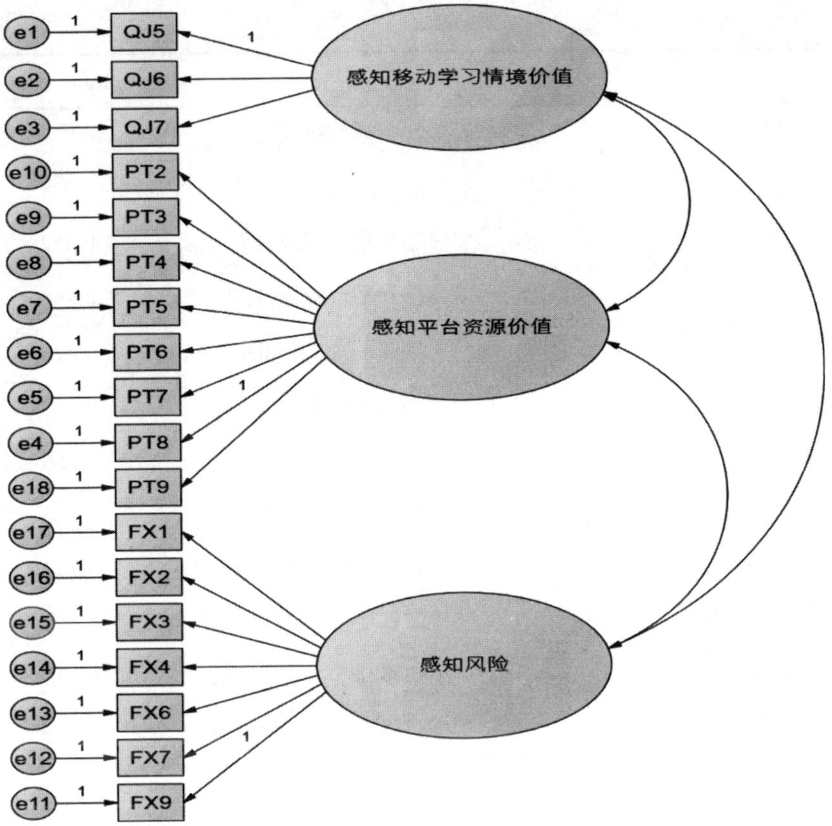

图4-5 学业情绪前因变量的因子分析图

表4-25　学业情绪前因变量影响因素的标准化回归系数

			Estimate
FX1	←	感知风险	0.770
FX2	←	感知风险	0.807
FX3	←	感知风险	0.815
FX4	←	感知风险	0.864
FX6	←	感知风险	0.817
FX7	←	感知风险	0.810

续表

			Estimate
FX9	←	感知风险	0.813
PT2	←	感知平台资源价值	0.788
PT3	←	感知平台资源价值	0.852
PT4	←	感知平台资源价值	0.858
PT5	←	感知平台资源价值	0.870
PT6	←	感知平台资源价值	0.848
PT7	←	感知平台资源价值	0.866
PT8	←	感知平台资源价值	0.836
PT9	←	感知平台资源价值	0.797
QJ5	←	感知移动学习情境价值	0.869
QJ6	←	感知移动学习情境价值	0.876
QJ7	←	感知移动学习情境价值	0.845

由表4-25可知，各项因素的负荷量均在0.5以上。误差方差的检验结果为：感知移动学习情境价值、感知平台资源价值、感知风险以及18个测量指标的误差方差均显著，标准误差（S.E.）的估计值介于0.011至0.041之间，无模型界定错误。标准化回归系数的检验结果表明，学业情绪前因变量的模型具有良好的基本适配度。

• 组合信度和平均方差抽取量检验

模型内在质量还需要通过潜变量的组合信度和平均方差抽取量进行判断。组合信度（Construct Reliability，CR）是通过因子载荷量计算的，表示内部一致性信度质量的指标值。根据Fornell和Lacker（1981）

的观点，CR值应不低于0.60。平均方差抽取量（Average Variance Extracted，AVE）以因子载荷量为基础进行计算，是表示收敛效度的指标，AVE的值越大则表明潜变量对目标变量的解释程度越高，测量误差也相应越小。Fornell和Lacker（1981）认为AVE值应大于0.50。学业情绪前因变量影响因素组合信度（CR）的运算结果：感知移动学习情境价值为0.898，感知平台资源价值为0.950，感知风险为0.932，均大于0.60；平均方差抽取量（AVE）的运算结果：感知移动学习情境价值为0.746，感知平台资源价值为0.705，感知风险为0.663，均大于0.50。组合信度和平均方差抽取量的运算结果表明模型具有较理想的内在质量。

• 区分效度检验

区分效度（Discriminant Validity）是指采用不同的方法对不同变量进行测量时，能够区分出观测的数值。本研究采用约束模型法对区分效度进行检查，将感知情境价值、感知平台/资源价值和感知风险等3个潜变量两两组合，分别按未限制模型和限制模型两种方式进行运算，得到结果见表4-26。

表4-26　学业情绪前因变量的区分效度计算结果

		卡方值	自由度	卡方自由度比	RMSEA	AGFI	GFI
感知移动学习情境价值—感知平台资源价值	未限制模型	322.609	39	8.272	0.057	0.956	0.974
	限制模型	411.486	40	10.287	0.064	0.946	0.967
	差异值	88.877	1	2.015			

续表

		卡方值	自由度	卡方自由度比	RMSEA	AGFI	GFI
感知移动学习情境价值—感知风险	未限制模型	155.766	28	5.563	0.045	0.972	0.986
	限制模型	1056.716	29	36.438	0.125	0.883	0.938
	差异值	900.950	1	30.875			
感知平台资源价值—感知风险	未限制模型	436.032	79	5.519	0.045	0.967	0.975
	限制模型	1311.993	80	16.400	0.083	0.917	0.944
	差异值	875.961	1	10.881			

注：p<0.000。

由表4-26可知，“感知移动学习情境价值—感知平台/资源价值”的卡方值差异为88.877，自由度差异为1，卡方自由度比差异为2.015，p=0.000<0.05；“感知移动学习情境价值—感知风险”的卡方值差异为900.950，自由度差异为1，卡方自由度比差异为30.875，p=0.000<0.05；“感知平台资源价值—感知风险”的卡方值差异为875.961，自由度差异为1，卡方自由度比差异为10.881，p=0.000<0.05。上述结果表明，学业情绪前因变量对应量表具有较好的区别效度。

• 适配度指标检验

由于卡方值易受样本量的影响，样本数量越大，则卡方值也越大，模型假设被拒绝的可能性也越大。当样本数量超过200时，卡方值将不适用于检测模型的适配度。本研究的有效样本为2262，远大于200，故不以卡方值检查模型的适配度，而是通过GFI、AGFI等绝对适配度指标进行综合判断。学业情绪前因变量的绝对适配度指标见表4-27。

表4-27　学业情绪前因变量的绝对适配度指标

	x^2/df	GFI	AGFI	RMR	SRMR	RMSEA
适配度指标的参考值	<5	>0.9	>0.9	<0.05	<0.05	<0.05
模型计算得出的实际值	3.476	0.980	0.971	0.040	0.038	0.033

由表4-27可知，学业情绪前因变量模型绝对适配度指标的计算结果为：为3.476<5，RMR=0.040<0.05，SRMR=0.038<0.05，RMSEA=0.033<0.05，GFI=0.980>0.9，AGFI=0.971>0.9，各项指标均达到了参考值的要求，表明学业情绪前因变量模型的绝对适配度指标良好，各潜变量与观测数据之间具有良好的绝对适配度。

学业情绪前因变量的相对适配度指标见表4-28。

表4-28　学业情绪前因变量的相对适配度指标

	NFI	RFI	IFI	TLI	CFI
相对适配度指标的参考值	>0.9	>0.9	>0.9	>0.9	>0.9
模型计算得出的实际值	0.988	0.984	0.992	0.989	0.991

由表4-28可知，学业情绪前因变量模型相对适配度指标的计算结果为：NFI=0.988>0.9，IFI=0.992>0.9，CFI=0.991>0.9，RFI=0.984>0.9，

各项指标均在参考值之上，说明模型中各潜变量与观测数据之间的适配度较好。

绝对适配度和相对适配度的检测结果表明：学业情绪前因变量模型的各项适配指标能够达到判别标准。因此，可以认为学业情绪前因变量部分的模型与观测数据具有较好的适配度。

（2）满意度前因部分的验证性因子分析

满意度前因变量的概念模型见图4-6所示。

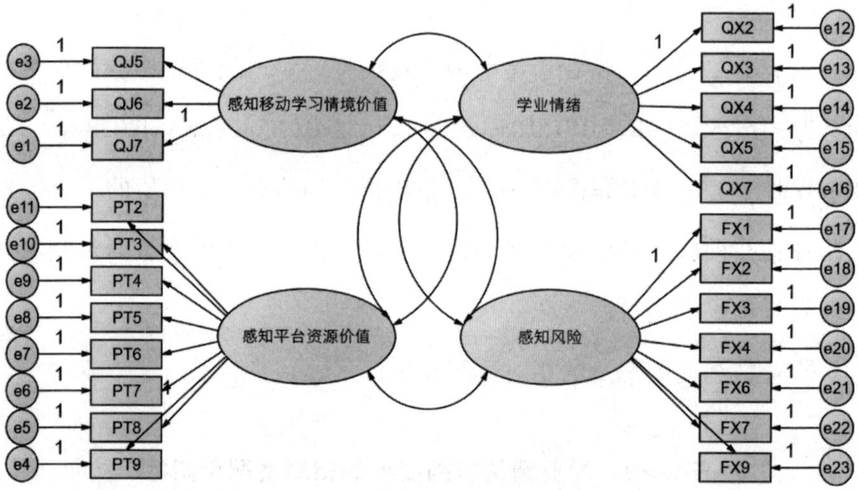

图4-6　满意度前因变量的验证性因子分析结构图

• 标准化回归系数检验

通过AMOS 26软件进行运算，得到标准化回归系数（Standardized Regression Weights）的运算结果见表4-29。

表4-29　满意度前因变量的标准化回归系数

			Estimate
FX1	←	感知风险	0.770
FX2	←	感知风险	0.807
FX3	←	感知风险	0.815
FX4	←	感知风险	0.864
FX6	←	感知风险	0.818
FX7	←	感知风险	0.810
FX9	←	感知风险	0.813
PT2	←	感知平台资源价值	0.790
PT3	←	感知平台资源价值	0.851
PT4	←	感知平台资源价值	0.855
PT5	←	感知平台资源价值	0.868
PT6	←	感知平台资源价值	0.847
PT7	←	感知平台资源价值	0.865
PT8	←	感知平台资源价值	0.838
PT9	←	感知平台资源价值	0.801
QJ5	←	感知移动学习情境价值	0.867
QJ6	←	感知移动学习情境价值	0.875
QJ7	←	感知移动学习情境价值	0.847
QX2	←	学业情绪	0.812
QX3	←	学业情绪	0.835
QX4	←	学业情绪	0.785
QX5	←	学业情绪	0.833
QX7	←	学业情绪	0.822

由表4-29可知，各项因素的负荷量均在0.5以上。误差方差的检验结果为：感知移动学习情境价值、感知平台资源价值、学业情绪、感知风险以及23个测量指标的误差方差均显著，标准误差（S.E.）的估计值

介于0.011至0.039之间，无模型界定错误。标准化回归系数的检验结果表明，满意度前因变量的模型具有良好的基本适配度。

• 组合信度和平均方差抽取量检验

满意度前因变量组合信度（CR）的运算结果：感知风险为0.932，感知平台资源价值为0.950，感知移动学习情境价值为0.898，学业情绪为0.910，均大于0.60；平均方差抽取量（AVE）的运算结果：感知风险为0.663，感知平台资源价值为0.705，感知移动学习情境价值为0.745，学业情绪为0.669，均大于0.50。组合信度和平均方差抽取量的计算结果表明，满意度前因变量的模型具有较理想的内在质量。

• 区分效度检验

将感知情境价值、感知平台/资源价值、学业情绪和感知风险等4个潜变量两两组合，分别按未限制模型和限制模型两种方式进行运算，得到结果见表4-30。

表4-30　满意度前因变量的区分效度计算结果

		卡方值	自由度	卡方自由度比	RMSEA	AGFI	GFI
感知移动学习情境价值—感知平台资源价值	未限制模型	346.688	40	8.667	0.058	0.954	0.972
	限制模型	465.225	41	11.347	0.068	0.940	0.963
	差异值	118.537	1	2.680			
感知移动学习情境价值—学业情绪	未限制模型	65.410	15	4.361	0.039	0.982	0.993
	限制模型	234.407	16	14.65	0.078	0.947	0.976
	差异值	168.997	1	10.289			

续表

		卡方值	自由度	卡方自由度比	RMSEA	AGFI	GFI
感知移动学习情境价值—感知风险	未限制模型	1114.134	34	32.769	0.119	0.823	0.891
	限制模型	2074.812	35	59.280	0.161	0.749	0.840
	差异值	960.678	1	26.511			
感知平台资源价值—学业情绪	未限制模型	297.878	56	5.319	0.044	0.967	0.990
	限制模型	406.506	57	7.132	0.052	0.957	0.986
	差异值	108.628	1	1.813			
感知平台资源价值—感知风险	未限制模型	1734.528	89	19.489	0.090	0.853	0.891
	限制模型	2624.514	90	29.161	0.112	0.812	0.859
	差异值	889.986	1	9.672			
学业情绪—感知风险	未限制模型	1245.670	53	23.503	0.100	0.852	0.939
	限制模型	2242.625	54	41.530	0.134	0.794	0.593
	差异值	996.955	1	18.027			

注：p–0.000。

由表4-30可知，“感知移动学习情境价值—感知平台/资源价值”的卡方值差异为118.537，自由度差异为1，卡方自由度比差异为2.680，p=0.000<0.05；“感知移动学习情境价值—学业情绪”的卡方值差异为168.997，自由度差异为1，卡方自由度比差异为10.289，p=0.000<0.05；“感知移动学习情境价值—感知风险” 的卡

方值差异为960.678，自由度差异为1，卡方自由度比差异为26.511，p=0.000<0.05；“感知平台资源价值—学业情绪”的卡方值差异为108.628，自由度差异为1，卡方自由度比差异为1.813，p=0.000<0.05；“感知平台资源价值—感知风险”的卡方值差异为889.986，自由度差异为1，卡方自由度比差异为9.672，p=0.000<0.05；“学业情绪—感知风险”的卡方值差异为996.955，自由度差异为1，卡方自由度比差异为18.027，p=0.000<0.05。区分效度的检验结果表明满意度前因变量对应的量表具有较好的区别效度。

• 适配度指标检验

满意度前因变量的绝对适配度指标见表4-31。

表4-31　满意度前因变量的绝对适配度指标

	x^2/df	GFI	AGFI	RMR	SRMR	RMSEA
适配度指标的参考值	<5	>0.9	>0.9	<0.05	<0.05	<0.05
模型计算得到的实际值	3.938	0.980	0.971	0.024	0.019	0.036

由表4-31可知，模型绝对适配度指标的计算结果为：为3.938<5，RMR=0.024<0.05，SRMR=0.019<0.05，RMSEA=0.036<0.05，GFI=0.980>0.9，AGFI=0.971>0.9，各项指标均满足参考指标的要求，说明绝对适配度指标良好，即满意度前因变量模型中的潜变量与观测数据之间的适配度良好。

满意度前因变量的相对适配度指标见表4-32。

表4-32 满意度前因变量的相对适配度指标

	NFI	RFI	IFI	TLI	CFI
相对适配度指标的参考值	>0.9	>0.9	>0.9	>0.9	>0.9
模型计算得到的实际值	0.988	0.985	0.991	0.988	0.991

由表4-32可知，满意度前因变量模型相对适配度指标的计算结果为：NFI=0.988>0.9，IFI=0.991>0.9，CFI=0.991>0.9，RFI=0.985>0.9，各项指标均达到参考值的判别要求，说明满意度前因变量模型的潜变量与观测数据之间具有良好的相对适配度。

由上述检测结果可知，满意度前因变量模型的各项适配指标能够符合判别标准。因此，可以认为满意度前因部分的模型与观测数据具有较好的适配度。

（3）口碑传播意愿前因部分的验证性因子分析

口碑传播意愿前因变量的概念模型见图4-7所示。

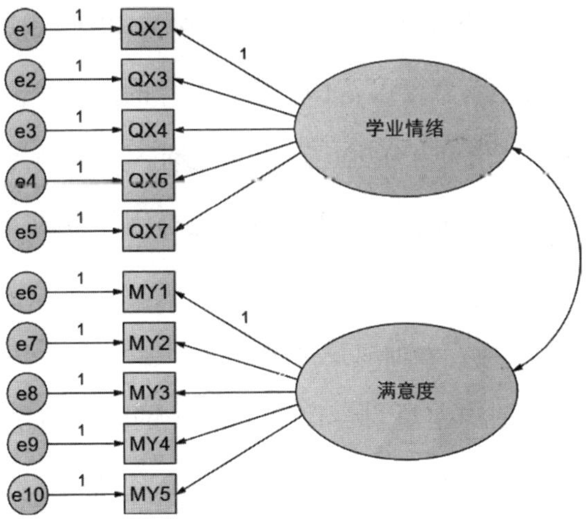

图4-7 口碑传播意愿前因变量影响因素的因子分析图

• 标准化回归系数检验

通过AMOS进行运算，得到标准化回归系数（Standardized Regression Weights）的运算结果见表4-33。

表4-33　口碑传播意愿前因变量影响因素的标准化回归系数

			Estimate
QX2	←	学业情绪	0.789
QX3	←	学业情绪	0.830
QX4	←	学业情绪	0.819
QX5	←	学业情绪	0.852
QX7	←	学业情绪	0.816
MY1	←	满意度	0.911
MY2	←	满意度	0.929
MY3	←	满意度	0.897
MY4	←	满意度	0.893
MY5	←	满意度	0.865

由表4-33可知，各项因素的负荷量均在0.5以上。误差方差的检验结果为：学业情绪、满意度以及10个测量指标的误差方差均显著，标准误差（S.E.）的估计值介于0.006至0.039之间，无模型界定错误。标准化回归系数的检验结果表明，口碑传播意愿前因变量的模型具有良好的基本适配度。

• 组合信度和平均方差抽取量检验

口碑传播意愿前因变量组合信度（CR）的运算结果为：学业情绪为0.912，满意度为0.955，均大于0.60；平均方差抽取量（AVE）的运算结果为：学业情绪为0.675，满意度为0.809，均大于0.50。组合信度和平均方差抽取量的计算结果表明，口碑传播意愿前因变量模型具有较理想的内在质量。

• 区分效度检验

将学业情绪和满意度两个变量分别按未限制模型和限制模型两种方式进行运算，得到结果见表4-34。

表4-34　口碑传播意愿前因变量的区分效度计算结果

		卡方值	自由度	卡方自由度比	RMSEA	AGFI	GFI
学业情绪—满意度	未限制模型	82.178	27	3.044	0.030	0.985	0.997
	限制模型	732.272	28	26.153	0.105	0.910	0.486
	差异值	650.094	1	23.109			

注：p=0.000。

由表4-34可知，“学业情绪—满意度”的卡方值差异为650.094，自由度差异为1，卡方自由度比差异为23.109，$p=0.000<0.05$，表明口碑传播意愿前因变量的量表具有较好的区别效度。

• 适配度指标检验

口碑传播意愿前因变量的绝对适配度指标见表4-35。

表4-35　口碑传播意愿前因部分的绝对适配度指标

	x^2/df	GFI	AGFI	RMR	SRMR	RMSEA
绝对适配度指标的参考值	<5	>0.9	>0.9	<0.05	<0.05	<0.05
模型计算得到的实际值	3.044	0.993	0.985	0.017	0.016	0.030

由表4-35可知，口碑传播意愿前因变量模型绝对适配度指标的计算结果为：x^2/df=3.044<5，RMR=0.017<0.05，SRMR=0.016<0.05，RMSEA=0.030<0.05，GFI=0.993>0.9，AGFI=0.985>0.9，各项指标均满足参考值的要求，说明口碑传播意愿前因变量模型具有良好的绝对适配度指标，即模型与观测数据之间具有良好的适配度。

口碑传播意愿前因变量的相对适配度指标见表4-36。

表4-36　口碑传播意愿前因变量的相对适配度指标

	NFI	RFI	IFI	TLI	CFI
相对适配度指标的参考值	>0.9	>0.9	>0.9	>0.9	>0.9
模型计算得到的实际值	0.996	0.993	0.997	0.995	0.997

由表4-36可知，口碑传播意愿前因变量模型相对适配度指标的计算结果为：NFI=0.996>0.9，IFI=0.997>0.9，CFI=0.997>0.9，RFI=0.993>0.9，各项指标均高于参考指标值，表明口碑传播意愿前因变量模型具有良好的相对适配度指标，即各潜变量与观测数据间具有良好的适配度。

由上述检测结果可知，口碑传播意愿前因变量模型的各项适配指标能够符合判别标准。因此，可以认为口碑传播意愿前因变量的模型与观测数据具有较好的适配度。

第六节　假设检验

本节将对数据进行相关分析、回归分析、结构方程分析和调节效应检验，以探讨各项影响因素之间的相互关系，验证模型中各项假设关系的支持情况。

1　研究变量的相关分析

变量之间具有相关性是运用结构方程检验的必要条件。判断两个变量之间具有因果关系的前提条件是它们之间的相关性达到统计学显著性要求。但相关分析也存在局限性：一是不能区分出自变量和因变量，无法反映变量间的因果关系；二是即使两变量在相关分析时具有显著性，也不代表它们之间存在具有达到显著性的路径系数。因此，相关分析只能进行初步检验，而最终变量间的路径关系还需要采用结构方程分析的方法进行验证。感知移动学习情境价值、感知平台/资源价值、感知风险、学业情绪、满意度、口碑传播意愿等变量的相关分析结果已在表

4-20呈现。由表4-20可知，感知移动学习情境价值、感知平台/资源价值、学业情绪、满意度、口碑传播意愿等5个变量之间的Pearson系数均达到0.01的显著性水平，且Pearson系数均大于0.5，说明上述变量之间具有紧密相关性。感知风险除与学业情绪之间的Pearson系数达到0.01的显著性水平外，与其余变量均未达到统计学的显著水平。各变量之间的相互影响关系还需要通过结构方程做进一步的分析。

2 研究变量的回归分析

回归分析（Regression Analysis）是测量两种或两种以上变量间相互依赖的定量关系的一种统计分析方法。通过回归分析：一是可以检验自变量对因变量的贡献量或解释程度；二是可以检验变量之间是否存在多重共结性问题。研究变量之间的回归分析见表4-37。

表4-37 研究变量之间的回归分析

因变量	自变量	系数			模型			ANOVA	
		B	显著性	VIF	R^2	ΔR^2	德宾-沃森	F	显著性
学业情绪	感知风险	-0.062	0.000	1.004	0.506	0.506	1.645	772.040	0.000
	感知平台/资源价值	0.573	0.000	1.988					
	感知移动学习情境价值	0.179	0.000	1.985					

续表

因变量	自变量	系数			模型			ANOVA	
		B	显著性	VIF	R^2	ΔR^2	德宾-沃森	F	显著性
满意度	感知移动学习情境价值	0.107	0.000	2.050	0.103	0.101	1.866	85.466	0.000
	感知平台资源价值	0.121	0.000	2.654					
	感知风险	−0.027	0.102	1.012					
	学业情绪	0.080	0.001	2.026					
口碑传播意愿	学业情绪	0.723	0.000	1.076	0.559	0.559	1.731	1432.090	0.000
	满意度	0.077	0.000	1.076					

由表4-37可获得两方面的结果。

一是在研究变量的关系方面，除“感知风险—满意度”外，其余每个因变量-自变量组所对应方差分析的显著性均为0.000，小于0.01，表明相应组中的自变量会对因变量产生显著影响。感知风险—满意度之间相关系数的p值为0.102>0.5，未达到显著性的要求。各项自变量对因变量的影响关系仍需要通过结构方程进一步验证。

二是在多重共线性检验方面，学业情绪、满意度、口碑传播意愿等3组因-自变量关系对应的德宾-沃森值分别为1.645、1.866和1.731，均小于2；自变量的VIF值在1.004至2.654之间，均小于5。以上结果说明，各变量之间不存在多重共线性问题。

3 研究变量的结构方程分析

根据之前提出的研究假设，在AMOS 260中绘制出理论模型如图4-8所示。

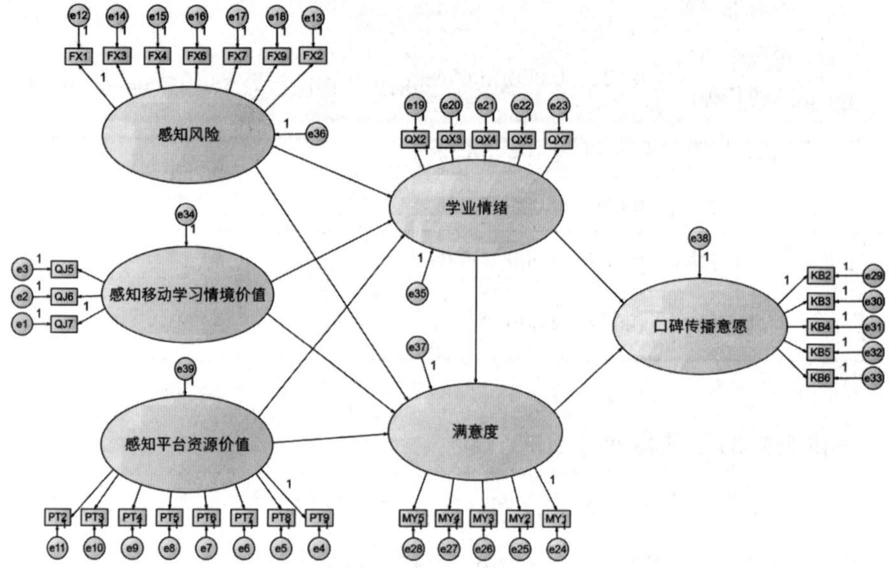

图4-8　通过AMOS绘制的理论模型图

将采集数据导入AMOS 260软件，运算后得到模型的拟合指标见表4-38。

表4-38　理论模型的拟合指标

	x^2/df	GFI	AGFI	RMR	SRMR	RMSEA	NFI	RFI	IFI	TLI	CFI	CN	PCFI	PNFI
参考值	<5	>0.9	>0.9	<0.05	<0.05	<0.05	>0.9	>0.9	>0.9	>0.9	>0.9	>200	>0.5	>0.5
模型值	5.102	0.935	0.924	0.054	0.041	0.043	0.964	0.960	0.971	0.968	0.971	492	0.890	0.883

由表4-38可知，模型的个别指标没有达到参考值的范围，须参考AMOS软件提供的Modification Indices值，以进一步提高模型的各项指标。

修正1：增加e12与e13之间的共变关系，MI值为173.857，即FX1“我担心移动学习不能满足学习的需要”和FX2“我担心移动学习平台的课件资源不能正常使用”之间存在共变关系。这可能是因为移动学习者会将资源不能正常使用也归纳到不能满足学习需要的范畴中，当使用移动学习平台而遇到问题时，无法区分是平台还是资源部分所导致的问题。

修正2：增加e12与e14之间的共变关系，MI值为152.146，即FX1“我担心移动学习平台不能满足学习的需要”和FX3“我担心移动学习平台功能不稳定而影响学习”之间存在共变关系。这可能是因为前者是对移动学习有用性的整体概括，而后者为其某一特性的有用性的描述，相互之间存在较高的相似度。

修正3：增加e27与e28之间的共变关系，MI值为133.684，即MY4“我对移动学习平台的服务感到满意”和MY5“我对移动学习平台整体感到满意”之间存在共变关系。这可能是因为前者是对移动学习过程中某一方面满意度的描述，而后者为整体的概括，相互之间存在较高相似度。

修正4：增加e17与e18之间的共变关系，MI值为70.106，即FX7“我担心使用移动学习平台需要额外购置设备”和FX9“我担心使用移动学习平台会泄漏自己的隐私”之间存在共变关系。这可能是因为目前移动设备和移动应用程序大多采用实名制，更多添置设备和程序，会导致学习者担心自己个人信息外泄。

修正5：增加e8与e9之间的共变关系，MI值为60.375，即PT4“移动学习平台的功能界面友好，操作简单易学”和PT5“移动学习平台的课件资源结构清晰，使用方便简单”之间存在共变关系。这可能是因为两个题项均描述的是移动学习平台的易用性，平台界面友好与资源结构清晰之间是相辅相成的关系。

修正6：增加e10与e11之间的共变关系，MI值为48.105，即PT2“使用移动学习平台可以提高我的学习成绩”和PT3“移动学习平台能够为我提供丰富且有价值的学习资源”之间存在共变关系。这可能是因为移动学习平台提供丰富且有价值学习资源与提高学生成绩之间存在一定的内在联系。

修正7：增加e29与e28之间的共变关系，MI值为59.719，即KB2“我会向同学分享使用移动学习的体验”和潜变量口碑传播意愿之间存在共变关系。这可能是因为向同学们分享使用移动学习平台的体验是学习者口碑传播的主要方式。

修正8：增加e20与e22之间的共变关系，MI值为40.055，即QX3“使用移动学习平台很有趣，因此我愿意使用它来完成学习”和QX5“我对自己使用移动学习平台的表现感到满意”之间存在共变关系。这可能因为学习者对移动学习平台的满意度与其使用意愿之间存在较高的关联度。

修正9：增加e8和e9之间的共变关系，MI值为35.761，即PT5“移动学习平台的课件资源结构清晰，使用方便简单”和PT4“在使用移动学习平台时，我能够很容易找到所需要的功能和资源”之间存在共变关系。这可能是因为移动学习平台课件资源的组织形式与其是否方便使用之间存在较高的关联度。

上述9个步骤的修改结果见表4-39。

表4-39　理论模型修正后的拟合指标

	x^2/df	GFI	AGFI	RMR	SRMR	RMSEA	NFI	RFI	IFI	TLI	CFI	CN	PCFI	PNFI
参考值	<5	>0.9	>0.9	<0.05	<0.05	<0.05	>0.9	>0.9	>0.9	>0.9	>0.9	>200	>0.5	>0.5
修正 1	4.727	0.939	0.930	0.053	0.041	0.041	0.966	0.963	0.973	0.971	0.973	531	0.890	0.884
修正 2	4.266	0.946	0.937	0.053	0.040	0.038	0.970	0.967	0.977	0.974	0.977	588	0.892	0.885
修正 3	3.922	0.949	0.942	0.053	0.040	0.036	0.972	0.970	0.979	0.977	0.979	639	0.892	0.886
修正 4	3.741	0.951	0.944	0.053	0.040	0.035	0.974	0.971	0.981	0.979	0.981	670	0.891	0.885
修正 5	3.608	0.954	0.947	0.052	0.040	0.034	0.975	0.972	0.982	0.980	0.982	695	0.890	0.884
修正 6	3.508	0.956	0.948	0.052	0.040	0.033	0.975	0.973	0.982	0.980	0.982	715	0.889	0.883
修正 7	3.306	0.959	0.952	0.051	0.039	0.032	0.977	0.974	0.984	0.982	0.984	759	0.889	0.882
修正 8	3.213	0.960	0.953	0.050	0.038	0.031	0.978	0.975	0.984	0.983	0.984	781	0.887	0.881
修正 9	3.138	0.961	0.954	0.049	0.038	0.031	0.978	0.976	0.985	0.983	0.985	800	0.886	0.880

由表4-39可知，模型修改后各项指标均有较好的改善，全部达到了参考值的范围。修正后，通过AMOS 26计算出各变量间的路径关系和标准化回归系数见表4-40。

表4-40 理论模型各变量路径关系表

			标准化回归系数	回归系数	S.E.	C.R.	P
学业情绪	←	感知移动学习情境价值	0.173	0.175	0.028	6.282	***
满意度	←	感知移动学习情境价值	0.145	0.126	0.032	3.921	***
学业情绪	←	感知平台资源价值	0.630	0.659	0.031	21.002	***
满意度	←	感知平台资源价值	0.131	0.116	0.039	2.976	0.003
学业情绪	←	感知风险	−0.068	−0.077	0.018	−4.239	***
满意度	←	感知风险	−0.023	−0.022	0.021	−1.062	0.288
口碑传播意愿	←	学业情绪	0.779	0.890	0.023	38.653	***
满意度	←	学业情绪	0.092	0.079	0.032	2.471	0.013
口碑传播意愿	←	满意度	0.055	0.073	0.020	3.723	***

注：*** 表示 $p<0.001$。

由表4-40可知，“感知风险→满意度”的显著性为0.288，没有达到显著性要求；“感知平台资源价值→满意度”的显著性为0.003，满足小于0.01的显著性要求；“学业情绪→满意度”的显著性为0.013，满足小于0.05的显著性要求；其余路径关系的显著性均小于0.001。根据模型中各变量之间的标准化回归系数，绘制模型各潜变量之间的关系结构见图4-9所示。

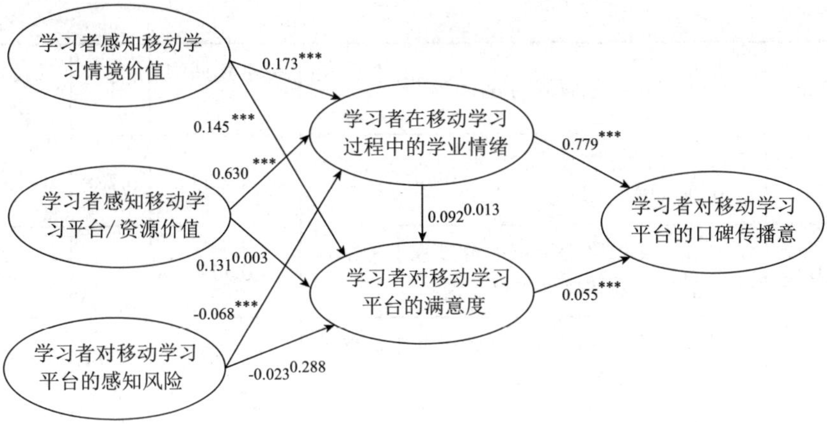

注：***表示p<0.001。

图4-9　理论模型各变量之间的路径系数

由上述计算结果对应至假设H 1至H 9中，得到结果见表4-41。

表4-41　研究二的假设支持情况

假设	假设内容	标准化回归系数	P	支持情况
H1	学习者感知移动学习情境价值正向影响其学业情绪	0.173	***	支持
H2	学习者感知移动学习情境价值正向影响其满意度	0.145	***	支持
H3	学习者感知移动学习平台 / 资源价值正向影响其学业情绪	0.630	***	支持
H4	学习者感知移动学习平台 / 资源价值正向影响其满意度	0.131	0.003	支持
H5	学习者对移动学习平台的感知风险负向影响其学业情绪	−0.068	***	支持

续表

假设	假设内容	标准化回归系数	P	支持情况
H6	学习者对移动学习平台的感知风险负向影响其满意度	–0.023	0.288	不支持
H7	学习者在使用移动学习平台过程中的学业情绪正向影响其口碑传播意愿	0.779	***	支持
H8	学习者在使用移动学习平台过程中的学业情绪正向影响其满意度	0.092	0.013	支持
H9	学习者对移动学习平台的满意度正向影响其口碑传播意愿	0.055	***	支持

注：*** 表示 $p<0.001$。

由图4–9和表4–41可知：

（1）感知移动学习情境价值对学业情绪和满意度有显著正向影响

感知移动学习情境价值对学业情绪的标准化回归系数为0.173，$p<0.001$，达到显著性要求，故H1“学习者感知移动学习情境价值正向影响其学业情绪”得到验证，假设成立；感知移动学习情境价值对满意度的标准化回归系数为0.145，$p<0.001$，达到显著性要求，故H2“学习者感知移动学习情境价值正向影响其满意度”得到验证，假设成立。

（2）感知平台 / 资源价值对学业情绪和满意度有显著正向影响

感知平台/资源价值对学业情绪的标准化回归系数为0.630，$p<0.001$，达到显著性要求，故H3“学习者感知移动学习平台/资源价值正向影响其学业情绪”得到验证，假设成立；感知平台/资源价值对满意度的标准化回

归系数为0.131，p=0.003<0.01，达到显著性要求，故H4“学习者感知移动学习平台/资源价值正向影响其满意度”成立。

（3）感知风险对学业情绪有显著负向影响

感知风险对学业情绪的标准化回归系数为–0.068，p <0.001，达到显著性要求，故H5“学习者对移动学习平台的感知风险负向影响其学业情绪”得到验证，假设成立。

（4）感知风险对满意度的负向影响不成立

感知风险对满意度的标准化回归系数为–0.023，p=0.288>0.05，没有达到显著性要求，故H6“学习者对移动学习平台的感知风险负向影响其满意度”没有得到验证，假设不成立。

（5）学业情绪对口碑传播意愿和满意度有显著正向影响

学业情绪对口碑传播意愿的标准化回归系数为0.779，p<0.001，达到显著性要求，故H7“学习者在使用移动学习平台过程中的学业情绪正向影响其口碑传播意愿”得到了验证，假设成立；学业情绪对满意度的标准化回归系数为0.092，p=0.013<0.05，达到显著性要求，故H8“学习者在使用移动平台学习过程中的学业情绪正向影响其满意度”得到验证，假设成立。

（6）满意度对口碑传播意愿有显著正向影响

满意度对口碑传播意愿的标准化回归系数为0.055，p<0.001，达到

显著性要求，故H9“学习者对移动学习平台的满意度正向影响其口碑传播意愿”得到验证，假设成立。

4 “学业情绪—满意度”的中介效应检验

按照Zhao等（2010）提出的中介效应分析程序，参照Preacher等（2007）和Hayes（2013）提出的Bootstrap法，使用SPSSProcess程序中的模型4，选择95%置信区间和5000样本量，以学业情绪和满意度作为中介变量进行检验。检验结果见表4-42。

表4-42 学业情绪和满意度的中介效应检验

作用路径	Effect	SE	LLCI	ULCI
感知移动学习情境价值→学业情绪→口碑传播意愿	0.3831	0.0168	0.3505	0.4165
感知移动学习情境价值→满意度→口碑传播意愿	0.0366	0.0061	0.0251	0.0491
感知移动学习情境价值→学业情绪→满意度→口碑传播意愿	0.3941	0.0171	0.3609	0.4277
感知平台资源价值→学业情绪→口碑传播意愿	0.4301	0.019	0.3924	0.4675
感知平台资源价值→满意度→口碑传播意愿	0.0286	0.0057	0.0176	0.0406
感知平台资源价值→学业情绪→满意度→口碑传播意愿	0.4419	0.0187	0.4038	0.4779
感知风险→学业情绪→口碑传播意愿	−0.0309	0.0182	−0.0666	0.0052
感知风险→满意度→口碑传播意愿	−0.0087	0.0059	−0.0089	0.0705
感知风险→学业情绪→满意度→口碑传播意愿	−0.0326	0.0182	−0.0677	0.0031

由表4-42的数据结果可知：

“感知移动学习情境价值→学业情绪→口碑传播意愿”的中介路径显著（LLCI=0.3505，ULCI=0.4165），作用大小为0.3831；

“感知移动学习情境价值→满意度→口碑传播意愿”的中介路径显著（LLCI=0.0251，ULCI= 0.0491），作用大小为0.0366；

“感知移动学习情境价值→学业情绪→满意度→口碑传播意愿”的链式中介路径显著（LLCI=0.3609，ULCI= 0.4277），总作用大小为0.3941；

“感知平台资源价值→学业情绪→口碑传播意愿”的中介路径显著（LLCI=0.3924，ULCI=0.4675），作用大小为0.4301；

“感知平台资源价值→满意度→口碑传播意愿”的中介路径显著（LLCI=0.0176，ULCI= 0.0406），作用大小为0.0286；

“感知平台资源价值→学业情绪→满意度→口碑传播意愿”的链式中介路径显著（LLCI=0.4038，ULCI= 0.4779），总作用大小为0.4419；

“感知风险→学业情绪→口碑传播意愿”的中介路径不显著（LLCI=-0.0666，ULCI= 0.0052）；

“感知风险→满意度→口碑传播意愿”的中介路径不显著（LLCI=-0.0089，ULCI= 0.0705）；

“感知风险→学业情绪→满意度→口碑传播意愿”的链式中介路径不显著（LLCI=-0.0677，ULCI= 0.0031）。

由上述中介效应检验结果可知，学习者感知移动学习情境价值和感知平台资源价值会通过学业情绪和满意度的中介作用或链式中介作用影响其口碑传播意愿，但学习者对移动学习平台的感知风险不会通过学业情绪或满意度作用于口碑传播意愿，进而也不存在这一连续中介效应。

第七节　本章小结

1　研究内容小结

本章基于学业情绪和满意度的视角，对学习者使用移动学习平台的口碑传播意愿进行了实证研究，检验了学习者感知移动学习情境价值、感知平台资源价值和感知风险等内外刺激因素，是如何通过学业情绪和满意度的中介作用而对口碑传播意愿产生影响。本章研究的主要工作有以下4个方面。

（1）在第3章质性分析结果的基础上，基于学业情绪和满意度视角建立了实证研究模型，提出假设并开发了研究变量的量表。随后，通过小样本预测试，检验了量表的信度和效度，形成了正式调查问卷。

（2）通过线上收集的方式，回收了2940份问卷，整理甄别后共保留有效问卷2262份。随后，对正式量表调研的数据进行检验，通过描述性统计分析、信度分析、内容效度分析、结构效度分析、数据质量评估、验证性因子分析等方法，对调研数据进行了系统检验。

（3）运用结构方程检验各项影响因素之间的相互关系，并对假设进行了验证。结果表明：1）感知移动学习情境价值会对移动学习者的学业情绪和满意度产生显著正向影响，体现了移动学习过程中交流沟通和支持服务的必要性和重要性；2）感知移动学习平台资源价值对学习者的学业情绪和满意度均有显著的正向影响，说明平台功能和学习资源是移动学习得以实施的核心要素；3）学业情绪和满意度对口碑传播意愿有显著正向影响，再次证实了情绪和满意度对口碑传播意愿的影响作用；4）感知风险对学业情绪有负向显著影响，说明学习者对移动学习平台仍然存在认识的不确定性，并且这种感知会对其心理反应产生影响；5）感知风险对满意度的负向影响未达到显著性要求，因而未获得验证。这可能由两个原因导致：一是满意度是消费者对产品或服务的事前期望与实际感受相对关系的评价，当学习者对移动学习平台存在风险感知时，会降低使用前的期望，而当其使用移动学习平台后如果能够获得较好体验，会产生超出预期的感受，从而得到较高的满意度。二是感知风险和满意度均是多维的概念，感知风险可体现为学习者对财务、身体、功能等方面的不确定，而满意度则可体现为对移动学习平台整体的满意程度或对某一功能的满意，因此两者之间不一定存在线性相关关系。

（4）检验了学业情绪和满意度的中介效应和链式中介效应。结果表明：学习者感知移动学习情境价值和感知平台资源价值会通过学业情绪和满意度的中介作用或链式中介作用影响口碑传播意愿，而学习者感知风险则不会通过学业情绪和满意度的中介而作用于口碑传播意愿。

2 理论贡献

（1）探讨了移动学习口碑传播的影响因素及其内在机制，补充了相关领域的研究不足。以往研究多从平台和资源特性的角度探讨学习者对移动学习平台的使用意愿，鲜有关于影响移动学习者进行口碑传播的因素进行研究，本章将移动学习中的客观因素（移动学习情境、平台资源属性）和主观因素（感知风险）共同作为研究变量，从两个方面探讨了可能影响学习者口碑传播的影响因素，扩展了这一领域的研究广度。

（2）基于S-O-R模型，将学习者的学业情绪和满意度等心理反应变量为机体因素加入研究模型，探讨了移动学习者产生口碑传播的内在心理机制。以往关于移动学习用户参与的研究，较少对个体产生口碑传播意愿的心理机制进行研究。本章通过分析研究，提出学习者感知移动学习平台价值会通过影响其学业情绪和满意度来促进其口碑传播意愿的结论，为移动学习中用户参与行为的相关研究提供了新的理论视角。

3 实践启示

（1）加强移动学习情境塑造。教育技术企业应改变“重开发，轻运营”的传统观念，加强移动学习的配套管理，拓展服务的时间和范围，努力营造积极的学习氛围。

（2）突出移动学习平台的产品特性。移动学习由平台和资源两部分构成，平台是资源的载体，资源是平台的延伸，二者共同组成了实施移动学习的必要条件，教育技术企业应该注重移动学习平台和学习资源建设，为学习者提供更加良好的体验。

（3）降低学习者的感知风险。部分学习者对移动学习尚有顾虑心理，教育技术企业应充分发挥信息技术的优势，持续优化移动学习平台的功能设计，补齐现有应用过程中存在的短板；同时，还应加强引导，向用户充分说明移动学习的优越性，降低其风险感知。

第五章

基于心流体验视角的移动学习平台WOM研究

第一节　引言

研究一提炼了学习者使用移动学习平台后产生口碑传播行为的各项影响因素，研究二基于“学业情绪—满意度”视角对相关影响因素进行了实证分析。本章进行研究三，将基于学习者心流体验的视角，对其口碑传播意愿进行实证分析。

心流体验视角下移动学习者口碑传播意愿影响机制模型主要检验学习者对移动学习平台的体验是否在刺激因素和口碑传播意愿之间起到了中介作用。体验是影响用户决策的重要前置因素，在用户刺激因素和反应行为之间能够起到重要的中介作用。心流体验是指个体长时间从事某项活动，沉浸其中而不知疲倦，以至于废寝忘食的最佳体验状态。现有研究表明，心流体验会触发口碑行为（Lin，2012；Renard，2013；金永生，2016）。可以认为，在移动学习活动中，当学习者使用移动学习平台能够收获心流体验时，会出于赞赏、分享等动机而产生口碑传播意愿。此外，已有研究还发现，消费者的个体特征会对口碑意愿或行为产生影响。据此，研究三拟以心流体验为中介变量，以学习者移动学习适应性为调节变量，检验在移动学习情境下，心流体验是否在主客观刺激因素与口碑传播意愿之间起到中介作用，学习者的移动学习适应性是否在其中发挥了调节的作用。

第二节　相关假设

1　学习者感知移动学习情境价值对心流体验的影响

在移动学习情境下，学习者可类比为消费者，而移动学习平台则可类比为产品。移动学习情境是在两者之外为移动教学而创造的情感氛围，以及能够对学习者心理产生认知影响的各种因素。长期以来，学者们对学习情境的影响持续保持关注。Desmond Keegan（1996）根据移动学习中“教”与“学”的关系，提出了“教与学再度整合”理论，强调移动学习过程中各种媒体和材料应包含人际交流特征。尽管现代教育技术能够为学生提供良好平台，但在缺乏其他要素支持的情况下，学习者仅通过与固定程序之间的交互将难以充分理解学科领域的知识（Hummel，1993）。为学习者提供良好的虚拟学习环境，开展正式和非正式的服务，是组织移动教学的必要条件（张洁等，2014），特别是高校管理支持（University Management Support）在众多情境因素中具有重要的影响作用（Saroia，2018）。移动学习的特点是时空分离，教师与学习者处于“各自为战”的状态。如果学习过程缺少来自学校的监督和教师的引导，以及同伴的支持和鼓励，学习者的学习积极性将难以长久保持。当学习者缺少学习动机时，会导致其对移动学习环境的低投入，进而造成整个环境的低能量与低活力。因此，学习者与移动学习环境是双向的共生性关系，教育技术企业应营造出情境化的学习氛围，提出明确的学习目标（标准支持）及时专业的反馈（服务支持）和师生与同伴间畅通的交流环境（情感支持），以促进学习者产生强大的学习动机和极致深刻的学习体验，在心流体验中完成知识构建，满足自身认知和情感的需求。例如，Gao和Bai（2014）认为心流体验主要依赖于网站的氛围给用户所带来的感知价值，感知价值高的移动学习氛围能够吸引用户以完全沉浸的方式进行学习。Cheng等（2014）的研究发现，指导教师的水平和支持服务的质量会显著影响学生对电子学习系统的心流体验。孙田琳子等（2020）还认为移动视频学习能够通过视觉和听觉的感官刺激，使用户注意力高度集中，完全投入学习情境中，达到身心沉浸的学习状态。基于上述分析，提出假设1。

H1：学习者感知移动学习情境价值正向影响其心流体验。

2 学习者感知平台/资源价值对心流体验的影响

在信息技术/信息系统（IT/IS）研究领域中，学者们非常关注如何让学习者在使用信息系统时能够获得良好的体验，以至于进入心流的最佳状态。例如，Cheng等（2014）提出：信息质量和系统质量对护士使用数字化学习系统的心流体验有显著影响。Admiraal等（2011）指出：在移动学习中设计具有挑战难度的游戏，能够增加学生的沉浸感和参与度。金永生（2016）发现：在交易型网站中，社会交往性和内容有用性对心流体验的影响最为显著。吴华君等（2020）以MOOC用户为研究对象，发现了移动学习平台资源的感知易用性和感知有用性的相关关系影响了用户的心流体验，这也支持了Hsu等（2004）认为网络平台的感知易用性会影响用户心流体验的结论。移动学习平台和课件资源的核心属性由有用性、易用性、趣味性和适用性等4个方面构成。当学习者进行移动学习时，能够感知到平台界面清晰合理、操作舒适流畅、系统健壮稳定，课件资源生动有趣、交互性强时，他们将避免陷入操作上的困境，获得良好的使用体验，从而更容易进入深度学习的状态。基于以上分析，提出假设2。

H2：学习者感知平台/资源价值正向影响其心流体验。

3 学习者感知风险对心流体验的影响

众多学者的研究表明，感知风险会对用户持续使用信息系统的意愿和行为，以及在网络环境下的购买和体验活动产生消极影响（董大海等，2005；黄耕，2016；张继东等，2019；刘珈琪等，2019）。作为一种全情投入、心无旁骛且持续时间长的体验状态，如果用户存在较高的感知风险，且抑制其持续使用意愿及行为时，用户将难以获得心流体验。例如，张继东（2019）认为感知风险对移动社交网络浏览型用户的使用体验有负向影响。许雪琦（2020）发现感知成本会影响用户对移动学习平台的使用行为。本研究认为，功能风险、身体风险、隐私风险和财务风险等4个维度构成了移动学习情境下学习者的感知风险。当学习者的感知风险较高时，其持续使用意愿及行为会受到抑制，从而难以获得心流体验。基于上述分析，提出假设3。

H3：学习者感知风险负向影响其心流体验。

4 学习者心流体验对口碑传播意愿的影响

根据S-O-R模型，有机体针对外界刺激而产生的反应并非二元关系，其中有相应变量发挥着中介作用。已有研究表明，用户在购买产品或接受服务时的体验是其后续行为的基础，是影响用户决策的重要前置因素。因此，用户体验常被作为中介变量引入S-O-R模型，用以研究用户的行为反应。本研究结合移动学习情境，将心流体验定义为个体长时间沉浸于移动学习活动之中而不知疲倦，以至于废寝忘食的最佳体验状态，在该状态下主观体验的大多数维度（认知、情感和动机）都处于积极水平（Csikszentmihalyi，2008）。自心流理论形成以来，心流体验常被作为用户刺激因素和行为反应之间的中介变量，用于研究用户的口碑行为。例如，Ho和Kuo（2010）证明了用户在线学习中的心流体验可以正向影响其口碑分享意愿。Zhang等（2017）对在线品牌社区参与的调查发现，心流体验作为客户体验的重要维度，能正向影响用户的口碑传播意愿。此外，金永生等（2016）对交易型网站的实证研究发现了心流体验对口碑传播意愿有显著的正向影响作用。姚成彦等（2017）以具有移动购物经验的消费者为研究对象，研究了商务网站品质、心流体验和网络口碑之间的相互关系，发现心流体验显著正向影响消费者发表网络口碑的意愿。在移动学习的过程中，同伴间的支持是移动学习情境的重要组成部分。当学习者在使用移动学习平台的过程中获得心流体验后，有可能会出于帮助或推荐的动机而进行积极的口碑传播。基于上述分析，提出假设4。

H4：学习者的心流体验正向影响其口碑传播意愿。

5　学习者个体特征的调节作用

在对信息系统采纳和持续使用的研究过程中，学者们已认识到用户的个体差异会导致其对信息系统的行为态度产生影响。UTAUT模型将用户的年龄、性别、经验和自愿性作为调节变量，认为这些个体特征将会影响用户的行为态度。后续许多学者在借鉴经典理论和模型的基础上，根据研究内容的需要，将不同方面的个体特征纳入研究模型。例如，人格特质（胡玲等，2018）、学习风格（Lu，2012）、个体创新性（张喆等，2014；黄耕，2016，文书锋，2019）、网络学习适应性（黄耕，2016）、从事专业（文书锋，2019）等。

在使用移动学习平台的过程中，学习者的个体特征会导致他们在偏好以及行为态度等方面存在较大差异。本研究通过对学习讨论区文本数据进行质性分析，发现学习者的移动学习适应性会在口碑传播行为中起到调节作用。移动学习适应性指学习者为与学习环境保持一致而自我调节，努力取得良好学习效果的心理倾向。当学习者具备较好的移动学习适应性时，他们将更乐于尝试新的学习方式，更愿意探索平台的各项功能，更易于获得良好体验；并且在遇到困境或系统出现问题时，具有较好移动学习适应性的学习者会体现出更大的宽容度，从而缓解消极的情绪，降低不满意的程度。基于上述分析，本研究认为学习者的移动学习适应性会在机体（O）和反应（R）之间起到调节作用，因此提出假设5。

H5 ：学习者的移动学习适应性会调节心流体验与口碑传播意愿之间的关系。

6 研究三的假设汇总及概念模型

研究三提出了基于心流体验视角的，有调节的实证模型，主要探讨3方面的内容：一是学习者对移动学习平台的感知价值和感知风险与口碑传播意愿之间的关系，主要分析移动学习情境下各项刺激因素对口碑传播意愿的直接作用；二是检验心流体验在刺激因素和口碑传播意愿之间是否起到了中介作用，主要分析移动学习情境下各项刺激因素发挥作用的具体机制；三是学习者对移动学习平台的适应性是否会调节心流体验与口碑传播意愿之间的关系，将进一步深化中介机制发生作用的条件。本研究基于质性分析的结论及相关理论分析，提出了5个假设，假设汇总见表5–1。

表5–1 基于心流体验视角的移动学习平台WOM实证研究假设

假设	内容
H1	学习者感知移动学习情境价值正向影响其心流体验
H2	学习者感知平台 / 资源价值正向影响其心流体验
H3	学习者感知风险负向影响其心流体验
H4	学习者的心流体验正向影响其口碑传播意愿
H5	学习者的移动学习适应性会调节心流体验与口碑传播意愿之间的关系

概念模型的结构见图5-1所示。

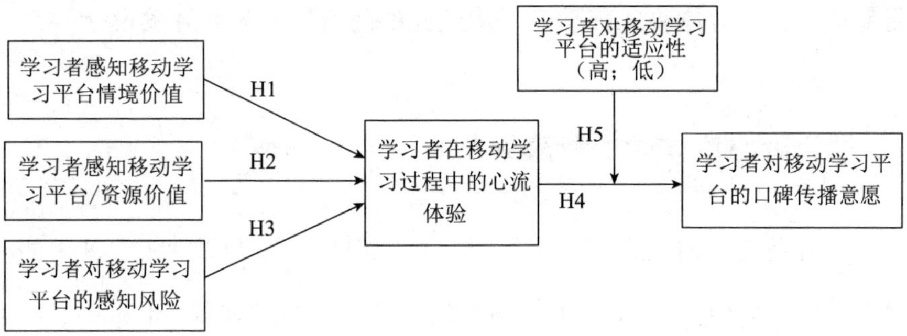

图5-1　基于心流体验视角的移动学习平台WOM实证研究模型

研究三所提出的有调节的中介模型深化了移动学习情境下刺激因素和口碑传播意愿之间的关系，能够反映出外部刺激因素通过何种方式影响学习者的口碑传播意愿，并且这种影响关系在怎样的条件下会变强或变弱。在过去的研究中，鲜有以心流体验为中介，且以个体特征为调节对口碑传播意愿进行分析。因此，期望研究三能够进一步丰富口碑传播意愿的理论研究，并为移动学习平台的营销及改进提供有益借鉴。

第三节　变量测量问卷的设计

研究三调查问卷的设计同样经历了编制量表初稿、专家分析评估和小范围预测试等3个阶段。其中感知移动学习情境价值、感知平台/资源价值、感知风险和口碑传播意愿等4个变量采用了研究二中相同变量的测量量表，心流体验和移动学习适应性的测量量表为新开发设计。

1 学习者心流体验的量表编制

心流是指人们从事某项工作时，在生理和心理上深度沉浸其中的心理状态。根据Chen（2013）等归纳的特征，心流的体验（Experience）阶段主要表现为行为与意识的融合（The merging of action and awareness）、高度集中的关注度（Concentration and forces）和潜在意识的掌控感（The sense of control）等3个方面。而在已有研究中，用户获得心流体验的表现则可进一步具体体现为高度集中的专注感（Chen，1999；Ghani，2016）、感觉飞快流逝的时间（Pace，2004；熊巍等，2015；赵呈领等，2018）、获得愉悦的心情（Hoffman ,1996；Ghani，2016），以及完全的掌控感（Hoffman ,1996；Pace，2004）等。在本研究的情境下，心流体验由3个维度构成：一是长时间使用移动学习平台，沉浸移动学习活动之中而不知疲倦，以至于达到废寝忘食的状态；二是使用移动学习平台后获得学习绩效的提升，或感观上的良好体验，以至于身心愉悦；三是在人机交互的支持下，对移动学习平台具有良好的控制感。因此，本研究参考了张诗臻（2013）、田慧（2016）等学者对心流体验的测量量表，结合移动学习情境，从“专注度”、“愉悦性”和“控制感”等角度为心流体验设置了6个问项，见表5-2。

表5-2　心流体验的测量问项

编号	测量问题	参考文献
XL1	我在使用移动学习平台时会集中精力，处于“无我”的状态	张诗臻（2013） 田慧（2016）
XL2	我在使用移动学习平台时会觉得时间过得很快	
XL3	我能感受到使用移动学习平台时带来的愉悦	
XL4	我很享受移动学习平台给我带来的乐趣	
XL5	我使用移动学习平台时会有尽在控制中的感觉	
XL6	我使用移动学习平台时会有执行很顺利的感觉	

2　学习者移动学习适应性的量表编制

移动学习适应性是指学习者使用移动学习平台的适应程度，包括对移动设备的操作能力，使用移动设备获取信息和与人交流的能力，以及自我效能感等。本研究参考了孙多（2007）、黄耕（2016）等学者相关研究中关于个体适应性的测量量表，对移动学习适应性设置了5个问项，见表5-3。

表5-3　移动学习适应性的测量问项

编号	测量问题	参考文献
SY1	我习惯使用移动设备查阅各种资料	孙多（2007） Raafat G S 黄耕（2016）
SY2	通过使用移动设备，我能很快找到需要的学习资源	
SY3	我习惯使用移动设备与老师和同学们进行交流	
SY4	我操作移动设备的水平良好，能够很快适应移动学习平台的各种功能	
SY5	我有能力处理移动学习过程中遇到的问题	

第四节　小样本预测试

1　前测数据的采集与信效度分析

研究三于2020年7月对问卷进行了小范围前测。预测试的对象、问卷收集，以及数据的检验过程与研究二相同。在2020年7月16日至7月31日共收集到问卷802份，其中符合预测试分析要求的问卷共有672份。删除了未达到要求的XL4、XL6和SY5等3个题项后，心流体验和移动学习适应性量表的信效度结果见表5-4。

表5-4　心流体验和移动学习适应性量表的信效度检验结果

编号	题项	修正后的项与总计相关性（CITC）	平方多重相关性（SMC）	删除项后的Cronbach's α	Cronbach's α	KMO
XL1	我在使用移动学习平台时会集中精力，处于“无我”的状态	0.682	0.475	0.848	0.868	0.821

续表

编号	题项	修正后的项与总计相关性（CITC）	平方多重相关性（SMC）	删除项后的Cronbach's α	Cronbach's α	KMO
XL2	我在使用移动学习平台时会觉得时间过得很快	0.734	0.540	0.828		
XL3	我能感受到使用移动学习平台时带来的愉悦	0.727	0.548	0.829		
XL5	我使用移动学习平台时会有尽在控制中的感觉	0.742	0.561	0.823		
SY1	我习惯使用移动设备查阅各种资料	0.731	0.542	0.876	0.894	0.839
SY2	通过使用移动设备，我能很快找到需要的学习资源	0.789	0.624	0.854		
SY3	我习惯使用移动设备与老师和同学们进行交流	0.778	0.610	0.858		
SY4	我操作移动设备的水平良好，能够很快适应移动学习平台的各种功能	0.761	0.590	0.864		

由表5-4可知，心流体验和移动学习适应性的量表在删除部分题项后，信度和效度均达到了测量标准的要求。

2 正式测量问卷

经过小样本预测试，并通过信效度检验，最终得到针对研究三中6

个变量的31个题项，见表5–5。

表5–5 基于心流体验视角的正式测量量表

变量	编号	题项
感知移动学习情境价值（共3个题项）	QJ 5	我在使用移动学习平台的过程中能够方便地与老师交流
	QJ 6	我在使用移动学习平台的过程中能够方便地与同学交流
	QJ 7	我所在的群体里有良好的交流氛围
感知平台资源价值（共8个题项）	PT 2	使用移动学习平台可以提高我的学习成绩
	PT 3	移动学习平台能够为我提供丰富且有价值的学习资源
	PT 4	移动学习平台的功能界面友好，操作简单易学
	PT 5	移动学习平台的课件资源结构清晰，使用方便简单
	PT 6	在使用移动学习平台时，我能够很容易找到所需要的功能和资源
	PT 7	使用移动学习平台的方法很容易学习
	PT 8	使用移动学习平台是一件有趣的事
	PT 9	移动学习平台所提供的交互功能让我感到有趣
感知风险（共7个题项）	FX 1	我担心移动学习平台不能满足学习的需要
	FX 2	我担心移动学习平台的课件资源不能正常使用
	FX 3	我担心移动学习平台功能不稳定而影响学习
	FX 4	我担心使用移动学习平台会影响我与他人交流的时间
	FX 6	我担心使用移动学习平台会影响身体健康
	FX 7	我担心使用移动学习平台需要购置设备或使用流量而产生额外费用
	FX 9	我担心使用移动学习平台会泄露自己的隐私

续表

变量	编号	题项
心流体验 （共4个题项）	XL 1	我在使用移动学习平台时会集中精力，处于“无我”的状态
	XL 2	我在使用移动学习平台时会觉得时间过得很快
	XL 3	我能感受到使用移动学习平台时带来的愉悦
	XL 5	我使用移动学习平台时会有尽在控制中的感觉
移动学习适应性 （共4个题项）	SY 1	我习惯使用移动设备查阅各种资料
	SY 2	通过使用移动设备，我能很快找到需要的学习资源
	SY 3	我习惯使用移动设备与老师和同学们进行交流
	SY 4	我操作移动设备的水平良好，能够很快适应移动学习平台的各种功能
口碑传播意愿 （共5个题项）	KB 2	我会向同学分享使用移动学习平台的体验
	KB 3	我会在学习讨论区中对移动学习平台做出评价
	KB 4	我会在学习讨论区中对移动学习平台提出改进建议
	KB 5	我会在学习讨论区中对移动学习的管理和服务做出评价
	KB 6	我会在学习讨论区中对移动学习的管理和服务提出建议

第五节　数据获取与质量评估

1　正式问卷的数据获取

样本容量的估算标准已在第4章中描述，在此不再赘述。研究三的调查问卷共保留了31个题项，有效样本容量应不低于310，且在条件许可的范围内尽可能收集更多的反馈数据。研究三的正式调查时间为2020年10月1日至10月30日，为期30天。问卷的题项包括感知移动学习情境价值、感知平台/资源价值、感知风险、心流体验、移动学习适应性和口碑传播意愿。研究三继续在青书学堂等移动学习平台，以及部分高校远程教育部门的协助下，向具有移动学习经验的学习者发布调查问卷。问卷的发放和回收过程与第4章相同。调查共回收问卷1810份，除去答题不完整及全部选择同一选项的不合格问卷，共得到有效问卷1661份，有效率为91.77%。在有效问卷中，男生为1232人，占比74.17%，女生429人，占比25.83%；专科及以下层次学生232人，占比13.97%，本科及以上层次学生1429人，占比86.03%。样本容量符合本研究的要求，样本数据的基本情况见表5-6。

表5-6　数据的基本情况（N=1661）

特征	项目	数量	占比（%）	特征	项目	数量	占比（%）
性别	男	1232	74.17	移动学习时间	1 年	774	46.60
	女	429	25.83		2 年	785	47.26
年龄	20 岁以下	11	0.66		2 年以上	102	6.14
	20 ~ 30 岁	1219	73.39	移动学习品牌	超星	60	3.60
	30 ~ 40 岁	348	20.95		得到	71	4.27
	40 ~ 50 岁	79	4.76		钉钉	195	11.74
	50 岁以上	4	0.24		青书学堂	1010	60.82
学历层次	专科及以下	232	13.97		雨课堂	268	16.13
	本科及以上	1429	86.03		其他	57	3.44

2　描述性统计分析

调研反馈数据的描述性统计分析见表5-7。

表5-7　调研数据的描述性分析（N=1661）

题项	均值	标准差	偏度	峰度
我在使用移动学习的过程中能够方便地与老师交流	2.040	0.890	1.266	2.144
我在使用移动学习的过程中能够方便地与同学交流	2.090	0.919	1.110	1.400
我所在的群体里有良好的交流氛围	2.070	0.898	1.144	1.675
使用移动学习可以提高我的学习成绩	1.970	0.889	1.323	2.456
移动学习能够为我提供丰富且有价值的学习资源	1.890	0.858	1.564	3.639
移动学习的功能界面友好，操作简单易学	1.950	0.907	1.472	2.808
移动学习的课件资源结构清晰，使用方便简单	1.910	0.854	1.528	3.459
在使用移动学习时，我能够很容易找到所需要的功能和资源	1.950	0.914	1.433	2.687
使用移动学习的方法很容易学习	1.950	0.872	1.416	2.871
使用移动学习是一件有趣的事	1.930	0.868	1.401	2.819
移动学习所提供的交互功能让我感到有趣	1.970	0.907	1.428	2.687
我担心移动学习不能满足学习的需要	2.950	1.163	0.008	−0.957
我担心移动学习的课件资源不能正常使用	2.930	1.195	0.044	−1.013
我担心移动学习功能不稳定而影响学习	2.920	1.180	0.063	−1.017
我担心使用移动学习会影响我与他人交流的时间	3.180	1.185	−0.270	−0.965
我担心使用移动学习会影响身体健康	3.320	1.211	−0.420	−0.882
我担心使用移动学习需要额外购置设备	3.090	1.226	−0.075	−1.122
我担心使用移动学习会泄漏自己的隐私	3.040	1.186	−0.050	−0.944

续表

题项	均值	标准差	偏度	峰度
我在使用移动学习时会集中精力，处于“无我”的状态	2.300	0.975	0.708	0.383
我在使用移动学习时会觉得时间过得很快	2.080	0.874	1.240	2.245
我能感受到使用移动学习时带来的愉悦	2.120	0.935	1.186	1.725
我使用移动学习时会有尽在控制中的感觉	2.200	0.961	0.946	0.899
我习惯使用移动设备查阅各种资料	2.000	0.898	1.500	3.050
通过使用移动设备，我能很快找到需要的学习资源	2.010	0.886	1.363	2.637
我习惯使用移动设备与老师和同学们进行交流	2.070	0.909	1.222	1.993
我操作移动设备的水平良好，能够很快适应移动学习的各种功能	2.040	0.884	1.262	2.330
我会向同学分享使用移动学习的体验	2.120	0.879	1.211	2.147
我会在学习讨论区中对移动学习做出评价	2.200	0.929	1.035	1.308
我会在学习讨论区中对移动学习提出改进建议	2.240	0.912	0.989	1.397
我会在学习讨论区中对移动学习的管理和服务做出评价	2.210	0.891	1.050	1.682
我会在学习讨论区中对移动学习的管理和服务提出建议	2.220	0.885	0.919	1.312

由表5-7可知，各项的均值分布为1.890至3.320；标准差从0.854至1.226，均大于0.5，表明模型中的变量有需要解释的变异（Nunally，1978）；偏度的最大绝对值为1.564，峰度的最大绝对值为3.639，符合正态分布对偏度（绝对值小于3）和峰度（绝对值小于10）的要求（Kline，1998），可以进一步开展分析。

3　共同方法偏差检验

研究三继续采用Harman单因子检验和相关系数检验两种方法来检验是否存在共同方法偏差。

（1）Harman 单因子检验法

在研究三的调查问卷中，除个人基本信息外，共有27个与自变量和因变量有关的题项。将自变量和因变量对应的全部题项导入SPSS 26.0，采用主成分分析法并以特征值大于1为标准提取因子，分析结果表明：第一个因子方差的解释率为 41.060%，没有出现1个共同因子能够解释所有题项大部分方差的情况。因此，可认为调查问卷不存在明显的共同方法偏差。

（2）相关系数检验

潜变量之间的相关系数见表5-8。

表5-8　各潜变量之间的相关系数矩阵

	感知平台 / 资源价值	感知移动学习情境价值	口碑传播意愿	感知风险	心流体验
感知平台 / 资源价值	1				
感知移动学习情境价值	0.724**	1			
口碑传播意愿	0.562**	0.529**	1		
感知风险	0.008	-0.018	-0.052*	1	

续表

	感知平台 / 资源价值	感知移动学习情境价值	口碑传播意愿	感知风险	心流体验
心流体验	0.682**	0.617**	0.651**	0.107**	1

注：** 表示 $p<0.01$，* 表示 $p<0.05$。

由表5-8可知，问卷各潜变量之间的相关系数均小于 0.9，说明调查问卷不存在明显的共同方法偏差。

4 信度检验

采用SPSS 26.0软件对反馈数据进行信度检验，整体量表的Cronbach's α 值为0.946，说明量表具有非常良好的内部一致性。各变量测量量表的Cronbach's α 值情况见表5-9。

表5-9 正式量表的Cronbach's α 系数（N=1661）

题项	修正后的项与总计相关性	平方多重相关性	删除项后的Cronbach's α	Cronbach's α
我在使用移动学习平台的过程中能够方便地与老师交流	0.807	0.666	0.848	0.898
我在使用移动学习平台的过程中能够方便地与同学交流	0.830	0.695	0.828	
我所在的群体里有良好的交流氛围	0.762	0.582	0.887	
使用移动学习平台可以提高我的学习成绩	0.790	0.645	0.929	0.938

续表

题项	修正后的项与总计相关性	平方多重相关性	删除项后的Cronbach's α	Cronbach's α
移动学习平台能够为我提供丰富且有价值的学习资源	0.778	0.627	0.929	
移动学习平台的功能界面友好，操作简单易学	0.784	0.633	0.929	
移动学习平台的课件资源结构清晰，使用方便简单	0.779	0.626	0.929	
在使用移动学习平台时，我能够很容易找到所需要的功能和资源	0.769	0.600	0.930	
使用移动学习平台的方法很容易学习	0.812	0.665	0.927	
使用移动学习平台是一件有趣的事	0.785	0.641	0.929	
移动学习平台所提供的交互功能让我感到有趣	0.738	0.584	0.932	
我担心移动学习平台不能满足学习的需要	0.747	0.596	0.930	0.936
我担心移动学习平台的课件资源不能正常使用	0.791	0.688	0.926	
我担心移动学习平台功能不稳定而影响学习	0.806	0.695	0.924	
我担心使用移动学习平台会影响我与他人交流的时间	0.835	0.715	0.922	
我担心使用移动学习平台会影响身体健康	0.810	0.700	0.924	
我担心使用移动学习平台需要额外购置设备	0.775	0.657	0.927	

续表

题项	修正后的项与总计相关性	平方多重相关性	删除项后的 Cronbach's α	Cronbach's α
我担心使用移动学习平台会泄露自己的隐私	0.773	0.635	0.927	
我在使用移动学习平台时会集中精力，处于“无我”的状态	0.666	0.453	0.840	0.861
我在使用移动学习时会觉得时间过得很快	0.721	0.522	0.818	
我能感受到使用移动学习平台时带来的愉悦	0.715	0.531	0.819	
我使用移动学习平台时会有尽在控制中的感觉	0.730	0.542	0.812	
我会向同学分享使用移动学习平台的体验	0.720	0.530	0.903	
我会在学习讨论区中对移动学习平台做出评价	0.788	0.624	0.889	
我会在学习讨论区中对移动学习平台提出改进建议	0.783	0.618	0.890	
我会在学习讨论区中对移动学习平台的管理和服务做出评价	0.795	0.645	0.888	
我会在学习讨论区中对移动学习平台的管理和服务提出建议	0.790	0.638	0.889	
我习惯使用移动平台设备查阅各种资料	0.726	0.535	0.870	0.889
通过使用移动平台设备，我能很快找到需要的学习资源	0.782	0.612	0.849	
我习惯使用移动设备与老师和同学们进行交流	0.769	0.596	0.853	
我操作移动设备的水平良好，能够很快适应移动学习平台的各种功能	0.752	0.575	0.860	

由表5-9可知，各变量的Cronbach's α值均在0.8之上，没有出现删除后高于其变量Cronbach's α值的题项。因此，可以认为调研数据具有较高的可靠性。

5　效度分析

（1）内容效度分析

研究三在制订测量问卷的过程中经历了参考成熟量表、专家提出修改建议和小样本预测试等3个阶段，经过3个阶段的修改和完善，可以认为测量问卷具有较好的内容效度。

（2）结构效度分析

研究三继续运用探索性因子分析方法（EFA）对正式量表进行结构效度检验，方法和步骤与研究二相同。心流体验部分包括感知移动学习情境价值、感知平台/资源功能价值、感知风险和心流体验等4个变量，模型结构如图5-2所示。

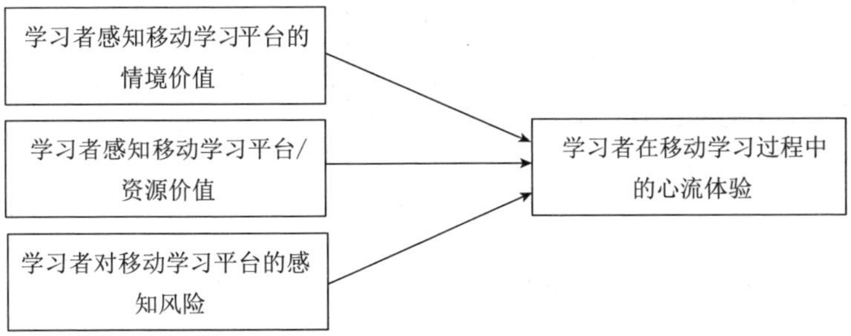

图5-2　学习者心流体验部分的变量组成

将4个变量的对应题项导入SPSS 26.0进行因子分析，得到KMO值为0.947；Bartlett球形度检验中的近似卡方（Approx Chi-Square）为28015.614；自由度（df）为231；显著性（Sig.）为0.000<0.01。以上分析结果表明，心流体验部分的题项适合进行因子分析。共提取到4个公因子，方差解释率分别为27.061%、23.064%、13.213%和9.531%，累积方差解释率为72.868%。旋转后得到成分矩阵见表5-10。

表5-10　心流体验部分旋转后的成分矩阵（N=1661）

题项	成分			
	1	2	3	4
我在使用移动学习平台的过程中能够方便地与老师交流	0.769			
我在使用移动学习平台的过程中能够方便地与同学交流	0.781			
我所在的群体里有良好的交流氛围	0.685			
使用移动学习平台可以提高我的学习成绩		0.759		
移动学习平台能够为我提供丰富且有价值的学习资源		0.786		
移动学习平台的功能界面友好，操作简单易学		0.817		
移动学习平台的课件资源结构清晰，使用方便简单		0.809		
在使用移动学习平台时，我能够很容易找到所需要的功能和资源		0.792		
使用移动学习平台的方法很容易学习		0.795		
使用移动学习平台是一件有趣的事		0.747		
移动学习平台所提供的交互功能让我感到有趣		0.711		

续表

题项	成分			
	1	2	3	4
我担心移动学习平台不能满足学习的需要			0.815	
我担心移动学习平台的课件资源不能正常使用			0.852	
我担心移动学习平台功能不稳定而影响学习			0.862	
我担心使用移动学习平台会影响我与他人交流的时间			0.881	
我担心使用移动学习平台会影响身体健康			0.861	
我担心使用移动学习平台需要额外购置设备			0.836	
我担心使用移动学习平台会泄露自己的隐私			0.835	
我在使用移动学习平台时会集中精力，处于“无我”的状态				0.722
我在使用移动学习平台时会觉得时间过得很快				0.749
我能感受到使用移动学习平台时带来的愉悦				0.732
我使用移动学习平台时会有尽在控制中的感觉				0.761

注：提取方法：主成分分析法；旋转方法：凯撒正态化最大方差法；旋转在 5 次迭代后已收敛。

由表5-10可知，学习者心流体验部分4个变量的所有题项均可对应在某一个公因子上，且因子载荷均大于0.5，符合研究要求。由此可以认为，学习者心流体验部分变量的题项具有较好的结构效度。

6　验证性因子分析

在进行结构方程的分析检验之前，需要对调查数据进行验证性因子分析（CFA）。分析方法和验证标准已在第4章描述，不再赘述。

心流体验的前因变量的概念模型见图5-3所示。

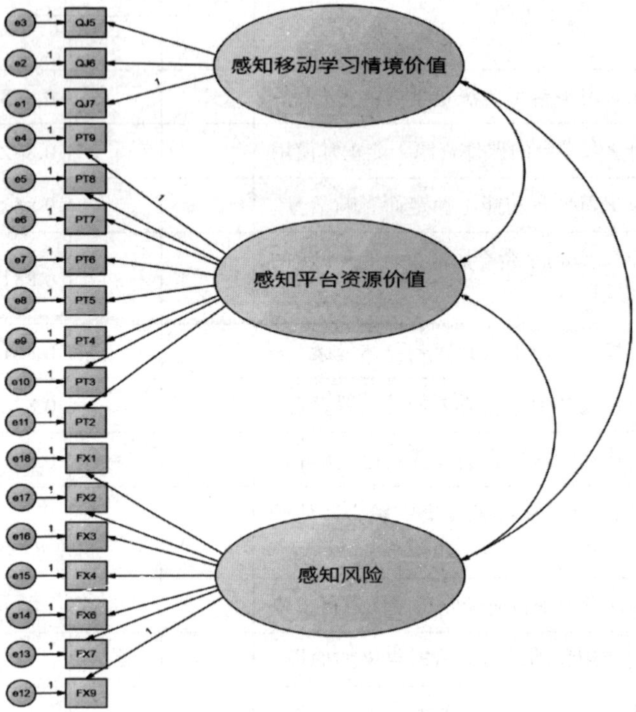

图5-3 心流体验前因变量影响因素的因子分析图

（1）标准化回归系数检验

通过AMOS 26进行运算，得到心流体验前因变量的标准化回归系数（Standardized Regression Weights）的运算结果见表5-11。

表5-11 心流体验前因变量的标准化回归系数

			Estimate
QJ7	←	感知移动学习情境	0.830
QJ6	←	感知移动学习情境	0.892

续表

			Estimate
QJ5	←	感知移动学习情境	0.876
PT9	←	感知平台资源价值	0.767
PT8	←	感知平台资源价值	0.810
PT7	←	感知平台资源价值	0.842
PT6	←	感知平台资源价值	0.794
PT5	←	感知平台资源价值	0.805
PT4	←	感知平台资源价值	0.812
PT3	←	感知平台资源价值	0.809
PT2	←	感知平台资源价值	0.828
FX9	←	感知风险	0.800
FX7	←	感知风险	0.805
FX6	←	感知风险	0.844
FX4	←	感知风险	0.873
FX3	←	感知风险	0.837
FX2	←	感知风险	0.819
FX1	←	感知风险	0.776

由表5-11可知，各项因素的负荷量均在0.5以上。感知移动学习情境价值、感知平台资源价值、感知风险以及18个测量指标的误差方差均显著，标准误差（S.E.）的估计值介于0.009至0.046之间，无模型界定错误。上述结果体现出模型具有良好的基本适配度。

（2）组合信度和平均方差抽取量检验

学习者心流体验前因变量组合信度（CR）的运算结果：感知移动学习情境价值为0.900，感知平台资源价值为0.938，感知风险为0.936，均大于0.60；平均方差抽取量（AVE）的运算结果：感知移动学习情境价值为0.751，感知平台资源价值为0.654，感知风险为0.677，均大于0.50。组合信度和平均方差抽取量的运算结果表明，学习者心流体验前因变量模型具有较理想的内在质量。

（3）区分效度检验

研究三继续采用约束模型法对区分效度进行检查。将感知情境价值、感知平台/资源价值和感知风险等3个潜变量两两组合，分别按未限制模型和限制模型两种方式进行运算，得到结果见表5-12。

表5-12　心流体验影响因素的区分效度计算结果

		卡方值	自由度	卡方自由度比	RMSEA	AGFI	GFI
感知移动学习情境—感知平台/资源价值	未限制模型	237.462	40	5.937	0.055	0.958	0.974
	限制模型	570.77	41	13.921	0.088	0.914	0.947
	差异值	333.308	1	7.984			
感知移动学习情境—感知风险	未限制模型	124.402	28	4.443	0.046	0.973	0.986
	限制模型	987.255	29	34.043	0.141	0.863	0.923
	差异值	862.853	1	29.600			

续表

		卡方值	自由度	卡方自由度比	RMSEA	AGFI	GFI
感知平台资源价值—感知风险	未限制模型	363.89	81	4.492	0.046	0.956	0.970
	限制模型	1250.594	82	15.251	0.093	0.898	0.939
	差异值	886.704	1	10.759			

注：p=0.000。

由表5-12可知，“感知移动学习情境—感知平台/资源价值”的卡方值差异为333.308，自由度差异为1，卡方自由度比差异为7.984，$p=0.000<0.05$；“感知移动学习情境—感知风险”的卡方值差异为862.853，自由度差异为1，卡方自由度比差异为29.600，$p=0.000<0.05$；“感知平台/资源价值—感知风险”的卡方值差异为886.704，自由度差异为1，卡方自由度比差异为10.759，$p=0.000<0.05$。在上述3个配对测量模型中，未限制与限制模型的卡方值差异均达到0.001级别的显著水平，且限制模型的卡方值显著高于未限制模型的卡方值，体现了心流体验前因变量对应的量表具有较好的区别效度。

（4）适配度指标检验

研究三的有效样本为1661，远大于200，故不以卡方值检查模型的适配度，而采用适配度指标的检验方式。心流体验前因变量的绝对适配度指标见表5-13。

表5-13　心流体验前因变量的绝对适配度指标

		GFI	AGFI	RMR	SRMR	RMSEA
参考值	<5	>0.9	>0.9	<0.05	<0.05	<0.05
模型值	2.969	0.977	0.968	0.022	0.021	0.041

由表5-13可知，模型绝对适配度的运算结果为：为2.969<5，RMR=0.022<0.05，SRMR=0.021<0.05，RMSEA=0.041<0.05，GFI=0.977>0.9，AGFI=0.968>0.9，各项指标均符合判别标准，表明模型具有良好的绝对适配度指标，即模型与观测数据之间具有良好的适配度。

心流体验前因变量的相对适配度指标见表5-14。

表5-14　心流体验前因变量的相对适配度指标

	NFI	RFI	IFI	TLI	CFI
参考值	>0.9	>0.9	>0.9	>0.9	>0.9
模型值	0.986	0.982	0.991	0.988	0.991

由表5-14可知，模型相对适配度的运算结果为：NFI=0.986>0.9，IFI=0.991>0.9，CFI=0.991>0.9，RFI=0.982>0.9，各项指标均达到判别标准，表明模型具有良好的相对适配度指标，即模型与观测数据之间具有良好的适配度。

由上述检测结果可知，模型的各项适配指标能够符合判别标准。因此，可以认为心流体验前因变量的模型与观测数据具有较好的适配度。

第六节　假设检验

本节将对数据进行相关分析、回归分析、结构方程分析和调节效应检验，以探讨各项影响因素之间的相互关系，验证模型中各项假设关系的支持情况。

1　研究变量的相关分析

感知移动学习情境价值、感知平台/资源价值、感知风险、心流体验、口碑传播意愿等变量的相关分析结果如表5-8所示。由表5-8可知，感知移动学习情境价值、感知平台/资源价值、心流体验、口碑传播意愿等4个变量之间的Pearson系数均达到0.01的显著性水平，且Pearson系数均大于0.5，说明上述变量之间具有紧密相关性。感知风险与口碑传播意愿之间的Pearson系数达到了0.05的显著性水平，与心流体验达到了0.01的显著性水平，与其余变量均未达到统计学的显著水平。各变量之间的相互影响关系还需要通过结构方程做进一步的分析。

2 研究变量的回归分析

回归分析（Regression Analysis）是测量两种或两种以上变量间相互依赖的定量关系的一种统计分析方法。通过回归分析，一是可以检验自变量对因变量的贡献量或解释程度；二是可以检验变量之间是否存在多重共结性问题。研究三变量之间的回归分析见表5-15。

表5-15 研究变量间的回归分析

因变量	自变量	系数			模型			ANOVA	
		B	显著性	VIF	R^2	$\triangle R^2$	德宾-沃森	F	显著性
心流体验	感知风险	0.062	0.000	1.005	0.526	0.525	1.930	629.426	0.000
	感知平台/资源价值	0.537	0.000	2.181					
	感知移动学习情境价值	0.263	0.000	2.187					
口碑传播意愿	心流体验	0.671	0.000	1.000	0.451	0.450	2.050	476.835	0.000

由表5-15可获得两方面的结果。

一是在研究变量的关系方面，每个因变量—自变量组所对应方差分析的显著性均为0.000，小于0.01，表明相应组中的自变量会对因变量产生显著影响。

二是在多重共线性检验方面，心流体验、口碑传播意愿等2组因变量—自变量关系对应的德宾-沃森值分别为1.930、2.050，均在2的附近；自变量的VIF值在1.000至2.187之间，均小于5。以上结果说明各变量之间不存在多重共线性问题。

3　研究变量的结构方程分析

根据之前提出的研究假设，在AMOS 26中绘制出理论模型见图5-4所示。

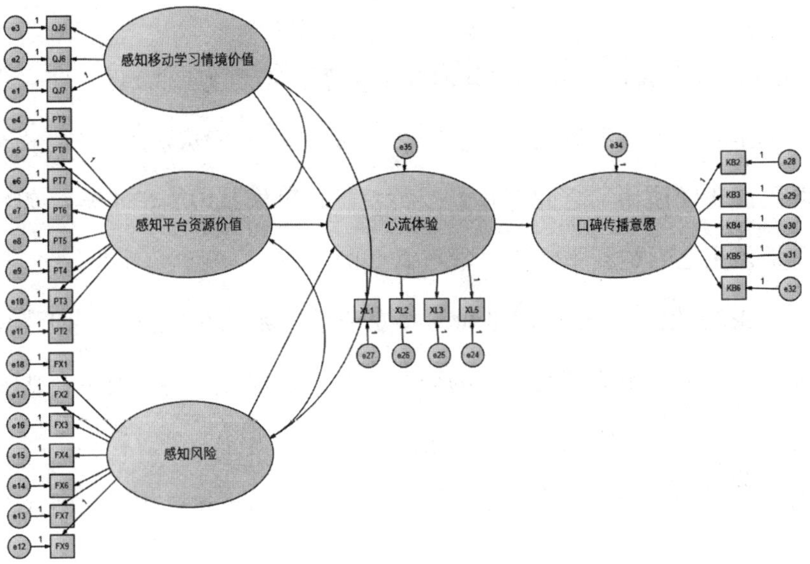

图5-4　通过AMOS绘制的理论模型图

将采集数据导入AMOS软件，运算后得到模型的拟合指标见表5-16。

表5-16　理论模型的拟合指标

		GFI	AGFI	RMR	SRMR	RMSEA	NFI	RFI	IFI	TLI	CFI	CN	PCFI	PNFI
参考值	<5	>0.9	>0.9	<0.05	<0.05	<0.05	>0.9	>0.9	>0.9	>0.9	>0.9	>200	>0.5	>0.5
模型值	5.785	0.917	0.902	0.043	0.042	0.054	0.947	0.942	0.956	0.951	0.956	326	0.863	0.855

由表5-16可知，模型的个别指标没有达到参考值的范围，须参考AMOS软件提供的Modification Indices值，以进一步提高模型的各项指标。

修正1：增加e16与e17之间的共变关系，MI值为190.548，即“我担心移动学习平台的课件资源不能正常使用”和“我担心移动学习平台功能不稳定而影响学习”之间存在共变关系。这可能是因为学生在使用移动学习平台而遇到问题时，无法鉴别是平台导致的问题还是资源所产生的问题。

修正2：增加e17与e18之间的共变关系，MI值为123.115，即“我担心移动学习平台不能满足学习的需要”和“我担心移动学习平台的课件资源不能正常使用”之间存在共变关系。这可能是因为学生会将资源不能正常使用也归纳到不能满足学习需要的范畴中。

修正3：增加e16与e18之间的共变关系，MI值为72.744，即“我担心移动学习平台不能满足学习的需要”和“我担心移动学习平台功能不稳定而影响学习”之间存在共变关系。这是因为前者是对移动学习有用性的整体概括，而后者为其某一特性的有用性的描述，相互之间存在较高相似度。

修正4：增加e4与e5 之间的共变关系，MI值为99.713，即“使用移动学习平台是一件有趣的事”和“移动学习平台所提供的交互功能让我感到有趣”之间存在共变关系。这可能是因为前者是对移动学习平台趣味性的整体概括，而后者为某一特性的趣味性的描述，相互之间存在较高相似度。

修正5：增加e12与e13之间的共变关系，MI值为72.316，即“我担心使用移动学习平台会泄露自己的隐私”和“我担心使用移动学习平台需要额外购置设备”之间存在共变关系。这可能是因为目前移动设备和移动应用程序大多采用实名制，更多添置设备和程序，会导致学习者担心自己个人信息外泄。

修正6：增加e10与e11之间的共变关系，MI值为57.928，即“使用移动学习平台可以提高我的学习成绩”和“移动学习平台能够为我提供丰富且有价值的学习资源”之间存在共变关系。这可能是因为移动学习平台提供丰富且有价值学习资源与提高学生成绩之间存在一定的内在联系。

修正7：增加e8与e9之间的共变关系，MI值为50.544，即“移动学习平台的功能界面友好，操作简单易学”和“移动学习平台的课件资源结构清晰，使用方便简单”之间存在共变关系。这可能是因为两个题项均描述的是移动学习平台的易用性，平台界面友好与资源结构清晰在内涵上具有相似性。

上述7个修正过程分别对应的拟合指标见表5–17。

表5–17　理论模型修正后的拟合指标

		GFI	AGFI	RMR	SRMR	RMSEA	NFI	RFI	IFI	TLI	CFI	CN	PCFI	PNFI
参考值	<5	>0.9	>0.9	<0.05	<0.05	<0.05	>0.9	>0.9	>0.9	>0.9	>0.9	>200	>0.5	>0.5
修正 1	5.116	0.929	0.915	0.042	0.041	0.050	0.953	0.948	0.962	0.958	0.962	366	0.866	0.858
修正 2	4.722	0.935	0.921	0.041	0.041	0.047	0.957	0.952	0.966	0.962	0.966	399	0.867	0.859
修正 3	4.393	0.940	0.927	0.041	0.040	0.045	0.960	0.956	0.969	0.965	0.969	429	0.867	0.859
修正 4	4.073	0.945	0.934	0.041	0.041	0.043	0.963	0.959	0.972	0.969	0.972	463	0.867	0.859
修正 5	3.809	0.949	0.938	0.041	0.041	0.041	0.966	0.962	0.975	0.971	0.975	495	0.866	0.858
修正 6	3.639	0.951	0.941	0.040	0.040	0.040	0.967	0.963	0.976	0.973	0.976	518	0.865	0.857
修正 7	3.479	0.954	0.944	0.040	0.040	0.039	0.969	0.965	0.978	0.975	0.978	542	0.863	0.856

由表5–17可知，模型修改后各项指标均有较好的改善，全部达到了

参考值的范围。修正模型后，通过AMOS计算出各变量间的相互关系见表5-18。

表5-18　理论模型各变量路径关系表（Regression Weights）

			标准化回归系数	路径系数	S.E.	C.R.	P
心流体验	←	感知移动学习情境	0.284	0.293	0.036	8.096	***
心流体验	←	感知平台资源价值	0.545	0.608	0.041	14.708	***
心流体验	←	感知风险	0.100	0.082	0.016	5.277	***
口碑传播意愿	←	心流体验	0.741	0.649	0.025	25.931	***

注：*** 表示 $p<0.001$。

由表5-18可知，在假设对应的4条路径关系均达到了显著性要求。根据模型中各变量之间的标准化回归系数，绘制模型各潜变量之间的关系结构如图5-5所示。

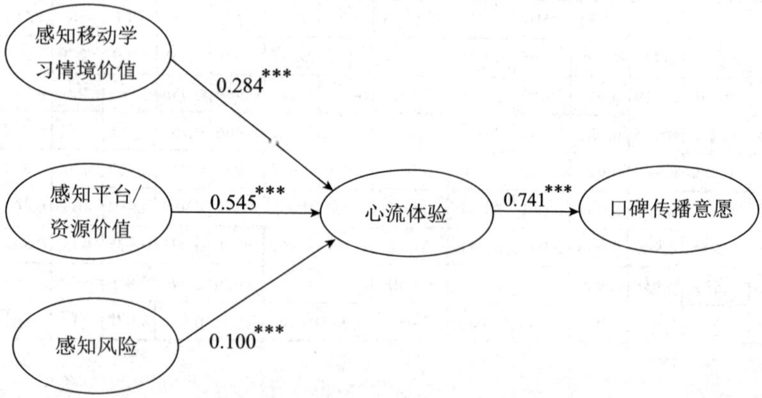

图5-5　理论模型各变量之间的路径系数

由上述计算结果对应至假设H1至H4中，得到结果见表5-19。

表5-19　假设支持情况对应表

假设	假设内容	标准化回归系数	C.R.	p	支持情况
H1	学习者感知移动学习情境价值正向影响其心流体验	0.284	14.708	***	支持
H2	学习者感知平台/资源价值正向影响其心流体验	0.545	5.277	***	支持
H3	学习者感知风险负向影响其心流体验	0.100	8.096	***	不支持
H4	学习者的心流体验正向影响其口碑传播意愿	0.741	25.931	***	支持

注：*** 表示 $p<0.001$

由表5-19可知：

（1）感知移动学习情境价值对心流体验有显著正向影响

感知移动学习情境价值对心流体验的标准化回归系数为0.284，$P<0.001$，达到显著性要求，故H1“学习者感知移动学习情境价值正向影响其心流体验”得到验证，假设成立。

（2）感知平台/资源价值对心流体验有显著正向影响

感知平台/资源价值对心流体验的标准化回归系数为0.545，$P<0.001$，达到显著性要求，故H2“学习者感知平台/资源价值正向影响其心流体验”得到验证，假设成立。

（3）感知风险对心流体验的负向影响不成立

感知风险对心流体验的标准化回归系数为0.100，p<0.001，即感知风险与心流体验有显著正向影响，与H3所提出的“学习者感知风险负向影响其心流体验”不相符，假设不成立。

（4）心流体验对口碑传播意愿有显著正向影响

心流体验对学业情绪的标准化回归系数为0.741，p<0.001，达到显著性要求，即H4“学习者的心流体验正向影响其口碑传播意愿”得到了验证，假设成立。

4 心流体验的中介效应检验

按照Zhao等（2010）提出的中介效应分析程序，参照Preacher等（2007）和Hayes（2013）提出的Bootstrap法，使用SPSS Process程序中的模型4，选择95%置信区间和5000样本量，以心流体验作为中介变量进行检验。检验结果见表5-20。

表5-20 心流体验的中介效应检验

作用路径	Effect	SE	LLCI	ULCI
感知移动学习情境价值→心流体验→口碑传播意愿	0.3036	0.0240	0.2580	0.3513
感知平台资源价值→心流体验→口碑传播意愿	0.3798	0.0291	0.3238	0.4344
感知风险→心流体验→口碑传播意愿	0.0541	0.0157	0.0236	0.0846

由表5-20的数据结果可知：

（1）“感知移动学习情境价值→心流体验→口碑传播意愿”的中介路径显著（LLCI=0.2580，ULCI=0.3513），作用大小为0.3036。

（2）“感知平台资源价值→心流体验→口碑传播意愿”的中介路径显著（LLCI=0.3238，ULCI=0.4344），作用大小为0.3798。

（3）“感知风险→心流体验→口碑传播意愿”的中介路径显著（LLCI=0.0236，ULCI= 0.0846），作用大小为0.0541。SPSS Process的检查结果还表明：感知风险对口碑传播意愿的直接效应显著（LLCI=-0.3575，ULCI=- 0.1943），作用大小为-0.2759。

由上述分析可知，学习者感知移动学习情境价值、感知平台资源价值和感知风险均会通过心流体验的中介作用影响学习者的口碑传播意愿。并且，学习者感知风险对口碑传播意愿有直接负向影响，经过心流体验的中介后，对口碑传播意愿的总效应变为正向。

5　移动学习适应性的调节效应检验

调节变量的定义是：若变量Y与变量X的关系是变量M的函数，则M为调节变量（James等，2016）。调节效应分析用于检验自变量X对因变量Y产生影响的过程中，当调节变量M取不同值时，X对Y的影响是否存在显著差异。调节变量既可以是定性变量，也可以是定量变量（Baron等，1999），根据变量类别的差异，检验方法也有所不同。本研究将检验移动学习适应性是否能够调节心流体验与口碑传播意愿之间的关系。

在实证研究模型中，移动学习适应性对心流体验与口碑传播意愿的调节关系见图5-6所示。

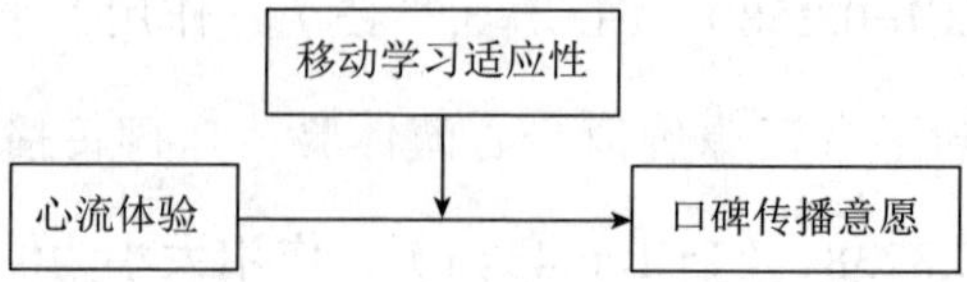

图5-6 移动学习适应性对心流体验与口碑传播意愿的调节关系

借鉴Hayes（2017）提出的调节分析模型，在选择Spss Process中选择“Model 1”进行分析。Bootstrap样本量为5000，在95%的置信区间下，设置自变量为心流体验，因变量为口碑传播意愿，调节变量为移动学习适应性。通过SpssProcess运算后，移动学习适应性对心流体验和口碑传播意愿调节效应的检验结果见表5-21。

表5-21 移动学习适应性对心流体验与口碑传播意愿的调节效应

	模型 1		模型 2		模型 3	
	Beta	t	Beta	t	Beta	t
心流体验	0.671***	37.423	0.291***	10.833	0.286***	10.702
移动学习适应性			0.482***	17.954	0.450***	16.179
心流体验与移动学习适应性的交互项					0.076***	4.121
R^2			0.538		0.543	
$\triangle R^2$					0.005	
F	1400.487***		993.236***		674.025***	

注：*** 表示 p<0.001，** 表示 p<0.01，* 表示 p<0.05。

在表5-21中，模型1仅包含了自变量“心流体验”和因变量“口碑传播意愿”，模型2中加入了“移动学习适应性”，模型3中加入了自变量和调节变量的交互项。在模型2中，心流体验（β=0. 291，p<0. 001）和移动学习适应（β=0. 482，p<0. 001）对口碑传播意愿的主效应显著。在模型3中，心流体验（β=0. 286，p<0. 001）和移动学习适应（β=0. 450，p<0. 001）正向影响口碑传播意愿，且二者的交互项（β=0. 076，p<0. 001）也正向影响口碑传播意愿。模型2的R^2为0.538，模型3的R^2为0.543，模型的拟合程度有所提高（ΔR^2=0.005），说明移动学习适应性在心流体验和口碑传播意愿的关系中起到了调节作用。根据分析数据，将高移动学习适应性和低移动学习适应性整理后进行简单斜率分析，得到结果见表5-22。

表5-22 移动学习适应性对心流体验的影响

移动学习适应性	Effect	se	t	p	LLCI	ULCI
-0.7825	0.2422	0.0284	8.5274	0.0000	0.1865	0.2979
0.0000	0.2817	0.0263	10.7016	0.0000	0.2301	0.3334
0.7825	0.3213	0.0276	11.6236	0.0000	0.2671	0.3755

由表5-22可知，低分组下的斜率为0.2422（p<0.001），高分组下的斜率为0.3213（p<0.001），表明高移动学习适应性会促使产生更高的口碑传播意愿。学习者移动学习适应性调节效应的简单斜率图如图5-7所示。

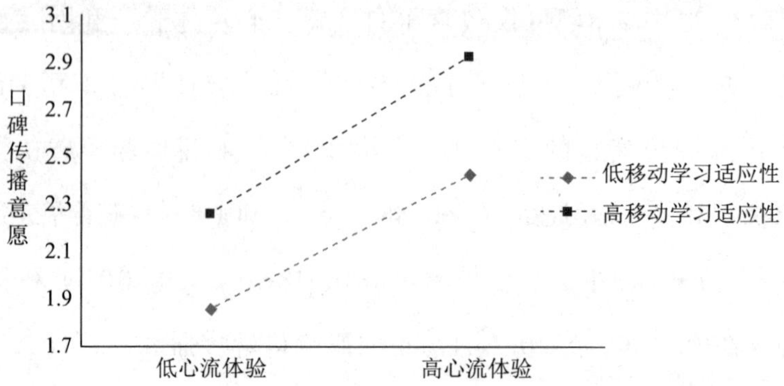

图5-7 移动学习适应性对心流体验和口碑传播意愿的调节

由表5-22和图5-7可知，假设H5“学习者的移动学习适应性会调节心流体体验与口碑传播意愿之间的关系”得到支持。

6 控制变量的独立样本T检验和单因素方差分析

为了探寻感知风险对心流体验影响方向与假设相反的原因，本书采用独立样本T检验和单因素方差分析检查了学习者人口统计变量对自变量和因变量所造成的影响。学习者的人口统计学变量由性别、年龄、学历层次和移动学习经验等4个方面构成。其中性别和学历层次各有2个分组，采用独立样本T检验；年龄和移动学习经验的分组大于或等于3组，将采用单因素方差分析来比较。

（1）性别对各变量的影响分析

将受访学习者按性别进行分组，检查不同性别学习者对感知风险和心流体验的影响是否存在显著性差异。检验结果见表5-23。

表5-23　不同性别学习者的方差分析

	莱文方差等同性检验		平均值等同性 T 检验	
	F	显著性	显著性（双尾）	平均值差值
感知风险	0.242	0.623	0.509	0.03755
心流体验	1.485	0.223	0.971	0.00161

由表5-23可知，方差齐性的显著性均大于0.05，对应平均值差异的显著性也均大于0.05。说明在置信度为95%的水平下，男性学习者和女性学习者在感知风险和心流体验方面均无显著差异，即性别差异没有明显的影响。

（2）年龄对各变量的影响分析

本研究将受访学习者的年龄分为“20岁以下”“20～30岁”“30～40岁”“40～50岁”“50岁以上”5个层次。通过单因素方差分析法，检验不同年龄段的学习者对感知风险和心流体验的影响是否存在显著性差异。检查结果见表5-24。

表5-24　不同年龄学习者分组的方差分析

	方差齐性检验		ANOVA			
	莱文统计	显著性	平方和	均方	F	显著性
感知风险	1.406	0.229	0.673	0.655	0.623	1.406
心流体验	0.504	0.733	0.712	1.151	0.331	0.504

由表5-24可知，感知风险和心流体验对应的方差均满足齐性要求，且ANOVA检测中F值的显著性均大于0.05，接受虚无假设，表明不同年龄段的学习者在感知风险和心流体验方面不存在显著性差异。

（3）学习层次对各变量的影响分析

受访学习者的层次可分为“专科及以下”和“本科及以上”两类，检验不同学历层次学习者对感知风险和心流体验的影响是否存在显著性差异。检验结果见表5-25。

表5-25　不同层次学习者分组的方差分析

		莱文方差等同性检验		平均值等同性 t 检验	
		F	显著性	显著性（双尾）	平均值差值
感知风险	假定等方差	2.287	0.131	0.222	–0.08754
	不假定等方差			0.244	–0.08754
心流体验	假定等方差	8.435	0.004	0.007	–0.15054
	不假定等方差			0.003	–0.15054

由表5-25可知，不同学历层次的学习者在感知风险变量上的方差齐性大于0.05，而在心流体验变量上的方差齐性小于0.05。根据方差齐性的检验结果进一步检查相应变量平均值差值的显著性，感知风险为0.222，心流体验为0.003。说明不同层次学习者对使用移动学习平台的心流体验存在显著差异，对移动学习平台的感知风险则不存在显著差

异。进一步检查心流体验变量的统计结果，本科及以上层次学习者的均值为2.1947，高于专科及以下层次学习者的均值2.0442，这可能是因为高学历学习者具有更高的学习意愿和学习适应性，更易于掌握并使用移动学习平台而进入深度学习状态。

（4）移动学习经验对各变量的影响分析

本研究将受访学习者接受各类移动学习的时间长度划为“1年”、“2年”和“2年以上”等3个分组，通过单因素方差分析法，检验移动学习经验不同的学习者的感知风险和心流体验是否存在显著性差异。检查结果见表5-26。

表5-26　不同网络学习经验学习者分组的方差分析

	方差齐性检验		ANOVA			
	莱文统计	显著性	平方和	均方	F	显著性
感知风险	1.478	0.228	169.468	84.734	163.683	0.000
心流体验	62.039	0.000	12.204	6.102	5.982	0.003

由表5-26可知，在置信度为95%的水平下，具有不同移动学习经验的学习者在感知风险和心流体验方面均存在显著差异，需要进一步检验。根据方差齐性的检验结果，对感知风险采用LSD（Least-Significant Difference）法进行检验，对心流体验采用Tamhane法进行检验，结果见表5-27。

表5-27 不同移动学习经验学习者的LSD/Tamhane检验结果

因变量	检验方法	移动学习经验		平均值差值 (I-J)	标准错误	显著性
		(I)	(J)			
感知风险	LSD	1年	2年	-0.11008*	0.05116	0.032
			3年	-0.33497*	0.10639	0.002
		2年	1年	0.11008*	0.05116	0.032
			3年	-0.22489*	0.10630	0.035
		3年	1年	0.33497*	0.10639	0.002
			2年	0.22489*	0.10630	0.035
心流体验	Tamhane	1年	2年	0.57968*	0.03687	0.000
			3年	0.92609*	0.06408	0.000
		2年	1年	-0.57968*	0.03687	0.000
			3年	0.34641*	0.06304	0.000
		3年	1年	-0.92609*	0.06408	0.000
			2年	-0.34641*	0.06304	0.000

注：* 表示平均值差值的显著性水平为 0.05。

由表5-27可知：在心流体验方面，不同学习经历学习者的平均值均存在显著差异；并且，均为学习经历时间较短学习者的平均值大于学习经历时间长学习者的平均值。这可能是因为第一年使用移动学习平台的学习者具有更高的学习投入度，对各方面的体验均有较高的期待；而随着学习深入，知识点难度增加，对平台功能、管理服务的要求也相应提高。在软硬支持条件不变的情况下，随着学习要求的提高，各种体验感知会有一定程度的下降。在感知风险方面，不同移动学习经历学习者的平均值存在显著差异，并且学习经历短的学习者的平均值会更高。这可能是因为刚接触移动学习的学习者对风险的感知程度更高，而随着使用的逐步深入，风险感知会逐渐降低。

独立样本T检验和单因素方差分析的结果表明，学习者的性别和年龄不会对感知风险和心流体验产生影响，而学历层次会对心流体验产生影响，移动学习经验则对感知风险和心流体验均会产生影响。检验还发现：移动学习经验较少的用户既具有较高的心流体验平均值，同时又具有较高的感知风险平均值。这可能是经验较少的学习者既对移动学习抱有较高的期待，又同时具有较高的风险感知；而随着学习的深入，在对移动学习平台感知风险降低的同时，对平台功能和管理服务的要求也相应提高，各种体验会也有一定程度的下降。由此可能导致感知风险负向影响心流体验的假设不成立。

第七节　本章小结

本章为研究三，即基于心流体验视角的移动学习平台WOM实证研究。研究三检验了学习者感知移动学习情境价值、感知平台资源价值和感知风险等内外刺激因素，是如何通过心流体验的中介作用而对口碑传播意愿产生影响，以及学习者的移动学习适应性是否会在其中起到调节作用。

1　研究内容小结

（1）在第3章质性分析结果的基础上，基于心流体验视角建立了实证研究模型，提出假设并开发了研究变量的量表。随后，通过小样本预测试对量表进行了信度和效度检验，形成了正式调查问卷。

（2）通过线上收集的方式，回收了1810份问卷，经整理甄别，共保留有效问卷1661份。随后，对正式量表调研的数据进行检验，通过描述性统计分析、信度分析、内容效度分析、结构效度分析、数据质量评估、验证性因子分析等方法，对反馈数据的质量进行了系统检验。

（3）运用结构方程检验各项影响因素之间的相互关系，并对假设进行验证。结果表明：学习者感知移动学习情境价值和感知平台/资源价值均对心流体验有显著正向影响；感知风险对心流体验的负向影响不成立；心流体验对口碑传播意愿有显著正向影响。

（4）检验了心流体验在学习者感知移动学习情境价值、感知平台/资源价值和感知风险等影响因素对口碑传播意愿的中介效应。结果表明：学习者感知移动学习情境价值和感知平台/资源价值会通过心流体验中介作用影响学习者的口碑传播意愿；学习者感知风险对口碑传播意愿有直接负向影响，但经过心流体验的中介后，对口碑传播意愿的总效应变为正向。

（5）运用独立样本T检验和单因素方差分析，对性别、年龄、学历层次和移动学习经验等4项控制变量进行了分析，以考察感知风险对心流体验影响假设不成立的原因。结果表明：性别和年龄对各项变量的影响不存在显著性差异；不同层次的学习者在感知风险方面不存在显著差异，但在心流体验方面存在显著差异；不同移动学习经验的学习者在感知风险和心流体验方面均存在显著差异。上述差异是可能导致感知风险负向影响心流体验的假设不成立的原因。

（6）检验了移动学习适应性在心流体验和口碑传播意愿影响关系之间的调节效应。结果表明：移动学习适应性会调节心流体验对口碑传播意愿的影响关系。

2 理论贡献

（1）本章继续探讨影响学习者对移动学习平台产生口碑传播的因素及其内在作用机制，将学习者的心流体验作为机体因素加入研究模型，进一步深入探讨了移动学习者产生口碑传播的内在心理机制。研究发现心流体验对口碑传播意愿具有很强的影响作用，不仅在感知情境价值和感知平台/资源价值方面会通过心流体验形成口碑传播意愿，并且心流体验还会抵消感知风险对口碑传播意愿的负向影响。本章结论能够进一步拓展口碑传播意愿研究的广度。

（2）本章探讨了学习者个体特征对口碑传播意愿的调节作用。通过SPSS检验，发现高移动学习适应性会促使产生更高的口碑传播意愿。并且，单因素方差分析的结果还表明移动学习经验较少的用户既具有较高的心流体验平均值，同时又具有较高的感知风险平均值。研究结论为移动学习中用户参与行为的相关研究提供了新的理论视角。

3 实践启示

（1）移动学习者的体验是促进其产生口碑传播意愿的关键影响因素。因此，教育技术企业应着力提升用户的使用体验，不断改进改善移动学习平台的功能，优化课件资源的组织形式，提升课程的教学品质。

（2）学习者的个体特征在移动学习的多个维度中均会产生影响。移动学习适应性高的用户，会更倾向于发布有利于移动学习平台的正面口碑。因此，教育技术企业应主动发现并管理这些有较强使用意愿的学习者，充分发挥他们的引领和示范作用。

第六章 基于fsQCA方法的移动学习平台WOM前因构型研究

第一节　引　言

在第四章和第五章中，本研究采用实证方法，对第3章提炼出的移动学习平台口碑传播意愿影响因素进行了检验，计算了各项因素之间的路径系数。但实证分析只能检验单一变量之间的路径关系，对诸多前因变量组合后对移动学习者口碑传播意愿的影响关系却尚未明晰。移动学习者口碑传播意愿形成的过程具有较强的复杂性，其影响因素较多并且具有相互作用，前因条件之间还可能具有不同层次性（Li，2012），同时移动学习者产生高口碑传播意愿与低口碑传播意愿可能是由不同前因条件的组合所引发。换言之，因果关系之间可能存在复杂性和非对称性，采用传统实证分析方法进行研究不能推导出全面符合客观事实的结论。

因此，本章将从前因变量的构型角度出发，研究学习者在使用移动学习平台的背景下，移动学习平台的情境价值、功能价值等不同前因条件能够组合成为哪些构型，从而对移动学习者的口碑传播意愿产生影响。本章主要运用模糊集定性比较分析（fsQCA）的方法，揭示决定移动学习者口碑传播意愿的条件组合，是对第4章和第5章的研究内容的进一步深化。

第二节　fsQCA研究方法

定性比较分析（Qualitative Comparative Analysis，QCA）是一种新兴的研究方法，该方法既不属于定性研究方法，也不属于定量研究方法，而是介于两者之间（Ragin，1987）。定性比较分析法以布尔运算和集合论为基础，能够阐明前因变量的组合（也即构型）如何对结果变量产生影响（Fiss，2011）。定性比较分析法具有3方面的优势： 是线性模型主要检验自变量对因变量的净效应，可以解释2～3个自变量对因变量的交互影响作用，但对更多自变量组合影响关系的检验则显得力不从心，而定性比较分析法则能够对3个以上自变量的组合效应进行检验（Fiss，2007）。二是线性模型无法区分个案成员的隶属情况，而定性比较分析法可以通过校准的过程而将个案划分为完全隶属成员和完全不隶属成员（Fiss，2007；Raing，2008）。三是线性模型首先假设每个自变量均是因变量的充分必要条件，并将变量划分层次以分析不同效应（如主效应、中介效应和调节效应），在分析过程中会受到先入为主的约束；而定性比较分析法将所有前因变量都看成是处于同一层次的变量（Lacey & Fiss，2009；王凤彬，江鸿，王璁，2014），可以检验出哪些自变量是因变量的必要条件、充分条件或充分必要条件，结果更为全面可信。由于具有以上优势，QCA方法在管理学中日益得到了广泛的重视（Fiss，2011；陈路，2018）。

定型比较分析方法有两种最为常见的类型，一为清晰集定性比较分析（crisp-setsQualitative Comparative Analysis，csQCA），二为模糊集定性比较分析（fuzzy-setsQualitative Comparative Analysis，fsQCA）。两种分析方法相比较，清晰集定性比较分析（csQCA）将数据划分为0和1，但这种处理方式对于数据的划分较为绝对，难以满足现有研究对连续变量的需求（Rihoux & Ragin，2009）。而模糊集定性比较分析（fsQCA）将数据通过校准转换为0至1之间的模糊集分数（Ragin，2000），因而在处理实证调查问卷所获得的连续型数据上具有较强优势。因此，在信息管理研究领域，学者们常选择模糊集定性比较分析（fsQCA）的方法展开探索（Pappas，2019；Stanko，2016）。

第三节　研究设计

现有关于口碑传播意愿的研究主要集中在影响因素和作用机制的探索上，从构型角度出发展开的研究还较少。第四、五章的实证分析研究结果表明，移动学习者感知移动学习情境价值、感知平台资源功能价值、感知风险、学业情绪、满意度、心流体验和移动平台适应性等均对其口碑传播意愿产生一定影响，但此前文献回顾曾表明满意度对口碑传播意愿起着决定性作用，即满意度对口碑传播意愿变化的解释度远高于其他因素，对口碑传播意愿的影响具有独立性。因此，在本章探究可能对学习者口碑传播意愿产生影响的前因条件组合时，不再将满意度纳入讨论范围，而是着重探究感知移动学习情境价值、感知平台资源功能价值、感知风险、学业情绪、心流体验和移动平台适应性等6个前因条件对口碑传播意愿产生影响的组态效应。

本章将使用 fsQCA 方法对第4章和第5章的研究结论进行补充，进一步深入分析引发移动学习者口碑传播意愿的影响因素，以厘清感知移动学习情境价值等因素如何组合共同影响用户口碑传播意愿，以及高口碑传播意愿和低口碑传播意愿各自具有何种前因变量构型。研究分为3个步骤：（1）挖掘引发移动学习者口碑传播意愿的前因条件组合；（2）探讨高/低两种口碑传播意愿的前因构型；（3）通过比较不同构型的特点，分析出移动学习平台特性、学习者心理反应以及个体特征在引发口碑传播意愿中所扮演的角色。

第四节　数据准备

1　确定变量及收集数据

fsQCA首先需要确定前因条件，然后进行数据收集并识别有用个案数据（Fiss ，2011）。通常，fsQCA 研究需要选择3～7个前因变量，因此，本研究基于前文理论基础以及质性研究所提炼的研究变量，结合研究问题，将感知移动学习情境价值（QJ）、感知平台资源功能价值（PT）、感知风险（FX）、学业情绪（QX）、心流体验（XL）和移动平台适应性（SY）等6个因子作为前因要素，将口碑传播意愿（KB）作为结果变量。

研究四问卷的题项包括感知移动学习情境价值、感知平台/资源功能价值、感知风险、学业情绪、心流体验、移动平台适应性和口碑传播意愿。由于各变量的测量问项已在第四章和第五章中设计并进行了信度和效度检验，本章不再赘述。研究四继续通过青书学堂等移动学习平台收集调查问卷。调查时间为2020年12月1日至12月30日，为期30天。调查共回收问卷2012份，除去答题不完整及全部选择同一选项的不合格问卷，共得到有效问卷1709份，有效率为84.94%。在有效问卷中，男生1270人，占比74.31%，女生439人，占比25.69%；专科及以下层次学生238人，占比13.93%，本科及以上层次学生1471人，占比86.07%。样本容量符合本研究的要求，样本数据的基本情况见表6–1。

表6–1　数据的基本情况（N=1709）

特征	项目	数量	占比（%）	特征	项目	数量	占比（%）
性别	男	1270	74.31	移动学习时间	1年	777	45.47
	女	439	25.69		2年	812	47.51
年龄	20岁以下	11	0.64		2年以上	120	7.02
	20–30岁	1251	73.20	移动学习品牌	超星	62	3.60
	30–40岁	355	20.77		得到	73	4.27
	40–50岁	86	5.03		钉钉	200	11.71
	50岁以上	6	0.36		青书学堂	1039	60.81
学历层次	专科及以下	238	13.93		雨课堂	275	16.10
	本科及以上	1471	86.07		其他	60	3.51

采用SPSS 26.0软件对反馈数据进行信度检验，整体量表的Cronbach's α值为0.946，说明量表具有良好的内部一致性。各变量测量量表的Cronbach's α值情况见表6-2。

表6-2　正式量表的Cronbach's α系数（N=1709）

题项	修正后的项与总计相关性	平方多重相关性	删除项后的Cronbach's α	Cronbach's α
我在使用移动学习平台的过程中能够方便地与老师交流	0.815	0.678	0.855	0.903
我在使用移动学习平台的过程中能够方便地与同学交流	0.837	0.706	0.835	
我所在的群体里有良好的交流氛围	0.771	0.596	0.891	
使用移动学习平台可以提高我的学习成绩	0.797	0.656	0.932	0.940
移动学习平台能够为我提供丰富且有价值的学习资源	0.785	0.638	0.933	
移动学习平台的功能界面友好，操作简单易学	0.792	0.644	0.932	
移动学习平台的课件资源结构清晰，使用方便简单	0.787	0.637	0.932	
在使用移动学习平台时，我能够很容易找到所需要的功能和资源	0.777	0.611	0.933	
使用移动学习平台的方法很容易学习	0.819	0.675	0.930	
使用移动学习平台是一件有趣的事	0.792	0.652	0.932	
移动学习平台所提供的交互功能让我感到有趣	0.747	0.597	0.935	
我担心移动学习平台不能满足学习的需要	0.767	0.625	0.936	0.941

续表

题项	修正后的项与总计相关性	平方多重相关性	删除项后的Cronbach's α	Cronbach's α
我担心移动学习平台的课件资源不能正常使用	0.807	0.711	0.932	
我担心移动学习平台功能不稳定而影响学习	0.822	0.717	0.931	
我担心使用移动学习平台会影响我与他人交流的时间	0.846	0.732	0.929	
我担心使用移动学习会影响身体健康	0.821	0.716	0.931	
我担心使用移动学习平台需要额外购置设备	0.791	0.677	0.934	
我担心使用移动学习平台会泄露自己的隐私	0.790	0.659	0.934	
我期待能用移动学习平台完成课程的学习	0.686	0.491	0.887	0.897
使用移动学习平台很有趣，因此我愿意使用它来完成学习	0.771	0.599	0.869	
我使用移动学习平台没有遇到太大困难，增加了我继续学习的动力	0.716	0.518	0.882	
我对自己使用移动学习平台的表现感到满意	0.795	0.653	0.864	
当我使用移动学习平台获得老师或其他同学的认可时，我感到自豪	0.767	0.624	0.870	
我在使用移动学习平台时会集中精力，处于“无我”的状态	0.682	0.475	0.848	0.868
我在使用移动学习平台时会觉得时间过得很快	0.734	0.54	0.828	

续表

题项	修正后的项与总计相关性	平方多重相关性	删除项后的Cronbach's α	Cronbach's α
我能感受到使用移动学习平台时带来的愉悦	0.727	0.548	0.829	
我使用移动学习平台时会有尽在控制中的感觉	0.742	0.561	0.823	
我会向同学分享使用移动学习平台的体验	0.734	0.55	0.908	0.917
我会在学习讨论区中对移动学习平台做出评价	0.798	0.64	0.896	
我会在学习讨论区中对移动学习平台提出改进建议	0.793	0.635	0.897	
我会在学习讨论区中对移动学习的管理和服务做出评价	0.806	0.662	0.894	
我会在学习讨论区中对移动学习平台的管理和服务提出建议	0.801	0.656	0.895	
我习惯使用移动设备查阅各种资料	0.731	0.542	0.876	0.894
通过使用移动设备，我能很快找到需要的学习资源	0.789	0.624	0.854	
我习惯使用移动设备与老师和同学们进行交流	0.778	0.610	0.858	
我操作移动设备的水平良好，能够很快适应移动学习平台的各种功能	0.761	0.590	0.864	

由表6-2可知，各测量变量的Cronbach's α值分别是：感知移动学习情境价值为0.903，感知平台资源功能价值为0.940；感知风险为

0.941；学业情绪量为0.897；心流体验为0.868；移动平台适应性为0.894；口碑传播意愿为0.894。各个变量对应量表的Cronbach’s α值均超过了0.7，说明数据具有较好的信度。

各个变量量表的效度已在第四章和第五章中得到了充分验证。

2　数据校准

数据校准是指将所有前因变量和结果变量的原始数据转换为 0至1之间的模糊集分数，是开展fsQCA的关键步骤。数据校准有直接校准法和间接校准法两种方式，直接校准法通过选择完全非隶属（0）、交叉点（0.5）和完全隶属（0.95）等3个定性阈值进行（Woodside，2013）；间接校准法则是根据研究者的理论知识和实践经验对数据进行重新评估和缩放（Ragin，2008；Rihoux & Ragin，2009）。由于间接校准法需要研究者具有较强的基础，因此一般研究通常选择直接校准法。

直接校准法中最常见的阈值选择方法是将1、0.5 和 0 作为锚点。例如，当如问卷采用李克特七级量表时，可以选择6为完全隶属，4为交叉点，2为完全非隶属（Pappas et al.，2016）。然而，当数据波动较小时，这一方法难以校准出有意义的数据集（Pappas，Giannakos & Sampson，2019），因此较多学者考虑采用百分位法对量表进行校准（Pappas，Giannakos & Sampson，2019；Ganter & Hecker，2014；Fang，Shao & Wen，2016）。此外，也有学者建议将中位数、平均数等作为交叉点（Garcia-Castro & Francoeur，2016；庞欣，2018；Stanko，2016）。在本章研究中，由于各变量的均值反映了它们的平均水平，而标准差则反映了它们的差异水平。本研究采用了直接校准法，并以“均值 ± 标准差”作为完全及非完全隶属门槛，将均值作为交叉点具体校准锚点，见表6-3。

表6-3 前因变量和结果变量的校准锚点

研究变量		完全隶属	交叉点	完全不隶属
结果变量	KB	2.95276	2.1657	1.37864
前因变量	QJ	2.86683	2.0371	1.20737
	PT	2.65575	1.9124	1.16905
	FX	4.14852	3.1016	2.05468
	QX	2.8066	2.0261	1.2456
	XL	2.94028	2.141	1.34172
	SY	2.78589	2.0034	1.22091

研究四通过 fsQCA 软件中的Calibrate 函数完成量表的校准，所涉及的6个前因及结果变量的校准结果（部分）见表6-4。

表6-4 前因及结果变量的校准结果（部分）

N	QJ	PT	FX	QX	XL	SY	KB
1	0.02	0.02	1	0.02	0.01	0.02	0.01
2	0.02	0.02	1	0.02	0.01	0.02	0.01
3	0.02	0.02	0.93	0.02	0.01	0.02	0.01
4	0.02	0.02	0.63	0.02	0.03	0.05	0.01

续表

N	QJ	PT	FX	QX	XL	SY	KB
5	0.21	0.02	1	0.04	0.01	0.02	0.01
6	0.74	0.1	0.97	0.04	0.19	0.02	0.01
7	0.91	0.1	0.72	0.47	0.79	0.05	0.53
8	0.02	0.02	0.99	0.47	0.37	0.5	0.35
9	0.02	0.02	0	0.02	0.01	0.5	0.01
10	0.02	0.02	0	0.02	0.01	0.02	0.02
11	0.21	0.04	0.93	0.47	0.37	0.5	0.84
12	0.21	0.02	0.95	0.02	0.01	0.02	0.01
13	0.02	0.02	1	0.02	0.03	0.02	0.02
14	0.21	0.7	0.79	0.47	0.19	0.5	0.35
15	0.02	0.24	0	0.08	0.08	0.05	1
16	0.47	0.02	0.9	0.3	0.01	0.05	0.2
17	0.07	0.02	0	0.04	0.01	0.02	1
18	0.02	0.02	0.93	0.02	0.01	0.02	0.01
19	0.47	0.8	1	0.47	0.01	0.02	0.01
20	0.02	0.16	0	0.02	0.01	0.02	0.99
21	0.02	0.02	0.95	0.47	0.37	0.5	0.35
22	0.07	0.06	0.93	0.47	0.01	0.05	0.35
23	0.74	0.06	0.72	0.47	0.19	0.95	0.35
24	0.02	0.02	0.93	0.02	0.19	0.02	0.01

第五节　移动学习平台WOM的必要条件检验和条件组态分析

1　必要条件检验及结果

必要条件检验旨在探究前因变量的存在或缺失是否为结果出现与否的（或水平高低）必要条件。该步骤是后续进行前因条件组态分析的基础（Marx，2010）。衡量前因变量是否为必要条件的指标主要为一致性（Consistency）和覆盖率（Coverage）。其中，一致性是指单个前因条件的存在或缺失是结果出现的必要条件的程度，即结果变量是前因变量子集的可能性；覆盖率是指总体中有多少案例可以对这一前因变量的必要性进行解释。一般而言，当一致性值高于 0.9时，则可以认为该前因变量的存在或者缺失是结果出现的必要条件（Schneider & Wagemann，2012）。

研究四通过 fsQCA 软件中的Analysis-Necessary Conditions函数完成前因变量必要条件的检验，检验结果体现了学习者对移动学习平台产生高口碑传播意愿和低口碑传播意愿前因条件必要性的一致性和覆盖率，见表6-5。

表6-5　口碑传播意愿的必要条件分析

条件变量	KB		~KB	
	一致性 Consistency	覆盖度 Coverage	一致性 Consistency	覆盖度 Coverage
QJ	0.74718	0.75492	0.48386	0.55657
~QJ	0.56111	0.48846	0.78693	0.77990
PT	0.75986	0.73903	0.50009	0.55373
~PT	0.54115	0.48741	0.76430	0.78372
FX	0.56699	0.51533	0.64053	0.66278
~FX	0.62898	0.60583	0.53159	0.58293
QX	0.78485	0.76986	0.48857	0.54560
~QX	0.53675	0.47966	0.79391	0.80772
XL	0.80587	0.78499	0.46721	0.51811
~XL	0.50529	0.45445	0.80611	0.82540
SY	0.80058	0.78493	0.48775	0.54443
~SY	0.53534	0.47862	0.80731	0.82171

注：“~”表示逻辑运算“非”。

由表6-5可知，6个前因变量存在或缺失的一致性值均小于0.9，体现了这6个前因变量的存在或缺失都是引起结果是否出现的重要因素，但其中不存在必要条件，即单个前因变量的存在或缺失均不能单独解释学习者对移动学习平台产生高口碑传播意愿抑或是低口碑传播意愿的原因。因此，需要进一步进行条件组态分析。

2 条件组态分析及结果

条件组态分析最终会得到复杂解（complex solution）、中间解（intermediate solution）和简约解（parsimonious solution）3种不同解（王凤彬，2014；Ragin，2008）。解越简单，说明在相应解中留下的变量越重要。通常应该汇报中间解，并结合简单解确定核心条件与边缘条件，其中：在中间解和简约解中同时存在的为核心条件（core condition），而仅在中间解存在的为边缘条件（peripheral condition）（Fiss，2011）。对于边缘条件而言，虽然缺乏实际案例进行对应，但是也具有辅助性的解释作用。

条件组态分析中的一致性是指某种前因条件组合出现时，能够推导出结果变量的程度（王节祥，2017；Ragin, 2008，Liu et al.，2016）。一致性越高，表示前因条件组合对结果变量具有较高的解释力度。一致性不应当低于0.75，研究者通常将一致性阈值设置为 0.8（Ragin，2006；Fiss，2011）。频数是指某一种前因构型在真实样本中实际出现的次数。当总样本数较大（如总样本数超过100）时，为减少误差，应删去出现次数低于5次的前因条件构型，并且剩余样本量不得低于总样本量的 80%（Rihoux & Ragin，2009；Verweij et a1.，2013）。由于研究四的样本量高达1709，为保证准确度，保留约85%的样本，将频数的阈值设为7，一致性的阈值设为 0.9。

研究四采用 fsQCA 软件的Fuzzy Truth Table Algorithm函数计算出学习者对移动学习平台产生高口碑传播意愿和低口碑传播意愿的中间解和简约解，并通过Ragin和Fiss（2008）提倡的方式对结果进行标注、表示与解读。高/低两种口碑传播意愿的前因条件构型见表6-6。

表6-6　移动学习平台WOM影响因素的组态效应分析

变量	KB				~KB			
	H1	H2	H3	H4	L1	L2	L3	L4
QJ		◎	◎	●	◎	◎	◎	●
PT	●	●	◎	◎		●	○	◎
FX		•	○	●	●	◎		◎
QX		◎	◎	◎	◎		◎	◎
XL	●	●	●	•	○	○	◎	◎
SY	•		◎	◎		○	●	○
一致性（Consistency）	0.8959	0.9083	0.9114	0.916	0.9201	0.9004	0.9016	0.9029
原始覆盖率（Raw Coverage）	0.6546	0.2348	0.2038	0.2163	0.4364	0.1992	0.2607	0.1872
净覆盖率（Unique Coverage）	0.3685	0.0024	0.0157	0.0153	0.2248	0.0379	0.0138	0.0323
总体覆盖率（Overall Solution Coverage）	0.7024				0.5752			

续表

变量	KB				~KB			
	H1	H2	H3	H4	L1	L2	L3	L4
总体一致性（Overall Solution Consistency）	0.8759							

注：●表示存在核心条件；○表示缺失核心条件；·表示存在边缘条件；◎表示缺失边缘条件；空格表示条件可以存在也可以缺失。

由表6-6可知，4种高口碑传播意愿构型的一致性（Consistency）及总体一致性（Overall solution consistency）均高于可接受阈值 0.75，体现了良好的构型可靠性，能够非常好地说明学习者对移动学习平台的高口碑传播意愿；同时，对于低口碑传播意愿，4种构型的一致性指标及总体一致性指标也均高于且远远超过可接受阈值 0.75。

覆盖率（Coverage）与多元回归分析中R^2的含义等效。表6-6表明，对于高口碑传播意愿，H1-H4构型的原始覆盖率（Raw coverage）都超过20%，同时总覆盖率达70%，说明H1-H4构型对于移动学习者的高口碑传播意愿具有较强解释程度。至于低口碑传播意愿，L1-L4构型的原始覆盖率在18%～44%，总体覆盖率为57%，虽然L1-L4构型对低口碑传播意愿的解释程度略低于H1-H4构型对于高口碑传播意愿的解释程度，但总体而言也处于较高的解释水平。

此外，表6-6还展示了4种可能导致学习者对移动学习平台产生高口碑传播意愿的前因构型（H1–H4）以及4种可能导致学习者对移动学习平台产生低口碑传播意愿的前因构型（L1–L4）。各个构型的详细分析如下。

（1）移动学习平台高口碑传播意愿的前因构型分析

H1：PTXLSY。该构型表明：不论学习者感知移动学习情境价值、感知风险和学业情绪如何，只要感知平台资源功能价值、心流体验和移动学习适应性存在，就能引发学习者对移动学习平台的高口碑传播意愿。

H2：~QJPTFX~QXXL。该构型表明：不论移动学习适应性是否存在，即便感知移动学习情境价值和学业情绪缺失并且感知风险存在，当学习者感知平台资源功能价值和心流体验存在时，就能引发学习者对移动学习平台的高口碑传播意愿。

H1和H2构型最大的贡献在于揭示了感知风险并不会对移动学习者的高口碑传播意愿产生负向影响，而能够对移动学习者高口碑传播意愿产生核心影响的是感知移动学习平台资源价值和心流体验。从移动学习平台的角度，只要移动学习平台具备相应的功能，并且提供有价值的学习资源，能够满足学习者在平台上的学习需求；同时从学习者角度，当学习者在使用移动学习平台的过程中能够沉浸于其中达到最佳体验状态时，就能产生高口碑传播意愿。

H3：~QJPTFX~QXXL~SY。该构型表明：当感知风险（核心条件）缺失，并且感知移动学习情境价值、感知平台资源功能价值、学业情绪和移动学习适应性（边缘条件）均缺失时，只要心流体验存在，就能引发移动学习者的高口碑传播意愿。与H1和H2构型相似，H3构型也强调了心流体验在移动学习者高口碑传播意愿中的重要作用。尽管在3个构型中心流体验都是核心条件，但它们都与至少一个其他因素结合来解释高口碑传播意愿，从而验证了不对称关系。

H4：QJPTFX~QXXL~SY。该构型表明：当移动学习者感知平台资源功能价值、学业情绪和移动学习适应性（边缘条件）缺失并且感知风险存在时，只要感知移动学习情境价值和心流体验存在，就能引发他们的高口碑传播意愿。H4构型与H2构型结合，表明了当感知风险存在时，只要移动学习者具有较强的心流体验，并且能够感知移动学习情境价值和感知平台/资源功能价值两项条件之中存在一个时，就能引发高口碑传播意愿。H2和H4两个构型最大的贡献在于对学习者使用移动学习平台的价值因素和风险因素进行了评估。

（2）移动学习平台低口碑传播意愿的前因构型分析

L1：~QJFX~QXXL。该构型表明：不论学习者感知平台资源功能价值和移动学习适应性是否存在，当感知移动学习情境价值、学业情绪（边缘条件）和心流体验（核心条件）缺失，并且感知风险存在时，将导致移动学习者出现低口碑传播意愿。L1构型揭示了低口碑传播意愿产生最为普遍的原因，即价值元素的缺失和风险因素的存在，当学习者不能在移动学习平台上获得知识和良好的使用体验时，他们将降低口碑传播意愿。

L2：~QJPTFXXL~SY。该构型表明：不论学业情绪是否存在，即使学习者能够感知到平台资源价值，但感知移动学习情境价值和感知风险（边缘条件）缺失，并且心流体验和移动学习适应性（核心条件）也缺失时，将导致移动学习者出现低口碑传播意愿。

L3：~QJPTQXXLSY。该构型表明：不论感知风险是否存在，即便移动学习适应性存在，当感知移动学习情境价值、学业情绪和心流体验（边缘条件）缺失，并且感知平台资源功能价值（核心条件）缺失时，也将导致用户低口碑传播意愿。L3构型主要强调了价值因素缺失和使用体验不足对移动学习者低口碑传播意愿的影响作用，移动学习平台的技术易用性是学习者口碑传播意愿的前置因素。换言之，当学习者对移动学习平台感到适应时，他们不一定会产生高口碑传播意愿。但是，当移动学习平台不能保证学习者对其感到适应，将会促使学习者产生低口碑传播意愿。

L4：QJPTFXXLSY。该构型表明：即使学习者感知移动学习情境价值存在，但感知平台资源功能价值、感知风险和学业情绪（边缘条件）缺失，并且心流体验和移动学习适应性（核心条件）缺失时，将导致学习者出现低口碑传播意愿。L2和L4构型对感知风险与低口碑传播意愿之间的关系提出了新的解释：即使学习者不存在感知风险，他们同样可能会产生低口碑传播意愿。此外，L2和L4构型还发现：对低口碑传播意愿产生重要影响的是学习者沉浸式的学习状态，以及对使用移动学习平台的适应程度。

第六节　本章小结

本章是第4章和第5章基于SEM实证研究的必要补充，为理解学习者对移动学习平台口碑传播意愿的影响因素提供了更为全面的视角。

1　研究内容小结

本章基于fsQCA研究方法，对影响移动学习者口碑传播意愿的必要条件进行了检验，对各项条件的组态构型进行了分析。结果表明：学习者对移动学习平台口碑传播意愿是一种“多重并发因果”下的复杂现象。本章运用定性比较分析方法考察了感知移动学习情境价值、感知平台/资源价值和感知风险等因素组合的影响效应，发现了导致高口碑传播意愿或低口碑传播意愿的多条等效路径。

2　理论贡献

（1）本章采用定性比较分析方法（QCA）对感知移动学习情境价

值、感知平台资源价值、感知风险等因素与学习者口碑传播意愿之间的关系展开了更为深入的研究，是对现有关于口碑传播意愿研究的突破和补充。现有关于口碑传播意愿的研究多采用传统定量分析方法进行分析，着重分析单个前因变量对结果的净效应，但事实上，各个因素对移动学习者口碑传播意愿的影响是综合发挥作用的，仅采用传统定量分析方法进行研究与理论事实不符。研究四采用定性比较分析方法（QCA），从独特的研究视角和思路展开更加科学的研究，弥补了传统定量分析方法的不足。

（2）研究四表明移动学习者的口碑传播意愿的因果关系具有复杂性、等效性和非对称性。就因果关系复杂性而言，感知移动学习情境价值、感知平台/资源价值等前因变量并不是单独对学习者口碑传播意愿产生影响，而是相互匹配后对学习者的口碑传播意愿产生联合影响。就因果等效性而言，感知移动学习情境价值、感知平台资源价值等前因变量相互匹配对口碑传播意愿产生影响时并不是只有一种组合方式，而是存在多种可能的路径。就因果非对称性而言，高口碑传播意愿和低口碑传播意愿的前因构型具有非对称性，即导致高口碑传播意愿的路径和低口碑传播意愿的路径并不是完全相反的。

综上所述，口碑传播意愿的形成过程是非常复杂的，而本章则对口碑传播意愿的形成前因进行了详细剖析。

3 实践启示

（1）由高口碑传播意愿的前因构型可知，即使学习者对移动学习平台存在感知风险，学习者同样可以具有高口碑传播意愿；然而由低口碑传播意愿的前因构型可以发现，即便学习者不存在感知风险，也可能会导致其产生低口碑传播意愿。因此，某一个前因条件是否存在并不是决定移动学习者口碑传播意愿高低的关键，移动学习平台在提高口碑传播意愿的过程中，应当考虑诸多前因变量的综合作用。

（2）研究表明：移动学习者高口碑传播意愿和低口碑传播意愿的前因构型是大不相同的。移动学习平台在提高用户高口碑传播意愿和降低用户低口碑传播意愿时应该分别采用针对性的办法，而不是简单的“反其道而行之”。

4　研究的不足

基于先前研究基础只考虑了感知移动学习情境价值（QJ）、感知平台/资源功能价值（PT）、感知风险（FX）、学业情绪（QX）、心流体验（XL）和移动平台适应性（SY）等6个前因变量对口碑传播意愿的综合影响。然而实证研究表明还有诸多其他因素可能对移动学习者的口碑传播意愿产生影响。因此，未来可以进一步探究这些前因变量对口碑传播意愿产生影响的组态效应。

第七章 研究总结与展望

本章将对研究工作进行总结，归纳研究的创新点，分析研究过程中存在的不足和局限，并提出进一步开展相关研究的思考。

第一节　研究总结

本研究以移动学习平台的学习者为对象，探讨其在移动学习背景下进行口碑传播意愿的影响因素和作用机制。研究一为质性研究：基于学习者在移动学习平台课程讨论区中的真实在线评论数据，挖掘并阐述了哪些因素会影响学习者的口碑传播行为；研究二和研究三为实证研究，分别从“学业情绪—满意度”视角和心流体验视角验证了感知价值和感知风险通过心理反应变量而对口碑传播意愿产生影响的作用机制；研究四为组态效应研究：基于不同因素的组态效应，对高/低两个维度的口碑传播意愿的影响进行了检验，进一步验证了研究一、二、三的结论。全书研究工作总结如下。

1　深入挖掘了导致学习者产生口碑传播意愿的影响因素

采用基于扎根理论的质性研究方法，对8个移动学习平台课程讨论区中学习者的真实评论数据进行了全面系统的分析，构建了移动学习情境下学习者口碑传播行为的影响因素模型，并阐述了各项影响因素的内涵以及相互间的内在联系，发现：①验证了学习者对移动学习平台产生口碑行为的机制是“驱动因素—心理反应—口碑行为”，即学习者受到内外驱动因素的刺激而产生相应心理反应，由不同心理反应的独立作用或叠加作用而导致口碑行为。②验证了驱动因素由客观因素和主观因素构成。其中客观因素为移动学习情境和平台/资源属性，移动学习情境可体现为教学辅导、支持服务、主观规范和技术适配等4个维度，而平台/资源属性则由有用性、易用性、相对优势和趣味性等4方面的特点构成。主观因素为感知风险，由功能风险、身体风险、隐私风险和财务风险构成。③发现学习者的心理反应主要包括情绪、满意度和体验等3个类别。其中，情绪包括高唤起积极情绪和高唤起消极情绪；满意度包括对系统整体的满意度和对单一功能的满意度；而体验则包括对平台功能的体验、对课程资源的体验和对管理服务的体验等3个方面。④发现学习者的移动学习适应性是一个重要的影响因素。在面对相似服务水平和平台质量时，学习者在移动学习适应性上存在的差异会影响其口碑行为的反应。

2 深入验证了各项影响因素之间的因果关系和作用机制

在质性研究的基础上，借鉴S-O-R模型、理性行为理论和UTAUT等相关理论，分别以“学业情绪—满意度”和心流体验视角，构建了移动学习者口碑传播意愿模型，然后通过独立样本T检验、单因素方差分析和结构方程等方法进行了实证研究。发现：1）研究二验证了感知移动学习情境价值以及资源价值将会对学习者的学业情绪、满意度产生显著正向影响，而研究三则验证了感知移动学习平台的情境价值以及资源价值会对学习者的心流体验产生显著的正向影响，相较而言，情境价值和资源价值对心流体验的影响效应更为明显；研究结论体现了移动学习过程中交流沟通和支持服务的必要性和重要性，同时也明确了平台功能和学习资源是移动学习得以实施的核心要素。2）研究二和研究三分别通过“学业情绪—满意度”和心流体验的视角探讨论证了感知价值（情境价值与平台/资源价值）对口碑传播意愿有显著正向影响，并分别检验了学业情绪、满意度和心流体验的中介作用，再次证实了情绪和体验是口碑行为的前置因素。3）研究二和研究三都考虑了感知风险的影响，发现感知风险会对学业情绪有显著负向影响，但学业情绪在感知风险和口碑传播意愿之间没有起到中介作用，此结论说明感知风险会对学习者的学业情绪产生负面影响，但不会抵制口碑传播意愿的产生。而感知风险对心流体验的负向影响不显著，进一步通过人口统计学特征的检查发现，移动学习经验较少的用户会经历更强的心流体验，同时又会有更高的感知风险，这可能是导致感知风险负向影响心流体验假设不成立的原因。4）研究三进一步验证了移动学习适应性对口碑传播意愿的影响。研究三的结论发现移动学习适应性在心流体验对口碑传播意愿的影响过程中起调节作用，在相同的心流体验水平上，高移动学习适应性会促使产生更高的口碑传播意愿。

3 深入分析了各项影响因素的组合效应和导致正面口碑传播意愿的前因构型

在实证研究的基础上，从组态研究视角，采用模糊集定性比较分析法进一步将口碑传播意愿区分为高传播意愿和低传播意愿，并探索各项影响因素是如何组合共同对学习者的不同维度的口碑传播意愿产生影响，明确了高口碑传播意愿和低口碑传播意愿的前因结构。发现：1）明确了感知移动学习平台资源价值和心流体验是对移动学习者高口碑传播意愿产生核心影响的因素，只要移动学习平台具备功能价值，能够满足学习者在平台上的学习需求，并使其能够获得最佳体验状态时，就能够产生高口碑传播意愿。2）验证了感知风险并不会对移动学习平台用户高口碑传播意愿产生负向影响，即使感知风险存在，只要学习者具有较强的心流体验，并且感知移动学习在情境价值和感知功能价值两项条件之间存在其一时，就能引发高口碑传播意愿。3）证实了感知移动学习平台价值是学习者口碑传播意愿的保健因素。当学习者能够认可移动学习平台的价值时，他们不一定会产生高口碑传播意愿；但是，当学习者不认可移动学习平台的价值时，则会导致其产生低口碑传播意愿。

第二节　研究的创新点

1　基于扎根理论的质性研究方法，识别了移动学习者产生口碑传播意愿的关键影响因素

通过文献综述和理论回顾，在对移动学习者的真实留言数据进行

质性分析的基础上，发掘了学习者使用移动学习平台后产生口碑传播行为的潜在影响因素：一是发现并阐述了移动学习平台的应用情境对学习者的口碑传播意愿具有的显著影响。过往研究大多止步于学习平台的功能特征，并将其当作影响学习者行为态度的主要因素。本研究论证并提出：感知移动学习平台情境价值和感知移动学习平台功能价值均对学习者的口碑传播意愿具有正向影响，从而突破了过往研究中偏向于关注产品特征而忽视应用情境的局限，拓展了这一领域研究的广度和深度。二是基于S-O-R理论，发现学业情绪、满意度和心流体验是促进移动学习者产生口碑传播意愿的重要心理变量，是后续探讨移动学习者口碑传播意愿心理作用机制的重要基础。这些关键因素的发现和识别，弥补了过往研究较少涉及移动学习平台应用情境和学习者心理变量的不足，有助于全面识别影响移动学习者口碑传播意愿的主客观因素，进而建立移动学习口碑行为影响因素的理论框架，并进一步丰富了口碑研究的理论体系。

2 基于两个实证模型，探索了移动学习者产生口碑传播意愿的心理作用机制

基于S-O-R理论，对移动学习平台感知情境价值和感知功能价值（客观因素）、感知风险（主观因素）等刺激因素（S）与学习者口碑传播意愿（R）的心理作用机制进行深入探究，得出3个结果：第一，明确了学业情绪、满意度和心流体验等心理反应（O）在刺激因素和口碑传播意愿之间的中介作用，并进一步探究了移动学习适应性的调节作用，明晰了上述机制的边界条件。第二，论证并得出了与以往研究不同

的结论：心理反应变量对主观因素的中介作用不显著，即感知风险不会通过学业情绪、满意度和心流体验对口碑传播意愿产生影响，这与信息系统/信息技术领域关于“感知风险会对用户行为意愿会产生负向影响”的结论并不一致。进一步分析发现，导致此种情况的原因，一是因为感知风险和各项心理反应变量均是多维的概念，彼此之间不一定存在线性关系；二是因为感知风险和各项心理反应变量均是动态变化的过程，会随着对移动学习平台使用经验的增加而呈现同向增加或减少的情况。这一论证创新和拓展了移动学习者口碑传播意愿研究的内涵。第三，学业情绪、满意度和心流体验等3个心理变量既能够独立，也能够叠加对学习者移动学习平台口碑传播意愿产生影响。换言之，上述3个心理反应变量的中介作用路径具有多样性。过往口碑传播意愿的研究中较少引入学业情绪和心流体验作为前因变量，尽管关于口碑传播意愿的心理作用机制有过较多探索，但是关于在移动学习的特定情境下，学业情绪和心流体验如何对口碑传播意愿产生影响这一问题上，国内外尚没有成熟的理论假设和相关研究。本研究将这2个因素作为前因变量纳入研究范畴，其结论能够为移动学习者口碑传播意愿相关研究提供新的理论视角。

3　基于模糊集定性比较分析方法，验证了移动学习者口碑传播意愿的前因构型

对学习者口碑传播意愿的形成前因进行了细致的剖析研究，发现：使用移动学习平台背景下学习者口碑传播意愿的形成过程相当复杂，其影响关系具有复杂性、等效性和非对称性。其中，复杂性体现在移动学

习平台的感知情境价值、感知功能价值、感知风险等前因条件并非独立对学习者的口碑传播意愿产生影响，而是相互匹配共同对口碑传播意愿产生联合影响；等效性体现为上述前因变量相互匹配对口碑传播意愿产生影响时并非只有一种组合方式，而是存在多种可能的路径；非对称性体现在导致高口碑传播意愿的路径和低口碑传播意愿的路径并非完全相反。明确学习者移动学习平台口碑传播意愿的形成前因，有助于从根本上解决口碑传播意愿相关的现实问题。现有关于移动学习平台感知情境价值、感知功能价值、感知风险等前因条件与学习者口碑传播意愿的探究多采用传统定量分析方法。这一方法忽略了一个最基本的事实：各个前因变量是共同对因变量产生影响的，仅采用传统定量分析方法探究单一变量对因变量的净效应远远不够。此外，采用线性分析方法探究多个变量的交互作用时，若前因变量数量大于3，交互效应会变得相当复杂，难以得出清晰的研究结论。针对传统定量分析方法的局限性，本研究引入定性比较分析方法，借助组态研究思想，从更加符合理论事实的角度展开研究，以求得出更加准确的结论，是对现有定量研究方法的突破和补充。

第三节　研究的实践启示

本研究的结论能够应用于教育技术企业、学校和教育管理部门，为其在移动互联网背景下开展教育相关业务提供借鉴和启示。

1　必须注重移动学习情境中的口碑传播意愿研究

口碑在增强教育技术企业的吸引力和竞争力方面所起的作用至关重要。但是从目前的情况看，从事移动学习的教育技术企业、学校和教育管理部门对口碑研究重要性的认识普遍不够到位，研究不多、不深。即使有研究意愿也受阻于方法缺失，无从着手，只能望而却步，浅尝辄止。在移动学习情境中，学习者口碑传播意愿的产生、运行、演变及其作用机制是一个复杂的过程，需要管理者认真研究探索，摸清规律，才能促使移动学习过程中口碑传播实现良性循环，确保移动教育事业持续健康发展。本书选题的一个重要目的，就是试图通过深入分析导致学习者产生口碑传播意愿的影响因素，解析、推演产生口碑的内外因素、相互作用及其运行机制，激发教育技术企业、学校和教育管理部门对口碑意愿研究的重视，同时树立深入研究的信心。

2　必须加强移动学习情境塑造

本课题的研究表明：移动学习情境会影响用户的体验、情绪和满意度，进而激发学习者的口碑传播意愿。这一结论对移动学习管理者的启示是：实施移动学习应采取综合举措，加强移动学习情境塑造，营造有利于开展移动教学的氛围。长期以来，移动学习平台的推广和应用都不同程度地存在重开发阶段的功能设计、轻运营过程中的支持服务配套落实情况。移动学习跨越时空限制，学习者对学习情境的需求尤迫切。教育技术企业必须改变“重开发，轻运营”的传统观念，下功夫营造良好的学习情境，包括适度扩展服务时间，扩大服务范围，安排专人及时、专业、热情地解答用户各种学术性、技术性和管理性问题，让学习者感到时刻能够得到教师、辅导员的帮助，避免产生迷茫、无助的感觉。同时，教育技术企业还可以制订激励政策，鼓励、组织移动学习者开展相互交流，例如采用积分奖励的措施，对积极发表意见和建议的学习者进行奖励等。这些措施能够丰富移动学习的氛围，减轻学习者的孤独感。对于让学习者接受移动学习并通过正面口碑扩大移动学习的影响尤为重要。

3　必须突出移动学习的产品特性

移动学习由平台和资源两方面构成，平台是资源的载体，资源是平台的内涵，二者共同组成了实施移动学习的必要条件，是影响学习者行为态度的关键因素。本书研究的结论认为：学习者对平台的有用性、易用性、趣味性、便利性等均有很高的期望。因此，教育技术企业应该致力于提高移动学习平台的功能和界面设计，做到功能完整、简单易用、方便快捷、平稳流畅、生动有趣。另外，移动学习者对平台所承载的资源有更高的期望，希望这些资源具备较高的学术水平、良好的展现形式、清晰的组织架构。长期以来，众多教育技术企业受经济、技术和师资等方面的制约，分别存在平台和资源开发力度不足，教学效果不佳的现象，成为诱发学习者产生传播负面口碑意愿的直接因素。因此，教育技术企业应该注重移动学习平台和学习资源建设，打造更加优秀的平台系统和学习资源。培养和激发学习者的心流体验，引导学习者的正向口碑传播意愿。

4 必须降低学习者的感知风险

本书研究结论认为：感知风险涉及身体、经济、隐私、效用等多个方面。学习者对移动学习感知风险的敏感度很高，对用户的口碑行为有显著的直接和间接影响，必须予以防范和降低。一方面，教育技术企业应该加强移动学习平台的设计，不断增强其功能，充分发挥信息技术的优势，补齐现有应用过程中存在的短板，尤其是加强人机交互方面的设计，将其对学习者的影响风险降至最低。另一方面，应加强正面宣传和引导，向学习者充分说明移动学习的优越性，引导他们正确权衡利弊，消除顾虑，不断降低其感知风险。

5 必须重视对意见领袖的管理

本书研究结论认为：学习者的个体特征在移动学习的多个维度中均会产生影响。移动学习适应性高的用户，会更倾向于发布有利于移动学习的正面口碑，而且他们的意见往往具有强烈的导向性，更容易在圈内群里产生共鸣。因此，教育技术企业应主动发现并管理这些作为意见领袖的“关键少数”，保持与他们的沟通，充分听取他们的意见和建议，鼓励他们在口碑传播中发挥正面引领示范作用。

6 必须注重口碑信息的反馈及改进

本书研究的结论认为：移动学习中的口碑信息涵盖学习者的评论、提出建议、表达使用意愿、推荐使用等不同形态，是了解移动学习发展动态的重要窗口，是管理者与学习者之间加强沟通联系的纽带。移动学习的管理者要关注口碑传播，了解学习者在口碑信息中传递出的意见和建议，并做出及时回应。对有代表性的口碑信息要及时整理、归纳；对正确的意见和建议要予以采纳，加以改进，并将采纳改进情况反馈给学习者，形成有效且闭环的“使用—反馈—改进”机制，不断提高用户的使用体验，持续扩大移动学习的影响力和应用范围，引导移动学习的口碑传播实现良性互动。

第四节 研究的局限性

1 样本来源的局限性

本研究的目标是探索学习者使用移动学习平台后，影响其产生口碑传播意愿的因素及其作用机制。受经济和时间等因素的限制，本研究仅选择了少量商用和高校的移动学习平台进行调查。尽管这些移动学习平台在业内具有较高的水平和较好的代表性，各项管理和服务措施也较为健全，但仍有可能会导致潜在影响因素分析不全面。例如，这些移动学习平台的用户群体大多数为高校学生或成年学习者，未能涵盖中小学生用户，而后者是移动学习平台庞大而不可忽视的用户群体。

2　调查方法的局限性

在研究一中，仅针对学习者在移动学习平台中的评论数据进行文本分析。而现实中大量移动学习者可能会通过网络评论以外的形式进行口碑传播。例如，广大中小学生用户不一定具备在线评论的条件和能力，但是他们却可能以口口相传的形式产生口碑行为。后续研究可采取访谈或半结构化问卷的方式，进一步深入收集影响移动学习者口碑传播意愿的因素。在研究二、三、四中，为扩大样本量，采用了网络问卷的形式，通过移动学习平台或高校教育网站进行收集，属于方便抽样（Convenience Sampling）。网络调查方法虽然方便易行，但会导致数据收集方法过于单一，存在抽样偏差。尽管本研究对调查数据进行了共同方法偏差等检验，证明了所收集的数据不存在应答偏差，也能够从一定程度上代表总体，但确实没有严格遵循科学的调查统计程序，存在着一定的局限性。

3　测量指标的局限性

目前，国内外针对用户使用移动学习产品后进行口碑传播的研究还较为缺乏，可供借鉴的经验和成果不多。本研究在结合移动学习情境特点的基础上，主要参考并借鉴了国内外消费者口碑传播意愿影响因素和移动学习采纳影响因素的主要指标和测量方法。因此，不可避免地存在测量指标不能完全覆盖所有影响因素的情况。例如，研究仅将移动学习适应性作为个体特征引入模型，而个体特征还包括性别年龄、学习经历、收入状况、家庭环境、工作性质等多个方面的因素。

4 研究结论适用范围的局限性

本研究数据来源于少量移动学习平台，用户对象以高等教育、职业教育和继续教育为主，较少涉及更广泛的群体，会导致研究结论具有一定局限性。移动学习覆盖的用户群体巨大，不同类别的学习者在学习动机、学习环境、工作条件、家庭背景等方面均存在较大差异。因此，本研究的结论并不一定能够完全适用于特定领域教育形式的学生。

第五节 未来的研究方向

1 针对不同类别学习者进行移动学习口碑传播意愿差异的比较研究

针对本研究受制于研究水平、时间约束和经济等条件，仅考查了少量移动学习平台学习者对移动学习平台的口碑传播意愿的局限。在后续研究中可以朝两个方向拓展：一是在更广的范围采集更多移动学习平台中的数据，可进一步针对全日制学生、企业学员、管理干部等各个类别学习者开展研究，尽可能全面地收集导致口碑行为的影响因素；二是面向特定行业（如医疗、交通、语言教育等）、特定群体（如中小学生）的移动学习平台进行调研，探讨不同背景、不同需求、不同目标和不同管理服务情境下，学习者在口碑传播意愿方面的差异，通过相互验证而获得更具普适性的结论，以推动移动学习平台设计和管理服务的不断提高。可考虑扩展研究范围，考查不同类别学习者对移动学习的体验感受及口碑传播意愿，以进一步提高研究结论的普适性。

2　引入数据挖掘方法对移动学习口碑传播行为进行预测

分析学习者对移动学习平台的口碑传播意愿，其根本目的是推动移动学习的高质量发展。本研究是通过已有行为结果来分析影响因素，而采用大数据分析的方式可以将目标变量转变为标志型变量而进行预测。移动学习平台可以记录学习者的学习行为，从而形成信息量巨大的数据仓库。未来研究可更加严谨地设计调查程序，综合运用配额抽样、判断抽样和自愿抽样等调查方法，以进一步提高调查数据的可靠性。例如，可以通过CRISP-DM等数据挖掘的方法，对具有口碑传播行为学习者的学习活动特征进行分析，从而对哪些学习者可能具有更加强烈的口碑传播意愿进行预测。研究结果可以让教育管理部门提前发现具有口碑传播愿意的学习者，有助于管理和引导，推动形成正面口碑，减少负面口碑。

3 扩展移动学习口碑传播意愿影响因素的指标体系

影响学习者对移动学习平台口碑传播意愿的潜在因素很多，如学习者的性格特征、知识背景、信息素养、环境影响等。这些潜在影响因素还有待进一步挖掘和分析，以期更加全面地解释学习者的口碑传播意愿和行为。未来研究可进一步深入挖掘影响因素，以补充完善测量指标。一是可尝试增加影响因素的维度，二是可限定学习者调研样本的区域范围，更为深入细致、精准地进行分类研究，充分发挥研究结果对特定领域的指导作用。

4 开展负面口碑传播意愿的研究

已有学者的研究表明，负面口碑对企业的影响比正面口碑更为明显。本研究受条件制约，在实证中只探讨了正面口碑的影响因素和机制，尚未对负面口碑的影响因素展开研究。在未来研究中，可以开展对负面口碑的探讨。研究结果将会进一步促进教育技术企业改进移动学习平台的设计和提高管理服务措施。

参考文献

[1] Admiraal W, Huizenga J, Akkerman S, et al. The concept of flow in collaborative game-based learning [J]. Computers in Human Behavior, 2011, 27(3): 1185-1194.

[2] Ahmad A, Love S. Factors influencing studentsàcceptance of m-learning: An investigation in higher education [J]. International Review of Research in Open and Distance Learning, 2013, 14(5): 83-107.

[3] Al-Emran M, Elsherif H M, Shaalan K. Investigating attitudes towards the use of mobile learning in higher education [J]. Computers in Human Behavior, 2016, 56(3): 93-102.

[4] Alexandrov A, Lilly B, Babakus E. The effects of social and self-motives on the intentions to share positive and negative word of mouth [J]. Journal of the Academy of Marketing Science, 2013, 41(5): 531-546.

[5] Al-Shihi H, Sharma S K, Sarrab M. Neural network approach to predict mobile learning acceptance [J]. Education and Information Technologies, 2018,

23(5): 1805-1824.

[6] Alsswey A, Al-Samarraie H. M-learning adoption in the Arab gulf countries: A systematic review of factors and challenges [J] . Education and Information Technologies, 2019, 24 (5): 3163–3176.

[7] Anastasiei B, Dospinescu N. Electronic word-of-mouth for online retailers: Predictors of volume and valence [J] . Sustainability, 2019, 11(3): 814-832.

[8] Anderson E W, Sullivan M W. The antecedents and consequences of customer satisfaction for firms [J] . Marketing Science. 1993, 2(12): 125-143.

[9] Anderson E W. Customer satisfaction and word of mouth [J] . Journal of Service Research, 1998, 1(1): 5-17.

[10] Ang L, Breyer Y A, Pitt J. Course recommendation as a construct in student evaluations: Will students recommend your course? [J] . Studies in Higher Education, 2016, 43(6): 1-20.

[11] Angelis M D, Bonezzi A, Peluso A M, et al. On braggarts and gossips: A self-enhancement account of word-of-mouth generation and transmission [J] . Journal of Marketing Research, 2012, 49(4): 551-563.

[12] Argan M. Word-of-Mouth (WOM) as a tool of health communication: A case study of Turkey [J] . Healthmed, 2012, 6(1): 216-221.

[13] Arndt J. Word of mouth advertising and informal communication [M] . Risk taking and information handling in consumer behavior,1967.

[14] Bagozzi R P. Principles of marketing management [M] . Science Research Associates, 1986.

[15] Baker J P, Goodboy A K. The choice is yours: The effects of autonomy-

supportive instruction on students'learning and communication [J] . Communication Education, 2019, 68(1): 80-102.

[16] Bansal H S, Voyer P A. Word-of-mouth processes within a services purchase decision context [J] . Journal of Service Research, 2000, 3(2): 166-177.

[17] Baron R M, Kenny D A. The moderator-mediator variable distinction in social psychological research: Conceptual, strategic, and statistical considerations [J] . Journal of Personality and Social Psychology, 1999, 51(11): 1173-1182.

[18] Bastos W, Brucks M. How and why conversational value leads to happiness for experiential and material purchases [J] . Journal of Consumer Research, 2017, 44(3): 598-612.

[19] Belk R W, Sherry J F, Wallendorf M. A naturalistic inquiry into buyer and seller behavior at a swap meet [J] . Journal of Consumer Research, 1988, 14(4): 449.

[20] Belk R W. Situational variables and consumer behavior [J] . Journal of Consumer Research, 1975, 2(3): 157-164.

[21] Berger C J. When, why, and how controversy causes conversation [J] . Journal of Consumer Research, 2013, 40(3): 580-593.

[22] Berger J, Schwartz E M. What drives immediate and ongoing word-of-mouth? [J] . Journal of Marketing Research, 2011, 48(5): 869-880.

[23] Berger, Jonah. Word-of-mouth and interpersonal communication: A review and directions for future research [J] . Journal of Consumer Psychology, 2014, 24(4): 586-607.

[24] Bhattacherjee A. Understanding information systems continuance: An expectation-confirmation model [J] . Mis Quarterly, 2001, 25(3): 351-370.

[25] Bickart B, Schindler R. Internet forums as influential sources of consumer information [J] . Advances in Consumer Research, 2001, 15(3): 31-40.

[26] Biswas D, Biswas A. The diagnostic role of signals in the context of perceivedrisks in online shopping: Do signals matter more on the web [J] . Journal ofInteractive Marketing, 2004, 18(3): 30-45.

[27] Bogdanovi Z, Bara D, Jovani B, et al. Evaluation of mobile assessment in a learning management system [J] . British Journal of Educational Technology, 2014, 45(2): 231-244.

[28] Bond Samuel D, He Stephen X, Wen Wen. Speaking for "free": Word-of-Mouth in free and paid product settings [J] . Journal of Marketing Research, 2019, 56(2): 276-290.

[29] Borrego M, Froyd J E, Hall T S. Diffusion of engineering education innovations: A survey of awareness and adoption rates in u.s. engineering departments [J] . Journal of Engineering Education, 2010, 99(3): 185-207.

[30] Boulding W, Kalra A, Staelin R, et al. A dynamic process model of service quality: From expectations to behavioral intentions [J] . Journal of Marketing Research, 1993, 30(1): 7-27.

[31] Bowman D, Narayandas D. Managing customer-initiated contacts with manufacturers: The impact on share of category requirements and word-of-mouth behavior [J] . Journal of Marketing Research, 2001, 38(3): 281-297.

[32] Bra P M E D. Using mobile and web-based computerized tests to evaluate

university students [J] . Computer Applications in Engineering Education, 2010, 17(4): 435-447.

[33] Bressler D M, Bodzin A M. A mixed methods assessment of students'flow experiences during a mobile augmented reality science game [J] . Journal of Computer Assisted Learning, 2013, 29(6): 505-517.

[34] Brodar K, Hall M, Butler, Eboneé, et al. Recruiting diverse smokers: Enrollment yields and cost [J] . International Journal of Environmental Research and Public Health, 2016, 13(12): 1251-1259.

[35] Brooks F B, Rubin H J, Rubin I S. Qualitative interviewing: The art of hearing data [J] . Modern Language Journal, 2012, 80(4): 555-556.

[36] Brooks R C. "Word-of-Mouth" advertising in selling new products [J] . Journal of Marketing, 1957, 22(2): 154-161.

[37] Brown L, Jones I. Encounters with racism and the international student experience [J] . Studies in Higher Education, 2013, 38(7): 1004-1019.

[38] Brown T J, Barry T E, Dacin P A, et al. Spreading the word: Investigating antecedents of consumers' positive word-of-mouth intentions and behaviors in a retailing context [J] . Journal of the Academy of Marketing Science, 2005, 33(2): 123-138.

[39] Buttle, Francis A. Word of mouth: Understanding and managing referral marketing [J] . Journal of Strategic Marketing, 1998, 6(3): 241-254.

[40] Cardozo R N. An experimental study of customer effort, expectation, and satisfaction [J] . Journal of Marketing Research, 1965, 2(3): 244-249.

[41] Casidy R, Wymer W. The impact of brand strength on satisfaction, loyalty

and WOM: An empirical examination in the higher education sector [J] . Brand Manage, 2017, 22(2): 117-135.

[42] Chang C C, Yan C F, Tseng J S. Perceived convenience in an extended technology acceptance model: Mobile technology and english learning for college students [J] . Australasian Journal of Educational Technology, 2012, 28(5): 809-826.

[43] Chang C C. Examining users' intention to continue using social network games: A flow experience perspective [J] . Telematics & Informatics, 2013, 30(4): 311-321.

[44] Cheema A, Kaikati A M. The effect of need for uniqueness on word-of-mouth [J] . Journal of Marketing Research, 2010, 47(3): 553-563.

[45] Cheng Y M. Extending the expectation-confirmation model with quality and flow to explore nurses' continued blended e-learning intention [J] . Information technology & people, 2014, 27(3): 230-258.

[46] Cheon J, Lee S, Crooks S M. An investigation of mobile learning readiness in higher education based on the theory of planned behavior [J] . Computers & Education, 2012, 59(3): 1054-1064.

[47] Cheung C M K, Xiao B, Liu I L B. The impact of observational learning and electronic word of mouth on consumer purchase decisions: The moderating role of consumer expertise and consumer involvement [C] . Proceedings of the Annual Hawaii International Conference on System Sciences, Hawaii: IEEE Computer Society, 2012: 3228-3237.

[48] Chevalier J A, Mayzlin D. The effect of word-of-mouth on sales: Online

book reviews [J] . Journal of Marketing Research, 2006, 43(3): 345-354.

[49] Chi M T H, Wylie R. The ICAP framework: Linking cognitive engagement to active learning outcomes [J] . Educational Psychologist, 2014, 49(4): 219-243.

[50] Cho N, Park S. Development of electronic commerce user-consumer satisfaction index (ECUSI) for Internet shopping [J] . Industrial Management & Data Systems, 2001, 101(8): 400-406.

[51] Christiansen T, Tax S S. Measuring word of mouth: The questions of who and when? [J] . Journal of Marketing Communications, 2000, 6(3): 185-199.

[52] Chung C M Y, Darke P R. The consumer as advocate: Self-relevance, culture, and word-of-mouth [J] . Marketing Letters, 2006, 17(4): 269-279.

[53] CNNIC第46次中国互联网发展状况统计报告 [EB/OL] . http://www.gov.cn/xinwen/2020-09/29/content_5548176.htm, 2020-09-29.

[54] Corlett D, Sharples M, Bull S, et al. Evaluation of a mobile learning organiser for university students [J] . Journal of Computer Assisted Learning, 2005, 21(3): 162-170.

[55] Csikszentmihalyi M. Flow: The psychology of optimal experience [M] . Harper & Row, 1990.

[56] David Furió. Mobile learning vs traditional classroom lessons: A comparative study [J] . Journal of Computer Assisted Learning, 2015, 31(3): 189-201.

[57] David, M, Szymanski, et al. E-satisfaction: an initial examination [J] . Journal of Retailing, 2000, 76(3): 309-322.

[58] Davis R B M S. Beyond boredom and anxiety: The experience of play in work and games [J] . Contemporary Sociology, 1977, 6(2):197-199.

[59] De Matos C A, Rossi C A V. Word-of-mouth communication in marketing: A meta-analytic review of the antecedents and moderators [J] . Journal of the Academy of Marketing Science, 2008, 36(4): 578-596.

[60] Deandrea D C, Van D H B, Vendemia M A, et al. How people evaluate online reviews [J] . Communication Research, 2018, 45(5): 719-736.

[61] Derbaix C, Vanhamme J. Inducing word-of-mouth by eliciting surprise — A pilot investigation [J] . Journal of Economic Psychology, 2003, 24(1):99-116.

[62] Dichter. How word-of-mouth advertising works [J] . Harvard business review, 1966, 16(6).

[63] Douce L, Janssens W. The presence of a pleasant ambient scent in a fashion store: The moderating role of shopping motivation and affect intensity [J] . Environment and Behavior, 2013, 45(2): 215-238

[64] Dube, Laurette, Menon, et al. Multiple roles of consumption emotions in post-purchase satisfaction with extended service transactions [J] . International Journal of Service Industry Management, 2000, 11(8): 287-304.

[65] Eby L T, Dobbins G H. Conectivistic orientation in teams: An individual and group-level analysis [J] . Journal of Organizational Behavior, 1997, 18: 275-295.

[66] Efklides A, Volet S. Emotional experiences during learning: Multiple, situated and dynamic [J] . Learning & Instruction, 2005, 15(5): 377-380.

[67] Engel J F, Kegerreis R J, Blackwell R D. Word-of-mouth communication

by the innovator [J] . Journal of Marketing, 1969, 33(3): 15-19.

[68] Eroglu S A, Machleit K A, Davis L M. Atmospheric qualities of online retailing: A conceptual model and implications [J] . Journal of Business Research, 2001, 54(2): 177-184.

[69] Eroglu S A, Machleit K A, Davis L M. Empirical testing of a model of online store atmospherics and shopper responses [J] . Psychology & Marketing, 2010, 20(2): 139-150.

[70] Fang J, Shao Y, Wen C. Transactional quality, relational quality, and consumer e-loyalty: Evidence from SEM and fsQCA [J] . International Journal of Information Management, 2016, 36(6): 1205-1217.

[71] Fang X, Tina J. Factors influencing users' satisfaction and loyalty to digital libraries in Chinese universities-ScienceDirect [J] . Computers in Human Behavior, 2018, 83(1): 64-72.

[72] Ferguson R J, Paulin M, Bergeron J. Customer sociability and the total service experience: Antecedents of positive word-of-mouth intentions [J] . Journal of Service Management, 2010, 21(1): 25-44.

[73] Fiss P C. Building better causal theories: A fuzzy set approach to typologies in organization research [J] . Academy of Management Journal, 2011, 54(2): 393-420.

[74] Forsythe S M, Shi B. Consumer patronage and risk perceptions in internet shopping [J] . Journal of Business Research, 2003, 56(11): 867-875.

[75] Fournier S. Consumers and their brands: Developing relationship theory in consumer research [J] . Journal of Consumer Research, 1998, 24(4): 343-

353.

[76] Ganter A, Hecker A. Configurational paths to organizational innovation: Qualitative comparative analyses of antecedents and contingencies [J] . Journal of Business Research, 2014, 67(6): 1285-1292.

[77] Gao L, Bai X. Online consumer behaviour and its relationship to website atmospheric induced flow: Insights into online travel agencies in china [J] . Journal of Retailing and Consumer Services, 2014, 21(4): 653-665.

[78] Ghose A, Ipeirotis P G. Estimating the helpfulness and economic impact of product reviews: Mining text and reviewer characteristics [J] . IEEE Transactions on Knowledge and Data Engineering, 2011, 23(10): 1498-1512.

[79] Gil DLID, Calderon JF, Weyns D, et al. A self-adaptive multi-agent system approach for collaborative mobile learning [J] . IEEE Transactions on Learning Technologies, 2015, 8(2): 158-172.

[80] Goetz T, Preckel F, Pekrun R, et al. Emotional experiences during test taking: Does cognitive ability make a difference? [J] . Learning & Individual Differences, 2007, 17(1): 3-16.

[81] Goodhue D L Thompson R L. Task-technology fit and individual performance [J] . Mis Quarterly, 1995, 19(2): 213-236.

[82] Gowda R S, Suma V. A comparative analysis of traditional education system vs e-learning [A] . 2017 International Conference on Innovative Mechanisms for Industry Applications (ICIMIA) [C] , 2017: 567-571.

[83] Haichen Zhou, Dejun Zheng, Yongming Li, et al. User-opinion mining for mobile library apps in China: Exploring user improvement needs [J] . Library

Hi Tech, 2019, 37(3): 325-337.

[84] Hamari, Shernoff, Rowe.Challenging games help students learn: An empirical study on engagement, flow and immersion in game-based learning [J] . Computers in Human Behavior, 2016, 54(1): 170-179.

[85] Hanson W A. Principles of internet marketing [M] . South-Western College Publishing, 2000.

[86] Harrison-Walker L J. The measurement of word-of-mouth communication and an investigation of service quality and customer commitment as potential antecedents [J] . Journal of Service Research, 2001, 4(1): 60-75.

[87] Hayes A F. An introduction to mediation, moderation, and conditional process analysis: A regressionbased approach [M] . New York: Guilford Press, 2013.

[88] Helmefalk M. Browsing behaviour as a mediator: The impact of multi-sensory cues on purchasing [J] . Journal of Consumer Marketing, 2019, 36(2): 253-263.

[89] Hennig-Thurau T, Gwinner K P, Walsh G, Gremler D D. Electronic Word-of-Mouth via consumer-opinion platforms: What motivates consumers to articulate themselves on the Internet? [J] . Journal of Interactive Marketing, 2004, 18(1):38-52.

[90] Hernandez B, Montaner T, Sese F J, et al. The role of social motivations in e-learning: How do they affect usage and success of ICT interactive tools? [J] . Computers in Human Behavior, 2011, 27(6): 2224-2232.

[91] Hollenbaugh E E, Ferris A L. Facebook self-disclosure: Examining the

role of traits, social cohesion, and motives [J] . Computers in Human Behavior, 2014, 30(1): 50-58.

[92] Hsu C L, Lin C C. Acceptance of blog usage: The roles of technology acceptance, social influence and knowledge sharing motivation [J] . Information & Management, 2008, 45(1): 65-74.

[93] Huang C S J, Yang S J H, Chiang T H C, et al. Effects of situated mobile learning approach on learning motivation and performance of EFL students [J] . Educational Technology & Society, 2016, 19(6): 263-276.

[94] Hvard H, Samuelsen B, Silseth PR. Customer perceived value in B2B service relationships: Investigating the importance of corporate reputation [J] . Industrial Marketing Management, 2008, 37(2): 206-217.

[95] Hyeyoon C, Jay K. The effect of atmosphere on customer engagement in upscale hotels: An application of S-O-R paradigm [J] . International Journal of Hospitality Management, 2018, 77(1): 40-50.

[96] ISO.924-210: 2010 Ergonomics of human-system interaction-part 210: Human-centered design for interactive systems [S] . Switzerland: International Standards for Organization, 2010: 7-9.

[97] Jacob J, Fisher C W A. A behavioral process approach to information acquisition in nondurable purchasing [J] . Journal of Marketing Research, 1978, 15(4): 532-544.

[98] Jacoby, Jacob. Stimulus-organism-response reconsidered: An evolutionary step in modeling (consumer) behavior. [J] . Journal of Consumer Psychology, 2002, 31(2): 111-120.

[99] James L R, Brett J M. Mediators, moderators, and tests for mediation [J] . Journal of Applied Psychology, 2016, 69(2): 307-321.

[100] Jeng Y L, Wu T T, Huang Y M, et al. The add-on impact of mobile applications in learning strategies: A review study [J] . Educational Technology & Society, 2010, 13(3): 3-11.

[101] Joo Y J, Kim N, Kim N H. Factors predicting online university students' use of a mobile learning management system (m-LMS) [J] . Educational Technology Research and Development, 2016, 64(4): 611-630.

[102] Joo Y J, Lee H W, Ham Y. Integrating user interface and personal innovativeness into the TAM for mobile learning in Cyber university [J] . Journal of Computing in Higher Education, 2014, 26(2): 143-158.

[103] Kabadayi S, Gupta R. Website loyalty: An empirical investigation of its antecedents [J] . International Journal of Internet Marketing & Advertising, 2005, 2(4): 321-345.

[104] Kakkar P, Lutz R J. The psychological situation as a determinant of consumer behavior [J] . In Advances in Consumer Research, 1974, (2): 439-453.

[105] Kalini Z, Marinkovi V, Djordjevic A, et al. What drives customer satisfaction and word of mouth in mobile commerce services? A UTAUT2-based analytical approach [J] . Journal of Enterprise Information Management, 2019, 33(1): 71-94.

[106] Kang J A, Hong S, Hubbard G T. The role of storytelling in advertising: Consumer emotion, narrative engagement level, and word-of-mouth intention

[J] . Journal of Consumer Behaviour, 2020, 19(1): 47-56.

[107] Kearsley GB. Engagement theory: A framework for technology-based teaching and learning [J] . Educational Technology, 1998, 38.

[108] Keegan D. Foundations of distance education (routledge studies in distance education) [J] . British Journal of Educational Studies, 1996, 38(4): 224-228.

[109] Kelloway. Using LISREL for structural equation modeling: A researcher's guide [M] . Sage Publications, 1998.

[110] Kim D J, Hwang Y. A study of mobile internet user's service quality perceptions from a user's utilitarian and hedonic value tendency perspectives [J] . Information Systems Frontiers, 2012, 14(2): 409-421.

[111] Kim Y, Krishnan R. On product level uncertainty and online purchase behavior: An empirical analysis [J] . Management Science, 2015, 61(10): 2449-2467.

[112] Konuk F A. The influence of perceived food quality, price fairness, perceived value and satisfaction on customers' revisit and word-of-mouth intentions towards organic food restaurants [J] . Journal of Retailing and Consumer Services, 2019, 50(9): 103-110.

[113] Korfiatis N, García-Barriocanal E, S Sánchez--Alonso. Evaluating content quality and helpfulness of online product reviews: The interplay of review helpfulness vs review content [J] . Electronic Commerce Research and Applications, 2012, 11(3): 205-217.

[114] Kotler P. Marketing management: Millennium edition [M] .

International Edition, 2000.

[115] Krippendorff, K Content. analysis: An in troduction to its methodology (2nd Ed.) [M] . Thousand Oaks, C A: Sage Publication s, 2003.

[116] Krishen A S, Berezan O, Agarwal S, et al. Harnessing the waiting experience: Anticipation, expectations and WOM [J] . Journal of Services Marketing, 2020, 34(7): 1013-1024.

[117] Kupor D, Laurin K. Probable cause: The influence of prior probabilities on forecasts and perceptions of magnitude [J] . Journal of Consumer Research, 2020, 2(46): 833-852.

[118] Lacey R, Fiss P C. Comparative organizational analysis across multiple levels: A set-theoretic approach [J] . Research in the Sociology of Organizations, 2009, 26(26): 91-116.

[119] Ladhari R. The effect of consumption emotions on satisfaction and word-of-mouth communications [J] . Psychology & Marketing, 2010, 24(12): 1085-1108.

[120] Lai C H, Yang J C, Chen F C, et al. Affordances of mobile technologies for experiential learning: The interplay of technology and pedagogical practices [J] . Journal of Computer Assisted Learning, 2007, 23(4): 326-337.

[121] Lam Jcy, Lee MKO. A model of Internet consumer satisfaction: Focusing on the web-site design [A] 5th AIS Americas Conference on Information Systems [C] , 8: 526-528.

[122] Lam S K, Ahearne M, Hu Y, et al. Resistance to brand switching when a radically new brand is introduced: A social identity theory perspective [J] .

Social ence Electronic Publishing, 2013, 74(6): 128-146.

[123] Lee M C. Factors influencing the adoption of internet banking: An integration of TAM and TPB with perceived risk and perceived benefit [J] . Electronic Commerce Research and Applications, 2009, 8(3): 130-141.

[124] Levy Y. Comparing dropouts and persistence in e-learning courses [J] . Computers & Education, 2007, 48(2): 185-204.

[125] Li F, Du T C. Who is talking? An ontology-based opinion leader identification framework for word-of-mouth marketing in online social blogs [J] . Decision Support Systems, 2011, 51(1): 190-197.

[126] Li Y. Theories in online information privacy research: A critical review and an integrated framework [J] . Decision Support Systems, 2012, 54(1): 471-481.

[127] Liaw S S, Hatala M, Huang H M. Investigating acceptance toward mobile learning to assist individual knowledge management: Based on activity theory approach [J] . Computers & Education, 2010, 54(2): 446-454.

[128] Liljander V, Strandvik T. Emotions in service satisfaction [J] . International Journal of Service Industry Management, 1997, 8(2): 148-169.

[129] Lin C P, Joe S W. To share or not to share: Assessing knowledge sharing, interemployee helping, and their antecedents among online knowledge workers [J] . Journal of Business Ethics, 2012, 108(4): 439-449.

[130] Lin X, Li Y, Wang X. Social commerce research: Definition, research themes and the trends [J] . International Journal of Information Management, 2016, 37(3): 190-201.

[131] Linnenbrink E A, Pintrich P R. Achievement goal theory and affect: An asymmetrical bidirectional model [J] . Educational Psychologist, 2002, 37(2): 69-78.

[132] Liu Y, Teichert T, Rossi M, et al. Big data for big insights: Investigating language-specific drivers of hotel satisfaction with 412,784 user-generated reviews [J] . Tourism Management, 2017, 4(59): 554-563.

[133] Loureiro S, Stylos N, Bellou V. Destination atmospheric cues as key influencers of tourists' word-of-mouth communication: Tourist visitation at two Mediterranean capital cities [J] . Tourism Recreation Research, 2020(4): 1-24.

[134] Lu H K. Learning styles and acceptance of e-learning management systems: An extension of behaviour intention model [J] . International Journal of Mobile Learning and Organisation, 2012, 6(3): 246-259.

[135] Luis V, Casalo, Flavian C, et al. The role of satisfaction and website usability in developing customer loyalty and positive word-of-mouth in the e-banking services [J] . International Journal of Bank Marketing, 2008, 26(6): 399-417.

[136] Luisa D E, Alejandro V, Lorena C. Mobile learning on higher educational institutions: How to encourage it? Simulation approach [J] . Dyna, 2018, 85(204): 325-333.

[137] Mao W, Oppewal H. Did I choose the right university? How post-purchase information affects cognitive dissonance, satisfaction and perceived service quality [J] . Australasian Marketing Journal, 2010, 18(1): 28-35.

[138] Martin, P Y. Grounded Theory and Organizational Research [J] .

Journal of Applied Behavioral Science, 1986, 22(2): 141-157.

[139] Marx, Axel.Crisp-set qualitative comparative analysis (csQCA) and model specification: Benchmarks for future csQCA applications [J] . International Journal of Multiple Research Approaches, 2010, 4(2): 138-158.

[140] Matsumoto T. Contents that encourage learners to think [A] . 2011 4TH International Conference of Education, Research and Innovation (ICERI) [C] , 2011: 5848-5855.

[141] Mazzarol T, Sweeney J C, Soutar G N. Conceptualizing word-of-mouth activity, triggers and conditions: An exploratory study [J] . European Journal of Marketing, 2007, 41(11/12):1475-1494.

[142] Mehdizadeh, Soraya. Self-presentation2.0: Narcissism and self-esteem on facebook [J] . Cyber-psychology Behavior & Social Networking, 2010, 13(4): 357-364.

[143] Mehrabian A, Russell J A. An approach to environmental psychology [M] . MIT, 1974.

[144] Moldovan S, Goldenberg J, Chattopadhyay A. The different roles of product originality and usefulness in generating word-of-mouth [J] . International Journal of Research in Marketing, 2011, 28(2): 109-119.

[145] Moore G C, Benbasat I. Development of an instrument to measure the perceptions of adopting an information technology innovation [J] . Information Systems Research, 1991, 2(3): 192-222.

[146] Mouakket S. Investigating the continuance usage intention of mobile payment: A multi-theoretical perspective [J] . International Journal of Mobile

Communications, 2020, 18(6): 665-689.

[147] Mummalaneni V. An empirical investigation of Web site characteristics, consumer emotional states and on-line shopping behaviors [J] . Journal of Business Research, 2005, 58(4): 526-532.

[148] Namkung Y, Jang S C. Effects of perceived service fairness on emotions, and behavioral intentions in restaurants [J] . European Journal of Marketing, 2010, 44(9-10): 1233-1259.

[149] Nikou S A, Economides A A. Mobile-based micro-learning and assessment: Impact on learning performance and motivation of high school students [J] . Journal of Computer Assisted Learning, 2018, 34(6): 269-278.

[150] Novak, T P Hoffman, D L. Measuring the customer experience in online environments: A structural modeling approach [J] . Marketing Science, 2000, 19(1): 22-42.

[151] Pappas I O, Giannakos M N, Sampson D G. Fuzzy set analysis as a means to understand users of 21st-century learning systems: The case of mobile learning and reflections on learning analytics research [J] . Computers in Human Behavior, 2019, 92(3): 646-659.

[152] Pappas I O, Kourouthanassis P E, Giannakos M N, et al. Explaining online shopping behavior with fsQCA: The role of cognitive and affective perceptions [J] . Journal of Business Research, 2016, 69(2): 794-803.

[153] Parasuraman A, Zeithaml V A, Berry L L. A conceptual model of service quality and its implications for future research [J] . Journal of Marketing, 1985, 49(4): 41-50.

[154] Park S Y, Nam M W, Cha S B. University students' behavioral intention to use mobile learning: Evaluating the technology acceptance model [J] . British Journal of Educational Technology, 2011, 43(4): 592-605.

[155] Pavlou A P. Consumer acceptance of electronic commerce: Integrating trust and risk with the technology acceptance model [J] . International Journal of Electronic Commerce, 2003, 7(3): 69-103.

[156] Pei-Wen Fu, Chi-Cheng Wu, Yung-Jan Cho. What makes users share content on facebook? Compatibility among psychological incentive, social capital focus, and content type [J] . Computers in Human Behavior, 2017, 67(2): 23-32.

[157] Pekrun R, Elliot A J, Maier M A. Achievement goals and discrete achievement emotions: A theoretical model and prospective test [J] . Journal of Educational Psychology, 2006, 98(3): 583-597.

[158] Pekrun R, Goetz T, Frenzel A C, et al. Measuring emotions in students' learning and performance: The achievement emotions questionnaire (AEQ) [J] . Contemporary Educational Psychology, 2011, 36(1): 36-48.

[159] Pekrun R, Goetz T, Titz W, et al. Academic emotions in students' self-regulated learning and achievement: A program of qualitative and quantitative research [J] . Educational Psychologist, 2002, 37(2): 91-105.

[160] Pekrun R. The control-value theory of achievement emotions: Assumptions, corollaries, and implications for educational research and practice [J] . Educational Psychology Review, 2006, 18(4): 315-341.

[161] Peres R, Shachar R, Lovett M J. On brands and word-of-mouth [J] .

Social Science Electronic Publishing, 2011, 50(4): 427-444.

[162] Podsakoff P M, Mackenzie S B, Lee J Y, et al. Common method biases in behavioral research: A critical review of the literature and recommended remedies. [J] . Journal of Applied Psychology, 2003, 88(5): 879-903.

[163] Podsakoff P M. Self-reports in organizational research: Problems and prospects [J] . Journal of Management, 1986, 12(4): 531-544.

[164] Porter A L, Cunningham S W. Measuring tech mining results [M] . John Wiley & Sons Inc, 2005 : 307-320.

[165] Porter A L, Kongthon A, Lu J C. Research profiling: Improving the literature review [J] . Scientometrics, 2002, 53(3): 351-370.

[166] Preacher K J, Rucker D D, Hayes A F. Assessing moderated mediation hypotheses: Theory, methods, prescriptions [J] . Multivariate Behavioral Research, 2007, 42(1): 185-227.

[167] Price L L, Feick L F, Guskey A. Everyday market helping behavior [J] . Journal of Public Policy & Marketing, 1995, 14(2): 255-266.

[168] Ragin C C. The comparative method: Moving beyond qualitative and quantitative strategies [J] . Social Forces, 1987, 67(3): 827-829.

[169] Raing C C. Redesigning social inquiry: Fuzzy sets and beyond [M] . University of Chicago Press, 2008.

[170] Ranaweera C, Prabhu J. On the relative importance of customer satisfaction and trust as determinants of customer retention and positive word-of-mouth [J] . Journal of Targeting Measurement & Analysis for Marketing, 2003, 12(1): 82-90.

[171] RC Brooks Jr. "Word-of-Mouth" advertising in selling new products [J] . The Journal of Marketing. 1957, 22(2): 154-161.

[172] Reimer T, Benkenstein M. Not just for the recommender: How eWOM incentives influence the recommendation audience [J] . Journal of Business Research, 2018, 86(1): 11-21.

[173] Renard D. Online promotional games: Impact of flow experience on word-of-mouth and personal information sharing [J] . International Business Research, 2013, 6(9): 93-100.

[174] Richins M L, Root-Shaffer T. The role of involvement and opinion leadership in consumer word-of-mouth: An implicit model made explicit [J] . Advances in Consumer Research, 1988, 15(1): 32-36.

[175] Rihoux B, Ragin C C. Configurational comparative methods: Qualitative comparative analysis (QCA) and related techniques [M] . Configurational comparative methods, 2009.

[176] Rose M, Blodgett J G. Should hotels respond to negative online reviews? [J] . Cornell Hospitality Quarterly, 2016, 54(4): 396-410.

[177] Russell J A. Evidence of convergent validity on the dimensions of affect [J] . Journal of Personality & Social Psychology, 1978, 36(10): 1152-1168.

[178] Sahelices-Pinto, César, Rodríguez-Santos, Carmen. E-WOM and 2.0 opinion leaders [J] . Journal of Food Products Marketing, 2014, 20(3): 244-261.

[179] Sandars J, Walsh K. The use of online word of mouth opinion in online learning: A questionnaire survey [J] . Medical Teacher, 2009, 31(4): 325-327.

[180] Saroia A I, Gao S. Investigating university students' intention to use

mobile learning management systems in Sweden [J] . Innovations in Education & Teaching International, 2018, 56(12): 1-12.

[181] Schneider CQ, Wagemann C. Set-theoretic methods for the social sciences: A guide to qualitative comparative analysis [M] . Cambridge University Press, 2012.

[182] Serenko, Alexander. Student satisfaction with canadian music programmes: The application of the American customer satisfaction model in higher education [J] . Assessment & Evaluation in Higher Education, 2011, 36(3): 281-299.

[183] Setyohadi D B, Kusrohmaniah S, Christian E, et al.M-Learning interface design based on emotional aspect analysis [C] . International Conference on Intelligent Human Computer Interaction, 2016:276-287.

[184] Shah D V, Cho J, Nah S, et al. Campaign ads, online messaging, and participation: Extending the communication mediation model [J] . Journal of Communication, 2007, 57(4): 676-703.

[185] Shih J L, Chuang C W, Hwang G J. An inquiry-based mobile learning approach to enhancing social science learning effectiveness [J] . Journal of Educational Technology & Society, 2010, 13(4): 50-62.

[186] Siddike M A K, Kiran K. Marketing of academic library services through social networking sites: Implications of electronic word-of-mouth [J] . Education for Information, 2015, 31(3): 143-159.

[187] Singh J. Voice, exit, and negative word-of-mouth behaviors: An investigation across three service categories [J] . Journal of the Academy of

Marketing Science, 1990, 18(1): 1-15.

[188] Smith, Nicole D. Trust me, would I steer you wrong? The influence of peer recommendations within virtual communities [J] . American Journal of Psychiatry, 2002, 142(12): 1518-1518.

[189] Soderlund M, Rosengren S. Receiving word-of-mouth from the service customer: An emotion-based effectiveness assessment [J] . Journal of Retailing and Consumer Services, 2007, 14(2):0-136.

[190] Srinivasan S S, Anderson R, Ponnavolu K. Customer loyalty in e-commerce: An exploration of its antecedents and consequences [J] . Journal of Retailing, 2002. 78(1): 41-50.

[191] Stanko M A. Toward a Theory of remixing in online innovation communities [J] . Information Systems Research, 2016, 27(4): 965-991.

[192] Stoica Ivona, Vlceanu, Gabnela Laura.Scientific research regarding utility of e-learning platforms in romanian business environment [J] . Elearning & Software for Education, 2013, 2(4): 35-40.

[193] Suddaby R. From the editors: What grounded theory is not. [J] . Academy of Management Journal, 2006, 49(4): 633-642.

[194] Sun G, Shen J. Towards organizing smart collaboration and enhancing teamwork performance: A GA-supported system oriented to mobile learning through cloud-based online course [J] . International Journal of Machine Learning and Cybernetics, 2016, 7(3): 391-409.

[195] Sundaram D S, Mitra K, Webster C. Word-of-mouth communications: A motivational analysis [J] . Advances in Consumer Research, 1998, 25: 527-531.

[196] Tennie C, Frith U, Frith CD. Reputation management in the age of the World-Wide-Web [J]. Trends in cognitive sciences, 2010, 14(11): 482-488.

[197] Todd W P A.A theoretical integration of user satisfaction and technology acceptance [J]. Information Systems Research, 2005, 16(1): 85-102.

[198] Trusov M, Bucklin R E, Pauwels K. Effects of word-of-mouth versus traditional marketing: Findings from an internet social networking site [J]. Journal of Marketing, 2009, 73(5):90-102.

[199] Tseng H W, Tang Y, Morris B. Evaluation of itunes university courses through instructional design strategies and m-learning framework [J]. Educational Technology & Society, 2016, 19(1): 199-210.

[200] Tyng C M, Amin H U, Saad M N M, et al. The influences of emotion on learning and memory [J]. Frontiers in Psychology, 2017, 8: 1454.

[201] Utpal M, Dholakia, Richard P, Bagozzi, Lisa Klein Pearo. A social influence model of consumer participation in network and small-group-based virtual communities [J]. International Journal of Research in Marketing, 2004, 21(3): 241-263

[202] Venkatesh V, Davis F D. A model of the antecedents of perceived ease of user development and test [J]. Decision Science, 1996, 27(3): 451-481.

[203] Venkatesh V, Morris M G, Davis G B, et al. User acceptance of information technology: Toward a unified view [J]. MIS Quarterly, 2003, 27(3): 425-478.

[204] Verhagen T, Dolen W V. The influence of online store beliefs on consumer online impulse buying: A model and empirical application [J].

Information & Management, 2011, 48(8): 320-327.

[205] Verleye K, Gemmel P, Rangarajan D. Managing engagement behaviors in a network of customers and stakeholders: Evidence from the nursing home sector [J]. Journal of Service Research, 2014, 17(1): 68-84.

[206] Verweij S, Klijn E H, Edelenbos J, et al. What makes governance networks work? A fuzzy set qualitative comparative analysis of 14 dutch spatial planning projects [J]. Public Administration, 2013, 91(4): 1035-1055.

[207] Villanueva J, Yoo S, Hanssens D M. The impact of marketing-induced versus word-of-mouth customer acquisition on customer equity growth [J]. Journal of Marketing Research, 2008, 45(1):48-59.

[208] Von Wangenheim F. Postswitching negative word of mouth [J]. Journal of Service Research, 2005, 8(1): 67-78.

[209] Wang C, Zhou Z, Jin X L, et al. The influence of affective cues on positive emotion in predicting instant information sharing on microblogs: Gender as a moderator [J]. Information Processing & Management, 2017, 53(3): 721-734.

[210] Wang K. Determinants of mobile value-added service continuance: The mediating role of service experience [J]. Information & Management, 2015, 52(3): 261-274.

[211] Wangenheim F, Tomás Bayón. Satisfaction, loyalty and word-of-mouth within the customer base of a utility provider: Differences between stayers, switchers and referral switchers [J]. Journal of Consumer Behavior, 2004, 3(3): 211-220.

[212] Westbrook R A. Product consumption-based affective responses and post purchase process [J]. Journal of Marketing Research, 1987, 24(3): 258-270.

[213] White, Christopher J. The impact of emotions on service quality, satisfaction, and positive word-of-mouth intentions over time [J]. Journal of Marketing Management, 2010, 26(5-6): 381-394.

[214] Wojnicki A C, Godes D. Signaling success: Word-of-mouth as self-enhancement [J]. Customer Needs and Solutions, 2017,4(4): 68-82.

[215] Woodside A G. Moving beyond multiple regression analysis to algorithms: Calling for adoption of a paradigm shift from symmetric to asymmetric thinking in data analysis and crafting theory [J]. Journal of Business Research, 2013, 66(4): 463-472.

[216] Wu C C, Chen B. Opinion mining on educational mobile applications [A]. 8th International Technology, Education and Development Conference [C], INTED2014 Proceedings, 2014, 3: 561-565.

[217] Wu H K, Lee W Y, Chang H Y, et al. Current status, opportunities and challenges of augmented reality in education [J]. Computers & Education, 2013, 62(3): 41-49.

[218] Yang W, Mattila A S. The impact of status seeking on consumers' word-of-mouth and product preference: A comparison between luxury hospitality services and luxury goods [J]. Journal of Hospitality & Tourism Research, 2013, 18(11): 7927-7942.

[219] Yang Zhilin, Minjoon Jun.Consumer perception of e-service quality: From internet purchaser and non-purchaser perspectives [J]. Journal of

Business Strategy, 2002, 19(1): 19-41.

[220] Yasin MA, Sultan, Faiza, Nazam M, Akash RSI, Hashim M, Ahmad J. Designing the super store atmosphere with non-visual stimulants: Effects on shoppers' purchase and emotional behavior [J]. Dilemas Contemporaneos-educacion Politica Y Valores, 2019, 6(6).

[221] Yüksel A, Yüksel F. Shopping risk perceptions: Effects on tourists' emotions, satisfaction and expressed loyalty intentions [J]. Tourism Management, 2007, 28(3): 703-713.

[222] Zembylas M. Adult learners' emotions in online learning [J]. Distance Education, 2008, 29(1): 71-87.

[223] Zhao X, Lynch J R, Chen Q. Reconsidering baron and kenny: Myths and truths about mediation analysis [J]. Journal of Consumer Research, 2010, 37(2): 197-206.

[224] 白长虹, 刘炽. 服务企业的顾客忠诚及其决定因素研究 [J].南开管理评论, 2002 (6): 64-69.

[225] 曹艳红, 杨启光. 移动学习支持下的教育质量与公平：国际研究与实践的新进展 [J]. 比较教育研究, 2017, 39(3): 60-66.

[226] 查金祥, 王立生. 网络购物顾客满意度影响因素的实证研究 [J]. 管理科学, 2006, 19(1): 52-60.

[227] 柴海燕. 旅游目的地网络口碑传播研究 [D].武汉大学, 2011.

[228] 陈蓓蕾. 基于网络和信任理论的消费者在线口碑传播实证研究 [D]. 浙江大学, 2008.

[229] 陈洁, 丛芳, 康枫. 基于心流体验视角的在线消费者购买行为影响因素研

究［J］. 南开管理评论, 2009, 12(2): 132-140.

［230］陈美玲, 白兴瑞, 林艳. 移动学习用户持续使用行为影响因素实证研究［J］. 中国远程教育, 2014 (12): 41-47.

［231］陈向明. 扎根理论的思路和方法［J］. 教育研究与实验, 1999(4): 58-63, 73.

［232］陈向明. 扎根理论在中国教育研究中的运用探索［J］. 北京大学教育评论, 2015, 13(1): 2-15.

［233］陈悦, 陈超美, 刘则渊等. CiteSpace知识图谱的方法论功能［J］. 科学学研究, 2015, 33(2): 242-253.

［234］丁璇, 孔超, 谷皝. 网络口碑对大学生图书阅读信息再传播意愿影响的实证分析［J］. 现代情报, 2015, 35(9): 135-139.

［235］董大海, 李广辉, 杨毅. 消费者网上购物感知风险构面研究［J］.管理学报, 2005, 2(1): 55-60.

［236］杜建刚, 范秀成. 服务补救中情绪对补救后顾客满意和行为的影响——基于情绪感染视角的研究［J］. 管理世界, 2007(8): 85-94.

［237］杜晓君,刘赫. 基于扎根理论的中国企业海外并购关键风险的识别研究［J］. 管理评论, 2012, 24(4): 18-27.

［238］甘春梅, 林恬恬, 肖晨等. S-O-R视角下社会化商务意愿的实证研究［J］. 现代情报, 2018, 38(9): 64-69+97.

［239］高洁. 在线学业情绪对学习投入的影响——社会认知理论的视角［J］. 开放教育研究, 2016, 22(2): 89-95.

［240］龚少英, 韩雨丝, 王丽霞. 任务价值和学业情绪与网络学习满意度的关系研究［J］. 电化教育研究, 2016, 275(3): 72-77.

［241］顾小清，付世容．移动学习的用户接受度实证研究［J］．电化教育研究，2011(06): 48-55.

［242］郭国庆，杨学成，张杨．口碑传播对消费者态度的影响：一个理论模型［J］．管理评论，2007(3): 20-26, 63.

［243］郭红丽.客户体验维度识别的实证研究——以电信行业为例［J］.管理科学，2006(1): 59-65.

［244］郭恺强，王洪伟，赵月.消费者通过在线声誉系统发表评论的前因：基于TAM的实证研究［J］．管理评论，2014, 26(9): 180-190.

［245］郭澍晗．中小学教师口碑的价值、传播与提升策略［J］．当代教育科学，2014(22): 44-46.

［246］郭宇，李晓彤，杜杏叶等．移动环境下App系统应用效果评价及实证研究［J］．图书情报工作，2018, 62(9): 73-80.

［247］郭昱琅，张攀．社会拥挤与数字口碑：基于情境重叠的调节作用［J］．当代财经，2019, 417(8): 82-90.

［248］国家中长期教(育改革和发展规划纲要(2010-2020年)［EB/OL］．http://www.moe.gov.cn /srcsite/A01/s7048/201007/t20100729_171904.html, 2010-07-29.

［249］郝媛媛，叶强，李一军．基于影评数据的在线评论有用性影响因素研究［J］．管理科学学报，2010, 13(08): 78-88, 96.

［250］郝媛媛，邹鹏，李一军．基于电影面板数据的在线评论情感倾向对销售收入影响的实证研究［J］．管理评论，2009, 21(10): 95-103.

［251］胡玲，韩悦心．企业微博的信息特征对消费者口碑再传播的影响研究［J］．管理学报，2018, 15(11): 1713-1721.

[252] 黄耕. 基于UTAUT模型的开放教育资源个体采纳研究 [D]. 河北: 河北工业大学, 2016.

[253] 黄敏学, 郑仕勇, 王琦缘. 网络关系与口碑“爆点”识别——基于社会影响理论的实证研究 [J]. 南开管理评论, 2019, 22(2): 45-60.

[254] 黄文彦. 顾客承诺的影响因素及其与正面口碑行为的关系研究 [D]. 华南理工大学, 2011.

[255] 黄晓治, 孔庆民.管理学的实证研究方法入门 [M]. 北京：机械工业出版社, 2014.

[256] 黄英, 朱顺德. 二十一世纪的口碑营销及其在中国的发展潜力 [J]. 管理现代化, 2003(6)： 33-36.

[257] 蒋玉石. 零售行业中顾客口碑传播意愿的理论研究与实证分析 [D]. 西南交通大学, 2007.

[258] 教育部关于印发《教育信息化“十三五”规划》的通知 [EB/OL]. http://www.moe.gov.cn /srcsite/A16/s3342/201606/t20160622_269367.html, 2016-06-07.

[259] 金永生, 田慧. 网站特征对消费者口碑传播意愿的影响机制研究 [J]. 现代情报, 2016, 10 (36): 107-112.

[260] 赖胜强, 唐雪梅, 朱敏. 网络口碑对游客旅游目的地选择的影响研究 [J]. 管理评论, 2011, 23(6): 68-75.

[261] 李峰, 沈惠璋, 李莉.我国远程教育满意度指数模型的设计与实证分析 [J]. 管理评论, 2009, 21(9): 100-107.

[262] 李进华, 王凯利. 基于TAM的微信信息流广告受众信任实证研究 [J]. 现代情报, 2018, 38(05): 66-73.

[263] 李良成, 李莲玉. 电子政务治理体系、治理能力与治理绩效——基于扎根理论的探索性研究 [J]. 华南理工大学学报(社会科学版),2019,21(4): 92-99.

[264] 李研, 金慧贞, 李东进. 社交网络情境下消费者口碑生成的影响因素模型：基于真实口碑文本的扎根研究 [J]. 南开管理评论, 2018, 21(6): 83-94.

[265] 李研, 王凯, 李东进. 商家危害食品安全行为的影响因素模型——基于网络论坛评论的扎根研究 [J]. 经济与管理研究, 2018, 39(8): 95-107.

[266] 林杰, 陈郁兰. 大学教师口碑在大学生群体中的生成与传播 [J]. 教育学报, 2012, 8(4): 96-104.

[267] 林艳, 于沙沙. 在线心流体验、顾客契合与品牌忠诚度——基于网购VR视角 [J]. 经济与管理, 2019, 33(6): 44-49, 71.

[268] 凌欢, 郑向敏. 旅游社区文化吸引营造研究——基于鼓浪屿网络游记的扎根分析 [J]. 西安建筑科技大学学报(社会科学版), 2018, 37(4): 34-39.

[269] 刘珈琪, 柯湾, 刘春. 基于TAM-ECM模型的共享单车用户持续使用意愿影响因素研究 [J]. 软科学, 2019, 33(7): 116-121.

[270] 刘君玲, 刘斌, 张文兰. 学业情绪对在线协作问题解决的影响研究 [J]. 中国电化教育, 2019(3): 82-90.

[271] 刘鲁川, 孙凯. M-Learning用户接受机理：基于TAM的实证研究 [J]. 电化教育研究, 2011, 219(7): 54-60.

[272] 罗汉洋, 李智妮, 林旭东等. 网络口碑影响机制：信任的中介和性别及涉入度的调节 [J]. 系统管理学报, 2019, 28(3): 401-414, 428.

[273] 孟昭兰. 当代情绪理论的发展 [J]. 心理学报, 1985(2): 97-103.

[274] 潘海利, 黄敏学. 用户三元情感关系的形成与差异化影响：满意、依

恋、认同对用户行为的交互补充作用［J］. 南开管理评论, 2017, 20(4): 16-26, 72.

［275］潘澜. 游客对移动旅游应用的采纳行为研究［D］. 厦门大学, 2017.

［276］庞隽, 宋卓昭, 吕一林. 报复欲望和回避欲望：实用性和享乐性产品失败后消费者反应的性别差异［J］. 管理评论, 2014, 26(2): 92-103.

［277］钱晓群. 网络教育学生感知服务质量研究［D］.西南交通大学, 2008.

［278］施雨丹, 卓泽林. 新加坡私立高等教育的评估要素及其相互影响［J］.比较教育研究, 2014, 36(11): 92-97.

［279］孙道金, 岳俊芳. 口碑传播对远程学习者决策行为的影响［J］.中国远程教育, 2014(10): 52-56, 96.

［280］孙建军, 成颖, 柯青. TAM模型研究进展——模型演化［J］. 情报科学, 2007, 25(8): 1121-1127.

［281］王风华, 高丽, 潘洋洋. 顾客参与对顾客满意的影响研究——感知风险的中介作用和自我效能感的调节作用［J］. 财经问题研究, 2017(6): 101-107.

［282］王凤彬, 江鸿, 王璁. 央企集团管控架构的演进：战略决定、制度引致还是路径依赖?——一项定性比较分析(QCA)尝试［J］. 管理世界, 2014(12): 92-114.

［283］王军, 程文婷. 教育类移动应用技术接受模型构建［J］. 图书情报工作, 2017, 61(16): 60-65.

［284］王璐, 高鹏. 扎根理论及其在管理学研究中的应用问题探讨［J］. 外国经济与管理, 2010, 382(12): 10-18.

［285］王霞, 牛海鹏. 企业微博营销中品牌曝光度对网络口碑的影响研究［J］. 管理评论, 2013, 25(5): 116-122.

[286] 王秀丽, 李聪. 网络口碑对高等教育的影响——从两种心理学理论进行解析 [J] . 北京大学教育评论, 2009, 7(4): 170-179, 192.

[287] 王志军, 冯小燕. 基于学习投入视角的移动学习资源画面设计研究 [J] . 电化教育研究, 2019, 40(06): 91-97.

[288] 温飞, 沙振权. 网络商店的在线口碑传播：信任的中介及性别的调节作用 [J] . 管理评论, 2011, 23(11): 41-48.

[289] 吴明隆. SPSS统计应用实务：问卷分析与应用统计 [M] . 科学出版社, 2003.

[290] 吴明隆. 结构方程模型：AMOS的操作与应用.第2版 [M] . 重庆大学出版社, 2010.

[291] 武传表. 游客网络口碑传播意愿关键影响因素实证研究 [D] .大连理工大学, 2013.

[292] 徐伟青, 黄孝俊. 口碑传播的影响力要素及其对营销创新的启示 [J] .外国经济与管理, 2004, 26(6): 26-30.

[293] 徐先彩, 龚少英. 学业情绪及其影响因素 [J] . 心理科学进展, 2009, 17(1): 92-97.

[294] 徐茵, 王高, 赵平. 质量属性变化对满意与忠诚关系的调节作用 [J] . 南开管理评论, 2013, 16(4): 114-123.

[295] 薛伟. 现代远程教育5S学习支持模式研究 [D] .华东师范大学, 2009.

[296] 晏国祥. 消费者行为理论发展脉络 [J] . 经济问题探索, 2008(4): 31-36.

[297] 杨金龙, 胡广伟. 移动学习采纳转化为持续的动因及其组态效应研究 [J] .情报科学, 2019, 37(7): 125-132.

[298] 杨艳, 景奉杰, 车晓良. 耐用消费品属性偏好对消费者动态满意的影响机

制研究——以汽车为例［J］. 企业经济, 2017, 36(10): 35-41.

［299］于春玲, 朱晓冬, 王霞等. 面子意识与绿色产品购买意向——使用情境和价格相对水平的调节作用［J］. 管理评论, 2019, 31(11): 139-146.

［300］张宝建, 张晓空, 裴博等. 感知价值、认知过程和行为意向：MOOC学习行为的构型分析［J］. 中国远程教育, 2019(9): 72-82, 93.

［301］张德鹏, 林萌菲, 陈晓雁等. 顾客参与创新对口碑推荐意愿的影响研究：心理所有权的中介作用［J］. 管理评论, 2015, 27(12): 131-140.

［302］张继东, 蔡雪. 基于用户行为感知的移动社交网络信息服务持续使用意愿研究［J］. 现代情报, 2019, 39(1): 70-77.

［303］张洁, 王红. 基于词频分析和可视化共词网络图的国内外移动学习研究热点对比分析［J］.现代远距离教育, 2014(2): 76-83.

［304］张敬伟, 马东俊. 扎根理论研究法与管理学研究［J］. 现代管理科学, 2009(2): 115-117.

［305］张敏, 孟蝶, 张艳. S-O-R分析框架下的强关系社交媒体用户中辍行为的形成机理——一项基于扎根理论的探索性研究［J］. 情报理论与实践, 2019, 42(7): 80-85, 112.

［306］张晓飞, 董大海. 网络口碑传播机制研究述评［J］.管理评论, 2011, 23(02): 88-92.

［307］张熠, 朱琪, 李孟. 用户体验视角下国内移动学习App评价指标体系构建——基于D-S 证据理论［J］. 情报杂志, 2019, 38(2): 187-194.

［308］张喆, 胡冰雁. 感知风险对创新产品信息搜寻的影响——消费者创新性的调节作用［J］. 管理评论, 2014(8): 145-157.

［309］赵淑媛, 蔡太生, 陈志坚. 大学生学业情绪及与学业成绩的关系［J］. 中

国临床心理学杂志, 2012, 20(3): 398-400.

[310] 中共中央、国务院印发《中国教育现代化2035》[EB/OL]. http://www.gov.cn /zhengce/2019-02/23/content_5367987.htm, 2016-06-07.

[311] 周志民, 张江乐, 熊义萍. 内外倾人格特质如何影响在线品牌社群中的知识分享行为——网络中心性与互惠规范的中介作用[J]. 南开管理评论, 2014, 17(3): 19-29.